KB125238

처음 읽는 수영 세계사

STROKES OF GENIUS

: A History of Swimming

by Eric Chaline was was first published by Reaktion Book, London 2017.

Copyrights ⓒ Eric Chaline 2017

Rights arranged with Danny Hong Agency, Seoul, Korea

Korean-language edition copyright ⓒ 2018 by EK BOOK

이 책의 한국어판 저작권은 대니홍 에이전시를 통한 저작권사와의 독점 계약으로 이케이북(주)에 있습니다.

저작권법에 의해 한국 내에서 보호를 받는 저작물이므로 무단전재와 복제를 금합니다.

처음 읽는
수영 세계사

Strokes of Genius
a History of Swimming

문화와 문명에서 탐험하는
수영의 재미와 발달

에릭 샬린 지음 | 김지원 옮김

이케이북

M-H, 수, 로한 & 앤과 나탈리와의
평생 우정을 기원하며

들어가는 글

물가에서는 즐거움이 손짓을 한다. 수영장 얕은 부분으로 느릿하게 감각적으로 미끄러져 들어가는 것이든 깊은 물에 용맹하게 풍덩 뛰어드는 것이든 수영과 우리의 관계는 무엇보다도 물에 감싸이는 것이다. 물에 완전히 들어가면 새로운 의식 상태로 들어서게 된다. 평소 우리의 감각 상태가 뒤바뀌기 때문이다. 시각과 청각은 촉각과 후각, 미각에 밀려난다. 물속에서 우리는 지상의 중력에 사로잡혀 있을 때에는 결코 경험할 수 없었던 방식으로 붕 뜨게 된다. 강한 발길질 한 번에 체커보드 모양의 타일 바닥 수영장에서, 또는 모래와 바위가 가득한 바닷속에서 가볍게 미끄러지듯 나아간다.

네 가지 원소 중에서 물만이 우리를 기꺼이 환영하고 그 액상液狀의 품으로 끌어들인다. 우리는 새처럼 공기 속을 날아오르지 못하고, 두더지처럼 흙 속을 파고 들어가지도 못하고, 샐러맨더 salamander(상상 속의 불도마뱀°)처럼 불을 뚫고 지나가지도 못하지만 물고기처럼 헤엄칠 수는 있다. 현란한 라이크라 수영복을 입고 인어나 트리톤Triton(그리스 신화의 반인반어 형상의 해신")으로 변신해서 지상에서의 서투른 행동과 일상적인 걱정을 털어버리고 속세의 땀과 죄를 씻어버릴 수 있다. 수영은 물의 저항력에 팔을 젓는 힘을 적용해서 물을 이동시키는 역학 이상의 행동이다. 수영은 우리에게 육체적·정신적·영적인 행복이라는 강력한 감정을 불러일으키기 때문이다.

아주 어릴 때부터 나는 항상 물과 수영을 매우 좋아했다. 언제나 태양과 바다를 즐기는 휴가를 선호했다. 그런 면에서 나는 이 추운 북쪽 나라에서 대세에 포함되었던 것 같다. 이 동네 사람들은 매년 2주씩 짠물에 몸을 담그고 여름 태양을 즐기기 위해 남쪽으로 떠나곤 했기 때문이다. 더운 날에 유혹이 넘치는 물가를 지나가게 되면 나는 순식간에 물에 뛰어들어도 될까 안 될까 하는 고민에 빠진다. 취미 겸 건강을 위해서 나는 몇 년이나 수영장 라인을 따라 왔다 갔다 했지만, 만약에 한 시간 동안 똑같은 25미터나 50미터 라인을 걸어서 왔다 갔다 했다면 누가 보아도 쓸데없는 행동처럼 보였을 것이다. 왜 수영장에서는 이게 우스운 행동이 아닌 걸까?

이 책은 우리와 수영을 이어주는 것들에 대해서 알아보고 왜 많은 사람이 수영을 그토록 즐기는지 설명하고 있다. 이것은 풍요로운 빅토리아 시대의 부유한 취미 생활에서 탄생한 비교적 최근의 연애 대상인 걸까, 아니면 훨씬 더 오래된 우리 인류의 탄생까지 그 관계가 거슬러 올라가는 것일까? 우리는 대체 왜 수영을 하는 걸까? 우리가 수영을 가르친 개들을 제외하면 다른 육지 포유류는 자진해서 물에 들어가지 않고, 꼭 필요한 경우가 아니면 대부분은 아예 물을 피한다. 이런 일반화의 유일한 예외는 우리의 사촌인 영장류이다. 영장류는 다수가 종종 물에 몸을 담그고, 그것을 굉장히 즐긴다는 온갖 신호를 보여준다. 이것은 우리가 짧은 물속 여행에 즐거움을 느끼도록 타고났다는 뜻일까? 이 질문에 대답하기 위해서는 내가 처음에 상상했던 것보다 훨씬 더 오래전까지 거슬러가서 호미닌hominin(사람족의 구성원으로, 현생인류와 그 조상 그룹°) 혈통의 진화에 관한 해결되지 않은 논쟁을 살펴봐야 했다.

물의 세계

세계 인구의 거의 절반가량이 해안 지역에서 살고 일을 한다. 해안 지역은 또한 따뜻한 기후로 모든 사람이 휴가지로 선호하는 곳이기도 하다. 천연의 물가가 가까이 없는 경우에는 도시에 최신식 수상 시설을 갖추기 위해서 수백만 달러를 쓴다. 그리고 우리가 근처에 있거나 놀러 가는 '물의 세계'에서 주로 즐기는 활동 중하나는 '수영'이다. 수영이란 이 책의 목적에 맞추어 정의하자면 우리 자신의 힘으로 물 표면이나 그 아래서 움직이는 행동을 말한다. 여기에는 스쿠버(자체적 호흡기구)는 포함되지만, 방수 천으로 된 옷과 공기호스로 수면과 연결된 무거운 구형 구리 헬멧, 잠수부가 해저를 비틀비틀 걸을 수 있게 해주는 커다란 금속 부츠로 이루어진 고전적인 19세기식 잠수복(표준 잠수복)은 제외된다. 수중 스쿠터나

인간어뢰, 습식 잠수선 같은 수중 인공 추진장치도 수영 이야기의
소재로 나오기는 하겠지만, 수영에는 전부 다 포함되지 않는다.

우리 대부분은 수영을 수영장이나 바닷가에서 놀이나 건강
을 위해서 하는 활동으로, 또는 다섯 가지 수중 활동 중 네 가지
경쟁 종목으로₁ 여기지만 과거와 현재 모두에서 수영이 관련된 활
동의 범위는 놀이와 스포츠를 포함하여 수렵, 농작, 노동, 상업, 전
쟁, 건강과 신체 단련, 종교, 과학, 예술 등 인간 활동의 모든 측면
에 이른다. 이 모든 내용을 아우르기 위해서 이 책에서는 오래전에
잊힌 과거의 물의 세계를 끄집어내고, 거의 알려지지 않은 당대 사
람들의 존재를 밝히고, 미래의 물의 세계에 대해서 살펴볼 뿐만 아
니라 우리에게 좀 더 익숙한 세계에 대해서도 조명하고 그 기원과
진화를 시간과 문화, 장소에 걸쳐 알아볼 것이다.

하지만 이 책을 쓴 나의 목적 중 하나는 상세한 역사를 설명
하는 것을 넘어서 수영과 우리의 길고 오래된 감정적·정신적·문화
적 관계의 기원을 살피는 것이다. 이런 애착 관계의 증거는 해안가
리조트와 수영장 같은 커다란 기반시설뿐만 아니라 훨씬 더 사소
한 부분에서도 긍정적인 것과 부정적인 것 모두가 발견된다. 예를
들어 언어에서도 수영과 관계된 표현이 여러 가지 있다. '시류에 따
르다being in the swim of things', '대세를 거스르다swimming against the tide', '일이
척척 잘되다things going swimmingly'라든지 또는 좀 더 음울한 '제자리걸
음을 하다treading water', '망하다going under', '능력이 미치지 못하다being
out of one's depth' 같은 것도 있다. 이 모든 표현은 우리 삶의 상황을 수
영과 관련시켜놓은 것이고 수영과 개인적인 관련이 전혀 없거나

수영을 해본 적도 없는 사람들까지 모두 사용한다. 지그문트 프로이트Sigmund Freud(1856-1939)에 따르면 수영과 우리의 관계는 우리의 무의식 깊숙한 곳까지 이른다.《꿈의 해석The Interpretation of Dreams》(1899)에서 그는 수영을 우리의 의식적이고 합리적인 더 높은 자아가 통제하거나 감독할 수 없는 정신적인 일부분인 감정과 무의식, 성의 상징적인 표현이라고 설명했다. 우리가 수영보다 훨씬 더 자주 하는 걷기나 달리기 같은 일상적인 인간 활동보다 더 강력한 이런 관계를 어떻게 설명할 수 있을까? 그 답을 찾기 위해서는 어머니의 자궁에서 '헤엄치는' 태아였던 우리 개인의 기원까지 거슬러 올라가야 하고, 그리고 그보다 훨씬 더 과거로, 우리 인류의 기원까지 올라가야 한다. 즉 지금으로부터 5백만 년에서 7백만 년 전 아프리카에 살았고 대형 유인원으로부터 갈라져 나왔던 최초의 조상의 진화부터 살펴봐야 한다.

헤엄치는 사람들의 부상

인간이 '하등한 동물'로부터 나왔다는 개념을 비꼬기 위해서 찰스 다윈Charles Robert Darwin의 머리를 대형 유인원의 몸에 붙여놓은 캐리커처가 있었다. 하지만 이것은 다윈의 자연선택을 통한 진화론을 끔찍하게 오해한 것이다. 그는 우리가 유인원으로부터 나왔다고 주장한 적이 한 번도 없다. 사실 유인원은 동물계에서 현존하는 우리의 가장 가까운 친척이다. 우리가 침팬지, 고릴라, 오랑우탄과 굉장히 가까운 사이이기는 하지만, 우리의 최소공통조상last common ancestor은 현재로부터 5백만 년에서 7백만 년 전, 혈통이 갈라지면서 대형 유인원과 우리의 초기 조상이 생기던 시절에 살았을 것으로 여겨진다.

20세기 마지막 4분기 이전까지 과학자들은 현생인류로 발전하게 될 사람속genus Homo의 최초의 대표가 언제 어디서 진화했는지에 관해 다양한 의견을 갖고 있었다. 새로운 화석과 유물이 발견될 때마다 추측은 더 복잡하고 혼란스러워졌다. 최초의 조상 후보가 처음에는 유럽에서, 그다음에는 아시아에서 발견되었기 때문이다. 인류 최초의 조상을 '소유하려는' 국가적 자존심과 백인이 살고 있는 지역에 현대 인류의 발생지를 두려는 인종차별적인 이론들도 별로 도움이 되지 않았다. 우리의 계통수系統樹의 문제는 우리의 초기 조상 후보를 표시하는 여러 개의 가지가 있긴 하지만 그 분야의 모든 연구자가 공통적으로 인정하는 단일 후보가 없다는 것이다. 우리에게 조상수가 있긴 하지만 그 몸통과 주요 가지의 핵심 부분 상당수가 소실된 상태이다. 특히 인간-유인원의 최소공통조상과 현재로부터 230만 년 전에 처음 나타난 인간속 최초의 조상으로 인정받고 있는 호모 하빌리스Homo habilis(손재주 있는 사람) 사이의 수백만 년 기간에 대해 아는 바가 없다.

1924년에 인류학자 레이먼드 다트Raymond Arthur Dart가 남아프리카 킴벌리 부근의 타웅에서 작업하다가 20세기에 가장 중요한 발견 중 하나를 했다. 유인원과 인간의 공통 특징을 보여주면서도 무엇보다 수직 이족보행을 하고 비교적 큰 뇌를 갖고 있는 청소년 호미닌의 두개골 화석을 찾은 것이다. 타웅 아이는 420만 년-120만 년 전 동아프리카에 살았던 인류의 조상으로 추정되는 오스트랄로피테쿠스Australopithecus속의 대표로 최초로 기록된 발견물이다. 그 후 90년 동안 다른 많은 견본이 발견되었고 오스트랄로피테쿠스는 여러 종으로 세분되었다. 이런 발견들은 인간-유인원 최소 공통조상과 최초의 원인猿人 사이의 기간을 1백만 년에서 3백만 년 사이로 좁혀주었다. 현재는 그 남은 틈새를 더 좁혀줄 '미싱 링크missing link'가 될 화석 후보가 여러 개 있지만 어떤 것도 보편적으로 인정되지는 않았다.

화석 기록에서 이 틈새에 관해 특히 중요한 사실은 여기에 호미니드hominid(인류를 호미닌보다 높은 과科 단위로 분류하는 개념°)가 완전히 이족보행을 하게 되고 뇌가 커지는 핵심 진화 단계가 포함된다는 것이다. 영화 〈2001 스페이스 오디세이2001: A Space Odyssey〉(1968)2에서는 유인원 같은 원시 생명체가 사악한 검은색 '모놀리스'라는 외계 유물을 접하고 평화롭던 유인원에서 살인마 인간으로 바뀌게 된다(인간의 진화에 대한 큐브릭-클라크Kubrick-Clark적 관점에 따르자면). 외계의 것이든 아니든 단 하나의 유물이 유인원을 인간으로 진화시켰다는 건 있을 수 없는 일이지만, 현재의 지식을 바탕으로 하자면 이것도 지금껏 나온 다른 이론들만큼 합리적이다. 우리는 여전히 우리의 혈통이 어느 시점에서 지금처럼 진화하기 시작했는지에 관해 알지도 못하고 합리적인 의심 이상으로 설명하지도 못한다.

인간 진화의 표준 모형에서는 나무 위 생활에서 넓은 사바나(대초원°) 환경으로 이동하며 이족보행, 큰 두뇌, 털의 소실 및 인간과 대형 유인원을 가르는 다른 육체적·행동적 변화들이 촉진된 것으로 여겨진다. 하지만 이것은 그저 이론일 뿐이고 1960년에 인간-유인원 최소공통조상과 오스트랄로피테쿠스 사이의 어느 시점에 초기 호미닌에게 많은 현생인류의 특징을 설명해주는 수생기가 있었다는 또 다른 이론이 나타났다. 이 먼 선조는 바다로 돌아가서 뒷다리가 달라붙어 꼬리가 되고 앞다리는 지느러미로 변한 포유동물인 바다표범이나 돌고래처럼 꼬리가 달린 '인어'로 변하지는 않았지만, 왜 털이 없어지고 두 다리로 직립보행하기 시작했는지를 설명해줄 수 있을지도 모른다. 1970년대와 1980년대에 일레인 모건Elaine Morgan이 이 흥미로운 가능성을 더 강력하게 발전시켰지만, 과학자가 아니었기 때문에 과학계에서 수십 년 동안 무시당하거나 조롱받거나 노골적으로 거부당했다. 최근 25년 동안에야 과학자들은 '수생 유인원 가설Aquatic Ape Hypothesis'을 진지하게 평가하기 시작했다.

수생 유인원 가설을 확인하거나 반박하는 것은 이 책의 범위와 저자의 능력 밖의 일이지만 수영에 대한 우리의 강력한 애정을 설명하는 흥미로운 증거로, 우리 인류의 집단무의식 속 아주 먼 곳까지 거슬러 올라가는 기억으로 1장에서 전체적으로 살펴볼 예정이다. 수생이나 반수생 조상이 없다고 해도 우리의 가장 최근 선조로 25만 년 전부터 3만 년 전까지 살았고, 우리와 함께 이 지구를 거닐었던 네안데르탈인이 물에 살았으며 얕은 물을 휘저어 음식을 찾는 정도가 아니라 바다의 섬까지 헤엄쳐서 갈 수 있는 강력한 야외 수영선수들이었음을 보여주는 증거가 있다.

20만 년 전에 처음 아프리카에서 등장한 최초의 호모 사피엔스*Homo sapiens*도 물과 비슷한 관계를 맺고 있었을 것이다. 즉 가끔은 쉽게 음식을 구할 수 있는 귀중한 출처로, 또 가끔은 가본 적 없는 야생의 지역으로 건너가는 것을 막는 방해물로, 또 가끔은 무시무시한 포식자들이 가득한 어둡고 위험한 곳으로 여겼을 것이다. 수영은 우리의 선사시대 선조들 사이에서 생존 기술로 일찍부터 발달했을 것이다. 우리가 처음 수영하는 법을 배운 것이 언제, 어떻게인지는 모르지만, 수생환경을 자신들의 집으로 삼았던 산업화 이전의 사람들의 생활방식을 연구하면 어느 정도 결론을 얻을 수 있을지도 모른다.

역사에 나타난 수영

이집트, 메소포타미아, 인더스 유역과 중국 같은 구세계에 나타난 최초의 도시문명은 수영이 생존 기술이자 취미로 사용되었던 강 유역에서 융성했다. 유목민이었던 조상들처럼 정착한 인간들은 바다와 호수, 강에서 음식을 구하기 위해 헤엄을 치고 다이빙을 했지만, 문명이 더 복잡해지고 계층화되면서 이전까지 일용할 음식과 함께 우연히, 혹은 호기심에 가져왔던 물품들이 주된 사냥감이 되기 시작했다. 진주, 밝은 색깔의 조개껍데기와 산호는 청동기시대 권력자들의 몸을 꾸미고 신들을 찬미하는 장신구로 가공되었다. 그래서 문명 그 자체와 함께 직업으로서의 수영도 나타나게 되었다.

나중에 인간이 바다로 나아가고 그리스, 카르타고, 로마 같은 위대한 해상 제국들을 건립하면서 수영은 선원과 군인에게 귀중한 기술이 되었고, 천연 수원水源과 점차 늘어난 인공 수영장에서 수영 연습을 하게 되었다. 특히 로마인들은 취미 및 군사적 목적 양쪽 모두에 관한 수영 기술을 발달시킨 위대한 주창자들이었다. 하지만 고전 시대가 지나고 중세 기독교의 영향으로 인체에 대한 태도가 바뀌면서 많은 사람이 고대의 물의 세계에 등을 돌리고 수영하는 법을 잊었다. 수생환경은 경이롭고 실용적이며 즐길 수 있는 세계가 아니라 무슨 수를 쓰든 피해야 하는 괴물이 가득한 무시무시한 곳이 되었다.

서구 세계에서 인간이 물로 돌아가기까지는 수 세기가 걸렸다. 인체와 물의 안전에 관한 태도가 바뀌어야 했을 뿐만 아니라 인간이 내륙의 도시에서 떠나 예전과 새로운 물의 세계로 돌아가야만 했기 때문이다. 르네상스 시대에 수영이 건강에 유익하고 귀중한 군사적 기술이자 즐거운 취미 활동이라고 추천하는 고대의 기록들을 다시 발견하면서 인간은 예전의 물의 세계로 다시 돌아가게 되었다. 그리고 유럽인들이 대항해 시대에 더 넓은 세계를 탐험하기 시작하면서 새로운 물의 세계를 접하게 되었고, 이로 인해 수영의 필요성이 되살아났을 뿐만 아니라 비서구식 수영법까지도 찾게 되었다.

인간은 선사시대에 처음 이 지구를 탐험하고 정착지를 만들기 시작했지만, 과학혁명과 산업혁명을 거치면서 완전히 새로운 방식으로 탐색하게 되었다. 곧 인간은 하늘 위까지 진출했고, 망원

경과 현미경을 만들어서 상상도 기대도 하지 못했던 거시적·미시적 세계까지 밝혔다. 하지만 수중 세계는 기묘할 정도로 그런 탐험의 대상이 되지 못했다. 고대부터 다이빙 벨 기술이 사용되긴 했지만, 잠수부가 얕은 해저를 걸을 수 있도록 공기호스로 수면과 연결되어 있는 잠수복은 18세기에야 나왔다. 이 기술은 19세기에 완성되었고 1950년대까지 계속 사용되었다. 하지만 이 기술은 공기호스가 깊은 곳에서 잘리거나 잠수부의 몸에 이산화탄소가 쌓이는 등 본질적으로 위험할 뿐만 아니라 물리적으로 몹시 제한적이었다. 이것은 탁한 천해를 허우적거리며 걸어 다니는 '수중 비행'에 지나지 않았다.

20세기 초에 과학자들과 군대, 잠수의 개척자들이 마침내 잠수부를 수면과의 연결에서 해방시켜줄 수 있는 새로운 스쿠버 기술을 시험하기 시작했다. 이것은 1942년 아쿠아렁Aqualung(잠수용 수중 호흡기)의 개발로 정점을 찍었고, 잠수부가 수중에서 훨씬 안전하게 큰 자유를 누릴 수 있게 해주는 스쿠버 세트를 전 세계에 선사했다. 수면이나 해저의 포로 상태를 벗어난 인간은 전례 없이 지구상의 물의 세계를 탐험할 수 있게 되었다. 이런 기술 발전이 도래하면서 20세기 후반에는 취미 수영과 스포츠 수영이 폭발적으로 발전하게 되었다.

기후과학의 최악의 예측을 따르자면, 지구상의 대도시와 인구가 밀집된 해안가 지역 대다수를 포함해서 세계의 지표면 대부분이 언젠가 물에 잠기게 될 것이다. 그러면 우리는 더 높은 곳으로 가야 할까, 바닷속으로 들어가서 더 푸르러진 지구에 정착지

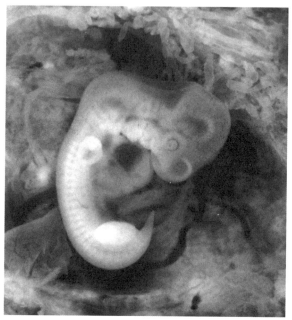

■ 5주 된 인간의 배아는 장차 자라날 이족보행 유인원이라기보다는 물고기에 가까워 보인다. 다른 육상 포유류처럼 인간은 물 밖 생활에 완벽하게 적응했음에도 불구하고 생식과 임신에 있어서는 물에 의존한다.

를 만들어야 할까? 설령 세계가 물에 잠기지 않는다 해도 늘어나는 인구와 천연자원 이용 및 개발로 인한 경쟁으로 인해서 현존 육지에 대한 압력이 늘어나며 결국에는 거주 가능한 공간뿐만 아니라 아무도 손대지 않은 광범위한 식량과 천연자원의 보고인 바다로 뒤덮여 있는 지구 표면의 71퍼센트를 개척해야만 할 것이다. 이 새로운 세계에서 수영은 인간의 기본 이동 방식인 걷기를 대체하게 될 것이고, 우리는 결국에 호모 아쿠아티쿠스*Homo aquaticus*로 진화하게 될 수도 있다.

1

수생인

Strokes of Genius
a History of Swimming

화석 기록 연구자들은 오랫동안 인간의 갑작스러운 출현에 고민해왔다. 사람과 그들의 유인원에 가까운 선조들을 이어주는 화석 유해는 어디에 있을까? 최근 남아프리카에서 발견된 오스트랄로피테쿠스는 유인원과 우리의 공통 기원에 더 가까운 자리로 올라갈 수 있는 발판을 마련해주었지만, 여전히 간극이 있다. 이 간극이 인간이 바다에서 분투하다가 죽어간 기간 때문일 수도 있을까?

_앨리스터 하디Alister Hardy, 1960년[1]

우리는 물의 세계에서 육지로 도망친 난민이다. 바다는 지구 표면의 71퍼센트를 덮고 있는데, 기후가 더 따뜻해서 만년설이 녹은 시기에는 더 많이 뒤덮었을 것이다. 태양계의 '골디락스Goldilocks 지대', 즉 생명체 거주 가능 영역에 위치한 우리 고향 행성의 궤도 덕택에 현재로부터 40억 년 전 육지는 척박한 돌투성이 화산성 불모지에다 공기는 이산화탄소와 다른 기체들의 유독한 혼합물이었던 때에 바다에서 생명체가 발달하게 되었다. 이후 35억 년 동안 대자연은 지구의 바다에서 새로운 생명체 형태를 찾기 위해 광범위한 생물학적 실험을 했고, 5억 4,200만 년 전에 '캄브리아기 대폭발'이라는 유전자적 대박을 터뜨렸다. 캄브리아기 대폭발은 지구의 바다에서 엄청난 생물학적 창조성이 발휘되었던 2천만 년 동안의 시기이다. 이후 5천만 년 동안 식물들이 육지를 점령하고 대기를 고등한 생명체들이 숨을 쉴 수 있는 것으로 바꾸기 시작했다. 육상환경은 이제 식물과 곤충이 살아갈 수 있게 해주고 물고기와 원생 양서류가 포식자로부터의 피난처와 식량을 찾아 물 밖으로 나오도록 유혹했다. 지리학적 시간으로서는 눈 깜박할 새인 3억여 년 전에는 동물이 식물과 곤충의 뒤를 따라 육지에 자리를 잡기 시작하며 물과의 관계를 완전히 끊고 완벽하게 육상생활에 적응하게 되었다.

하지만 '완벽한 육상생활'에는 자격이 필요하다. 파충류든 조류든 포유류든 모든 육생동물陸生動物은 살기 위해 물을 마셔야 하고, 동물의 몸무게 대부분을 차지하는 것이 물이다.2 육체의 생화학적 과정 모두가 물에서 일어나고, 대부분의 포유류에서 물이 계속해서 부족하면 탈수가 일어나 결국에 죽는다. 생식에서도 대부분의 동물은 물에 전적으로 의존한다. 특히 양서류는 물로 다시 돌아가서 짝을 짓고 완전히 수생 알을 낳고 수생 유충기를 보낸다. 육생 파충류와 조류는 물에서 완전히 떠나긴 했지만 부화할 때까지 필요한 모든 물과 영양분이 들어 있는 방수 알에 싸인 새끼를 낳는다. 포유류는 몸 안의 수생환경에서 생식하는 전략을 사용한다. 포유류의 정자는 난자를 향해 100미터 달리기를 하고, 태아는 98퍼센트가 물로 이루어진 액체로 가득한 모체의 양막 안에서 '헤엄'을 친다. 인간을 포함하여 모든 포유류는 먼 조상인 물고기의 육체적 흔적을 선명하게 보여준다. 생애 첫 몇 주 동안 인간의 배아는 이후에 자라날 직립 유인원보다는 물고기나 양서류와 더 비슷해 보이고, 태아는 목에 아가미의 흔적인 주름이 있다. 그러나 물고기나 올챙이와 달리 포유류 태아는 자궁의 양수에서 산소와 영양분을 얻지 않고 탯줄을 통해 태반에서 얻는다.

하지만 인간의 진화와 수생환경의 관계는 순수하게 계통발

생적인 것 이상으로 우리의 생리학적·문화적 진화의 핵심 부분에서 반복적으로 일어났다. 논쟁이 분분한 수생 유인원 가설Aquatic Ape Hypothesis에 따르면 우리의 초기 조상들은 수생 단계에서 핵심적인 인간의 특성 여러 가지를 발달시켰을 수도 있다. 당시에는 수영과 잠수가 걷기와 달리기만큼, 혹은 그보다 더 중요했을 것이기 때문이다. 설령 그 분야 연구자 대부분의 생각처럼 수생 유인원 가설이 완전한 착각이고 인간 혈통의 진화가 물에서 이루어진 것이 아니라고 해도, 한 가지 확실한 것은 물에 적응하는 인간의 능력이 우리 호모 사피엔스속의 생존과 인간의 지구 정복, 그리고 우리의 초기 문명의 발달에 핵심 역할을 했을 거라는 점이다.

흉측한 뼈

현대 인류는 수영을 잘하며 자주 하고 있다. 하지만 인간은 언제 처음 수영을 배웠을까? 고고학적 증거에 따르면 이는 호모 사피엔스Homo sapiens의 진화보다 훨씬 더 앞선다. 인간의 수영 이야기에 관한 첫 장을 살펴보기 위해서 얼마나 멀리까지 거슬러 올라가야 할지 결정하기 위해서 나는 대학 시절 고인류학(사람과학, 호미닌 화석, 인간의 진화를 연구하는 학문)3 지식을 떠올려보았다. 고인류학에서는 우리의 가장 가까운 현존 사촌인 대형 유인원과 우리의 최소공통조상까지 거슬러 올라가는 인간의 기원을 5백만 년 전에서 7백만 년 전 사이로 본다.4 이 머나먼 인간의 조상이 남긴 것은 화석화된 뼈와 놀랍게도 지금까지 보존된 몇 개의 치아뿐이다. 뼈와 치아는 우리에게 개개인에 관해 많은 것을 알려준다. 그들의 나이와 성별, 그들이 직립보행을 했는지 네 발로 걸었는지, 무엇을 먹었는지, 나무 위에서 살았는지 혹은 지상에서 대부분의 시간을 보냈는지, 어떻게 죽었는지, 심지어는 그들의 인지능력의 정도까지도 알려줄 수 있다. 하지만 이 유해는 우리에게 우리의 먼 조상들이 살았고 활동했고 죽은 환경의 지형이나 기후, 농경에 관해서는 거의 알려주지 못한다.

과학계가 찰스 다윈Charles Darwin의 《종의 기원On the Origin of Species》(1859)과 《인간의 유래The Descent of Man》(1871)를 받아들이고, 인간의 조상을 열심히 찾기 시작한 이후로도 고인류학 연구는 국가주의와 종교적 교리에 방해를 받고 문화적·인종적 편견에 제한되었다. 초기의 발견은 대부분 서유럽에서 나왔고, 그래서 많은 인간의 조상들이 호모 하이델베르겐시스Homo heidelbergensis(독일 바덴-뷔르템베르크의 하이델베르크에서 출토)와 호모 네안데르탈렌시스Homo neanderthalensis(마찬가지로 유럽의 북부 라인-베스트팔렌의 강 유역 네안데르탈에서 출토)처럼 어울리지 않는 중부유럽식 이름을 갖게 되었다. 19세기 말과 20세기 초반에 훨씬 먼 지역에서도 발굴되었고, 고대 인간 혈통 여럿은 근동과 아시아, 동남아시아에서 발견되었다. 하지만 우리의 초기 조상을 찾을 만한 가장 확실한 장소이자 우리의 가장 가까운 영장류 친척인 대형 유인원의 고향인 아프리카는 많은 유럽 과학자가 몹시 꺼리는 지역이라 거의 조사하러 가지 않았다.

1924년 젊은 오스트레일리아 인류학자 레이먼드 다트

■ 현재의 에티오피아에 320만 년 전에 살았던 것으로 추정되는 인간의 조상인 오스트랄로피테쿠스 아파렌시스 여성을 추정하여 복원한 모습. 침팬지와 아주 비슷하게 재현해놓았지만, 오스트랄로피테쿠스 아파렌시스는 주로 이족보행을 했고 이미 두꺼운 체모가 사라졌을 것으로 여겨진다.

Raymond Dart(1893-1988)가 타웅(남아프리카 킴벌리 부근)에서 놀라운 발견을 하면서 이 모든 상황이 바뀌었다. 그가 발견한 것은 영장류와 인간 양쪽 모두의 공통 특징을 보이면서 특히나 대형 영장류에서 보이긴 해도 주된 이동 방법은 아니었던 이족보행 특성을 가진 초기 호미닌 오스트랄로피테쿠스 아프리카누스*Australopithecus africanus* 최초의 견본으로 밝혀졌다. 오스트랄로피테쿠스속은 420만 년 전부터 120만 년 전 사이에 아프리카에서 살았고 그 이래로 여러 종으로 나뉘었다. 가장 완전한 오스트랄로피테쿠스속 골격 중 하나는 다트의 타웅 '어린아이'가 발견되고 50년 후 에티오피아의 아파Afar 삼각지에서 발견되었다. '루시'라는 이름이 붙은 이 화석은 아종인 오스트랄로피테쿠스 아파렌시스로 분류되었고, 주로 이족보행을 했지만 두개골이 현대의 대형 유인원과 거의 비슷한 크기였다. 이것은 이족보행보다 큰 두개골, 즉 지능 발달이 먼저였을 거라는 이전까지의 믿음을 뒤집었다. 지금은 이족보행이 이후 인간의 특징이 되는 다른 변화들을 촉발한 것으로 여겨진다.

오스트랄로피테쿠스속을 우리의 직계 조상으로 여겨야 할지 그저 먼 친척으로 여겨야 할지 아직도 약간의 의심이 있지만, 인간의 가계도에서 인간-유인원 최소공통조상과 최초의 호모속 대표 사이의 어딘가에 자리한다는 것만은 확실하다. 오스트랄로피테쿠스속이 인간의 조상이라는 다트의 주장은 고인류학계에서 즉시 거부당했지만 강력한 증거와 수많은 표본이 나오면서 루시와 그 동족들은 마침내 1940년대 말에 정통 진화 체계에 받아들여지게 되었다. 이 발견은 최소공통조상과 최초의 원인 사이의 간극을 1백만 년에서 3백만 년 사이로 줄여주었다.5

내가 다트와 그의 발견에 대해서 배울 무렵에는 20년 동안 인류의 아프리카 기원을 받아들이기를 거부하고 오스트랄로피테쿠스속을 독특한 유인원으로 분류한 노인네들에 대한 이야기는 전혀 나오지 않았지만, 다음 세대 고인류학자들 역시 그들이 진화적 정통으로 여기는 것에 들어맞지 않는 이론을 거부하고 똑같이 보수적으로 행동했다. 학부생 때 내가 사실로 받아들였던 인간 진화론은 '사바나-인간-사냥꾼 가설savannah-man-thehunter hypothesis'이다. 이것은 아주 간단하게 요약하면 아프리카의 기후가 변했고, 그래서 숲이 오늘날까지 동아프리카 일대에서 볼 수 있는 넓은 초원으로 변했으며, 아직까지 밝혀지지 않은 오스트랄로피테쿠스속의 조상이 빠르게 줄어드는 나무에서 내려와야만 했고, 나무 위에서 지상으로 삶의 터전이 바뀌며 육체 변화가 촉진되었다는 것이다. 이족보행은 손을 더 많이 쓸 수 있게 만들어주고 더 큰 뇌와 털의 상실, 목소리를 내는 능력의 발전_{대화}을 불러왔으며 또한 평화로운 채식성 잡식동물에서 공격적인 육식성 잡식동물로 바뀌는 수렵 같은 행동 변화도 불러왔다.

당시에 나는 인간의 진화가 원시 인류의 절반에게만 적용되는, 뛰어다니고 창을 휘두르며 큰 초식동물을 죽이려는 열정으로 인한 것이라는 개념에 의문을 제기할 이유가 없었다. 하지만 가부장적 질서의 모든 부분에 도전하던 제2차 페미니스트 세대는 동물행동학과 고인류학에서 강조하는 생물학적 '필연성'이라는 당대의 성차별적 관점을 곧장 공격했다. 그들은 남성의 공격과 경쟁 성향이 인간 진화의 주된 원동력이라는 발상을 거부하고 선사시대의 가부장적 집단을 모계 혈통으로, 유혈 낭자한 경쟁을 평화로운 협동으로 대체하는 라이벌 이론을 제시했다.

진화학 학생들이 마주한 문제는 현대 인간에서 시작해서 호미닌 혈통을 따라 거꾸로 거슬러 올라가야 하는데, 올라가면 갈수록 사슬의 연결고리가 점점 적어진다는 것이다. 또한 자신들의 객관성에 자부심을 가진 전문 과학자들도 자신들의 이론에 현재의 편견을 끼워 넣어 현재의 방식을 합리화하는 방식으로 과거를 개조할 위험을 안고 있다. 예를 들어 사바나-인간-사냥꾼 가설은 페미니즘 이전 남성 지배적인 사회질서를 확인시켜주는 것으로 보일 수 있다. 학부생 때 우리가 계속해서 주의를 받는 또 다른 위험한 행동은 세상에 대한 우리 자신의 경험을 다른 종에 반영하는 것이다. 즉 살아남기 위해서 일 년 내내 옷이 필요한 추운 북부 기후에서 자란 사람들은 선사시대 열대지방의 전혀 다른 생활방식을 상상하기에는 좋지 않은 조건을 갖고 있다.

　　1년 동안 휴학을 하고서 나는 중앙아메리카를 여행하며 당시 영국 식민지였던 벨리즈에서 몇 주 동안 머물렀다. 어느 날 나는 수도인 벨리즈시티에서 해안을 따라 조금 떨어진 석호에서 수영을 하고 있었다. 얕은 물은 여행 책자에 나올 것처럼 맑은 카리브해 특유의 파란색이었고 해변에는 야자수가 줄지어 있었으며 모래는 눈부시게 하얬다. 하지만 내가 지금까지도 기억하는 것은 공기와 물의 온도가 약간 달랐다는 거였다. 해변에서 옷을 벗고 몸을 식힐 수 있을 거라고 생각하며 물에 뛰어들었는데, 물이 너무 따뜻해서 상쾌해지기는커녕 여름날 뜨거운 목욕을 하는 기분이었던 것이다. 우리의 초기 호미닌 선조들이 북부 유럽이나 북동부 미국에서 진화했다면 그들은 설령 일 년 중 가장 따뜻한 시기라고 해도 물에 거의 들어가지 않았을 것이다. 하지만 따뜻한 열대의 바다에서는 감기 걸릴 일 없이 하루 종일 미지근한 수프 같은 물속에서 고기를 잡고 먹을 것을 찾을 수 있었을 것이다.

일레인 모건의 부상

인간 진화의 사바나-인간-사냥꾼 가설을 페미니스트들이 거부한 것은 어느 정도 1960년대와 1970년대의 문화 전쟁에 비추어봐야 한다. 제시된 대체 이론들은, 예를 들자면 가부장제를 모계제로 바꾸기만 하는 식으로 이미 나온 가설들의 거울상일 뿐이었기 때문이다. 하지만 호미닌이 인간의 핵심 특성이 진화하던 시기에 수생 단계를 거쳤다는 이론, 즉 수생 유인원 가설은 제2차 페미니즘보다 수십 년 정도 앞선다. 이 가설의 첫 번째 주장은 1930년에 당시 젊은 해양생물학자였던 앨리스터 하디Alister Hardy(1896-1985)가 했다. 그는 이 가설을 30년 동안 비밀로 하고 있다가 자신의 목표들을 달성하고 이 가설에 대한 논쟁이 학계에서 자신의 지위에 해를 입히지 못할 때가 되어서야 딱 한 번 발표했다. 그때에도 1960년 3월 브라이턴에서 열린 영국 수중클럽British Sub-Aqua Club 회의라는 비교적 알려지지 않았다고 생각한 공개 학회에서 이론을 발표했다.

수생 유인원 가설이 별문제 없이 공유될 거라고 생각했다면 하디는 불행히도 실패했다. 언론은 그의 발표를 즉시 과장해서 떠들었고, 2주 후에 그는 자신의 이론에 대한 유일한 옹호 글을 '인간이 과거에 더 수생적이었나?'라는 제목으로 써서 가장 유명한 과학 저널 중 한 곳에 실었다.[6] 독일 생물학자 막스 베스텐회퍼Max Westenh fer(1871-1957)는 《인간의 독특한 길Der Eigenweg des Menschen》에서 비슷한 결론에 이르렀지만, 그 글이 1942년 독일에서 출간되었을 때에는 세계가 인간의 혈통에 대한 사이비 과학 이론으로 뒷받침

되는 또 다른 이데올로기적 투쟁에 휩싸여 있어서 그의 발상은 18년 후 하디의 이론만큼 즉각적인 논쟁을 불러일으키지 않았다.

베스텐회퍼는 하디의 브라이턴 발표 3년 전에 사망했고, 하디 자신은 수생 유인원 가설에 대해서 좀 더 상세하게 설명하는 책을 쓰겠다고 말했지만 1985년 사망할 때까지 써내지 못했다. 아마도 인간의 진화가 전문이 아닌 해양생물학자였던 그가 사바나-인간-사냥꾼 가설이라는 제왕을 대변하는 수많은 고인류학자에게 감히 도전했다는 사실에 수십 년 동안 이어질 힘겨운 학계의 논쟁을 상상하니 끔찍했을 것이다. 하지만 지금도 우리는 수생 유인원 가설의 중요성을 과장하지 않도록 주의해야 한다. 하디가 코페르니쿠스이고 베스텐회퍼가 갈릴레오였던 것도 아니고, 고인류학자 협회가 수생 유인원 가설을 거부한 것이 가톨릭교회가 맹목적으로 태양중심설을 강요하던 것과 동등한 일도 아니다. 다음 파트에서 살펴보겠지만 이 이론이 그 이래로 저명한 영국의 자연주의자 데이비드 애튼버러David Frederick Attenborough(1926-)[7] 경 같은 몇몇 유명한 지지자를 얻기는 했어도, 현대 인간의 진화를 설명하는 여러 가지 가설 후보 중 하나일 뿐이다.

실제로 사바나-인간-사냥꾼 가설을 무너뜨린 것은 하디나 베스텐회퍼, 페미니스트 비판자들이 아니라 가설이 가정하는 것처럼 고대 아프리카 환경이 전체적으로 넓은 사바나였던 적이 없다는 사실이었다. 대신에 고대 기후와 고생식물학 연구는 오스트랄로피테쿠스속과 그들의 조상들이 숲과 늪, 넓은 초지가 섞여 있고 건기와 우기가 번갈아 오는 '모자이크식 서식지'에 살았음을 밝혀냈다.[8] 루시와 그녀의 많은 동족의 유골이 발견된 에티오피아와 탄자니아의 그레이트리프트밸리의 지형과 기후는 4백만 년 전에는 완전히 달랐다. 사막과 건조한 사바나 대신에 호수와 강 체계, 숲 지역과 염수호가 있었다는 증거가 있다. 투르카나 유역 대부분을 이루는 큰 호수와 지금은 바싹 마른 다나킬 평원은 내륙 바다였지만 오래전에 증발해버렸다.[9] 그러니까 수생 유인원 가설이 나오지 않았어도 우리의 호미닌 조상들이 나무에서 나무로 넘어 다니는 대신에 사바나에서 직립해야 했고 먹이와 포식자를 찾아 긴 풀 위쪽으로 보기 위해 뒷다리로 서야 했다는 주장은 수생 유인원 가설과 전혀 관계없는 증거 덕택에 폐기되었을 것이다. 이는 주류 고인류학에 이족보행으로의 변화가 왜 촉발되었는지를 설명해야 하는 문제를 안겼다.

벌거벗은 호미닌

베스텐회퍼는 오래전에 죽었고 하디는 침묵을 지키는 가운데 수생 유인원 가설을 옹호하는 것은 웨일스의 텔레비전 극본가 일레인 모건Elaine Morgan(1920-2013)의 임무가 되었다. 그녀는 데즈먼드 모리스Desmond John Morris의《털 없는 원숭이The Naked Ape》(1967)에서 하디의 이론에 대한 언급을 보았고, 그 유명한 해양생물학자에게 연락해서 이 주제에 관한 책을 쓰게 해달라고 허락을 구했다. 이 책은 1972년《여성의 유래The Descent of Woman》라는 제목으로 출간되었다. 2004년에 출간된 인간 진화에 관한 교과서는 우리에게 모건의 첫 번째 책이 학계에서 받아들여지기 시작했음을 살짝 보여준다. "처음에 이 발상은 기괴하고 논의할 가치도 없는 것으로 무시되었다. 아마추어가 제안했기 때문이다."[10] 더 나빴던 것은 이 책이 남성 위주의 과학계에서 격렬한 페미니즘적 비평으로 치부되었다는 점이다.[11] 하지만 모건의 첫 번째 책이 나오고 32년 만에 수생 유인원 가설은 과학계 인사들에게 어느 정도 인정을 받게 되었다. 그녀는 계속해서 시리즈로 책을 쓰며 자신의 주장을 다듬었다. 《수생 유인원The Aquatic Ape》(1982), 《진화의 상처The Scars of Evolution》(1990), 《아이의 유래Descent of the Child》(1995), 그리고 《수생 유인원 가설The Aquatic Ape Hypothesis》(1997) 등에서 그녀는 새로운 책을 낼 때마다 자신의 주장을 더욱 강력하고 설득력 있게 제시했다. 그녀 자신은 수생 유인원 가설이 완전히 받아들여지는 것은 시간문제일 뿐이라고 믿었고, 이렇게 논쟁이 많은 이론이 주류에 받아들여지기까지는 약 40년쯤은 걸릴 거라고 예상했다. 불행히 40년이 지났지만 모건은 자신의 1인 운동이 성공했는지 아닌지 영원히 알 수 없을 것이다. 2013년에 사망했기 때문이다.

　수생 유인원 가설에 대한 모건의 완전하고 설득력 있는 주장에 관심이 있는 독자라면 《수생 유인원 가설》을 읽어봐야 할 것이다. 이 책에서 그녀는 자신의 주장을 권위 있고 명료하게 제시했기 때문이다. 그녀는 손쉬운 논증법과 강조법을 피하고 단순히 증거를 제시하고 진화 과학이 대답하지 못한다는 것을 잘 아는 질문을 던진다. 수생 유인원 가설이 제시되었던 초반에 모건은 왜 인간 진화에 대한 새로운 이론이 필요한지를 이렇게 설명했다.

다윈이 《인간의 유래》를 쓰고 백 년이 넘게 지났다. 그동안의 치열한 조사와 추측에도 불구하고 왜 인간이 이족보행을 하게 되었고, 체모가 사라졌으며, 말하는 법을 배웠고, 큰 뇌를 갖게 되었는지 같은 주요 질문에 대한 답은 여전히 밝혀질 기미가 없다.12

이 간단한 설명은 우리의 지식에 있는 커다란 간극을 가리는 데 성공할 뻔했다. 여기 나온 네 가지 특성은 인간을 다른 육지 포유류와 다르게 만드는 부분을 요약한 것이다. 그중 세 가지는 바다 포유류에서도 찾아볼 수 있지만 말이다. 그러면 모건과 하디, 베스텐회퍼가 믿었던 것처럼 인간-유인원 최소공통조상과 오스트랄로피테쿠스속 사이의 수백만 년 동안 우리가, 하디의 말을 빌리자면 '바다에서 분투하다 죽어갔다'는 가능성은 어느 정도나 될까?

후반에 출간한 책과 글의 서두에서 모건은 이미 빈사 상태인 사바나-인간-사냥꾼 가설을 다시 짓밟는 데 시간을 허비하지 않는다. 하지만 그 심장에 말뚝을 박고 머리를 자름으로써 무덤에서 되살아나지 못하도록 확실하게 처리했다. 이족보행과 털이 없는 것이 육상에서 그렇게 엄청난 진화적 장점이 된다면 우리 호미닌 조상과 똑같은 환경적 압력에 노출되었던 다른 동물들은 왜 비슷한 형태로 진화하지 않았는가? 그녀는 그렇게 반박했다. 사실 현대의 사바나에서 굉장히 번창하고 있는 또 다른 영장류 종족 개코원숭이(파피오속)가 있지만, 그들은 고집스럽게 사족보행과 많은 털을 유지하고 있다. 그리고 이미 지적한 바이지만 어쨌든 우리의 호미닌 조상들은 사바나에서 살지 않았고 오늘날 아프리카의 대형 유인원들이 선호하는 것과 다르지 않은 모자이크식 서식지에서 살았다. 침팬지와 고릴라가 지상에서 거의 항상 지내며 두 다리로 서고 걸을 수 있다고는 하지만, 그들은 네발로 '너클보행knuckle-walk(앞발을 주먹을 쥔 형태로 걷는 동작)'을 하는 쪽을 선호하고, 나무를 오르기 위해 물건을 잡는 발prehensile feet 형태를 유지하고 있으며 두꺼운 모피 역시 여전히 갖고 있다.

모건의 주장은 여기서 그치지 않았다. 이족보행 동작은 초기 호미닌들이 살던 서식지에서 전혀 필요치 않았을 뿐만 아니라 안전 문제와 이족보행을 익히는 데 걸리는 시간, 이족보행을 하는 데 드는 여분의 열량에 이르기까지 큰 결점들이 있었다. 대부분의 육지 포유류는 안정적이고 빠르고 배우기 쉽고, 한쪽 다리를 다쳐도 세 다리로 걸을 수 있기 때문에 사족보행을 선호한다. 반면 두 다리로 걷는 것은 불안정하고, 배우는 데 시간이 걸리며, 몸에서 가장 연약한 부분인 내장과 생식기관이 공격에 노출되도록 만든다. 거기다가 척추와 심혈관계에 부담이 되고, 수백만 년 동안 적응을 했음에도 우리는 여전히 직립 자세로 인해서 등 아래쪽과 무릎의 통증, 탈장과 정맥류에 시달린다. 조지 오웰George Orwell의 《동물농장Animal Farm》(1945)을 인용하자면, 그야말로 '네 다리는 좋고, 두 다리는 나쁘다'는 증거이다.

손으로 자유롭게 도구를 쓰고 사냥을 할 수 있기 때문에 이족보행을 하게 되었다는 사바나-인간-사냥꾼 가설의 두 번째 주장도 별로 설득력이 없다. 대형 유인원들은 직립보행을 하지 않으면서도 단순한 도구를 사용하고, 훌륭한 손재간을 보여주며, 필요할 때면 물건을 잡는 한 쌍의 발까지 쓸 수 있다.13 게다가 이제는 호미닌이 도구를 사용해서 사냥하기 한참 전부터 이족보행을 했다는 증거가 있다. 털이 없는 단점 역시 진화적 장점보다 훨씬 더 커 보이고, 특히 건조한 기후에서는 더 그렇다. 모건이 지적한 것처럼 몸을 덮은 체모는 열기와 추위, 자외선에 대한 1차 방어막이고 또 위장에도 도움이 된다. 털은 유인원 어미들에게도 유용한 부속품이다. 포식자를 피하거나 식량을 찾아서 나무를 올라갈 때 새끼들이 털을 잡고 매달릴 수 있기 때문이다. 인간은 아기가 쉽게 매달릴 수 있는 체모가 없기 때문에 아기를 안아야만 하는 유일한 영장류이다. 그래서 어떤 면에서는 체모가 없어진 것이 진화적으로 꽤 큰 단점이 된다.

이족보행은 호미닌 진화의 핵심으로 여겨진다. 진화생물학자들은 이족보행이 먼저 나타나서 해부학적·행동적 변화의 물결을 촉발했을 거라는 데 동의하지만, 이것이 어떻게 호미닌 이동 방식의 주된 유형이 된 건지에 대해서는 일치된 의견이 아직 없다. 모건은 이족보행이 확실한 이점이 되는 환경이 하나 있다고 주장한다. 바로 물이다. 그녀는 물에 자주 들어가는 것으로 알려진 여러 영장류의 예를 든다. 모자이크 서식지에 사는 코주부원숭이(나살리스속)는 얕은 수로를 따라 물살을 헤치고 뒷다리로 걸으며 팔을 쭉 뻗어 균형을 잡는 모습이 관찰된다.14 원숭이와 유인원은 직립으로 서서 걸을 수 있지만 대체로는 어색한 자세로 짧은 시간밖에는 유지하지 못한다. 침팬지와 고릴라는 싸움을 할 때 몸을 더 커 보이

■ 우리의 현존하는 가장 가까운 친척 침팬지는 물에 자주 들어가지만 수영을 하는 모습은 관찰되지 않는다. 육상에서는 너클보행을 주로 하는 침팬지는 물에서 뒷다리로 서서 물살을 가르고 걷는다. 우리의 호미닌 조상들도 똑같은 방법을 사용해서 물에서 첫발을 뗐고, 나중에 물속에서 식량을 찾고 완전하게 수영을 하도록 발전했을지도 모른다.

게 만들기 위해서 일어서지만, 빠르게 움직여야 할 때에는 다시 네 다리로 너클보행을 한다.

　　모건은 얕은 물에서 걷는 것이 이족보행으로의 발달을 설명해주는 강력한 증거라고 보았다. 인간-대형 유인원 최소공통조상과 루시 사이의 어느 시점에 호미닌이 2백만-3백만 년 동안 수생환경에서 살았다면, 수영의 전조로 제일 먼저 뒷다리로 서서 물살을 헤치고 가는 법을 익혔을 것이다. 물속에서 그들은 수영과 잠수를 통해 식량을 발견하고, 그러면서 손으로 물건을 정확하게 잡는 법을 더 발전시켰을 것이며, 걷고 수영하는 데 사용되던 발은 물건을 잡는 능력을 잃고 육지나 얕은 물속을 걸을 때 더 안정적이고 수영할 때 더 큰 추진력을 줄 수 있게 길고 평평한 구조로 진화했을 것이다.

물에서 보낸 시간이 2백만-3백만 년 정도 된다고 해도 진화적 관점에서는 바다표범이나 바다소, 듀공, 돌고래, 고래처럼 완벽하게 수생동물로 적응하기에는 너무 짧은 시간이었을 것이다. 육지에서 다시 물로 돌아간 이런 포유동물들이 뒷다리가 달라붙고 지느러미가 생기는 등 가장 확실한 적응 형태를 보이기까지는 수천만 년의 시간이 걸렸다. 하지만 모건은 우리의 호미닌 조상들이 수생 단계에서 어떤 특징을 얻었기 때문에 우리가 지금 이런 모습이 되었다고 확신한다. 옷을 벗고 거울에 몸을 비춰보라. 다른 영장류와 비교할 때 당신은 육지 포유류 중에서 유일무이한 두 가지 특징을 가진 유선형 몸매를 갖고 있다. 우선 온몸에 털이 있긴 하지만 대부분 아주 가늘어서 거의 보이지 않는다. 그리고 영장류 중에서 둥그런 몸매를 만들어주는 두꺼운 피하지방층이 있는 유일한 종족이다. 이 두 가지 특징을 가진 다른 포유류는 오로지 물에 사는 동물들뿐이다. 우리의 체모가 자라는 방향 역시 다른 대형 유인원들과 다르다. 모건은 이것이 등을 따라 물이 흐르게 만들어 수영할 때 몸이 더욱 유선형이 되게 만들도록 진화한 것이라고 주장한다.

이것만이 우리가 바다 포유류와 함께 가진 공통적 특징은 아니다. 우리의 땀과 눈물에는 염분이 포함되어 있는데, 이는 아프리카 사바나 같은 건조한 환경에서는 별로 득이 되지 않는다. 탈수를 일으키고 필수영양소를 위험할 정도로 잃을 수 있기 때문이다.

하지만 소금물에서 많은 시간을 보낸다면 체내의 염분 균형을 통제하는 메커니즘이 필요할 것이다. 모건은 바다에서의 삶에 적응하는 과정에서 처음 발달한 메커니즘인 땀이 나중에 우리 조상이 육상생활로 되돌아온 다음에 체온조절에 사용된 것이라고 주장했다. 후두와 자발적 호흡(대부분의 육지 포유류와 달리 우리는 자발적으로 호흡을 멈출 수 있다)이라는 인간의 특성은 육지와 바다 포유류 사이의 기묘한 중간 지점이다. 예를 들어 돌고래는 비자발적 호흡으로 되돌아가는 능력을 잃어서 익사하지 않기 위해 뇌의 절반만 잠이 든다. 말을 하는 능력도 수영할 때 숨을 참는 능력의 부산물일 수 있지만, 이는 숨을 참는 것이 말하는 능력의 부산물이라고 반대로 주장할 수도 있다. 중요한 것은 숨을 참는 반사작용이 갓 태어난 아기에게도 있다는 것이다. 아기들은 얼굴이 물에 들어가면 자동적으로 목 안쪽을 닫는다. 또한 팔다리로 기본적인 수영 동작을 하고 물속에서 완벽하게 편안해 보인다. 하지만 이 능력은 불행히 생후 몇 달 내에 사라지는데, 이는 우리가 유아기 동안 반수생환경에 있지 않으면 수영과 잠수를 처음부터 다시 배워야 한다는 뜻이다.

인도네시아의 어느 섬에서는 바다에서 출산을 하던 사람들에 관한 기록이 있다. 신생아의 목 닫힘 반사작용은 익사를 하지 않게 막아주고, 아기는 물에서 나온 후에 첫 숨을 쉰다. 이 방법으로 출산하면 엄마와 아기가 더 편안하고, 염수는 천연 소독약 역할을 한다. 그리고 탯줄은 꽤 길어서 엄마가 여전히 물에 몸을 담근 채 갓 태어난 아기를 가슴 위에 올릴 수 있다. 얕은 욕조에서의 출산으로 선진국에 재도입된 인도네시아식 수중출산은 19세기 선

■ 갓 태어난 아기들은 물에 들어가면 자동적으로 목 안쪽을 닫고 팔다리를 휘젓는 기본 동작을 한다. 이 능력은 우리가 수생환경에서 살았던 시절의 유물일까? 인간은 또한 육지 포유류 중에서는 독특하게도 태지라는 지방질로 뒤덮인 채 태어난다. 일레인 모건은 물에서 태어난 아기들에게 방수막이 되어주는 것이라고 주장한다.

교사들에 의해 금지되었다. 그들은 동남아시아 사람들에게 빅토리아 시대 유럽의 기준을 강요했다. 그리고 바닷물이 갓 태어난 아기가 오래 머물기에는 너무 차다는 주장은 신생아를 둘러싸고 있는 태지胎脂, vernix caseosa라는 지방질 방수막을 고려하지 않은 이야기이다. 알려진 바에 따르면 태지로 둘러싸여 태어나는 다른 유일한 포유류는 바다표범이다.15 그리고 물론 우리는 싸늘한 3월 아침에 임산부가 파도를 가르고 마게이트나 케네벙크포트 앞바다로 들어가는 것을 말하는 것이 아니라 얕은 카리브해의 석호처럼 따뜻하고 느른한 열대 바다를 말하는 것이다.

　　모건은 수생 유인원 가설을 지지하는 마지막 세 가지 증거를 제시한다. 그녀는 우리의 손이 자유로워졌기 때문에 정확하게 물건을 집도록 발달했다는 데에는 동의하지만, 이것이 육상에서 돌도끼와 창을 들고 다녀서가 아니라 물속에서 걷거나 수영을 할 때 물속의 식량을 찾아 손을 사용했기 때문이라고 주장한다. 이는 우리 종의 또 다른 핵심 특성인 뇌의 크기가 커지는 데 단백질과 오메가-3 지방산이 풍부한 음식이 핵심적이었다는 발상과 일맥상통한다. 한때는 사냥을 통해 얻은 동물성 단백질이 호미닌의 두뇌 크기를 증가시킨 주된 요인이라고 여겨졌지만, 모건은 수생환경에 뇌의 크기가 커지게 만드는 적절한 식이용 화합물이 훨씬 풍부하다는 사실을 지적했다. 비교적 작고 덩치가 가벼운 호미닌은 큰 초식동물보다 생선과 조개류에서 이런 단백질을 훨씬 쉽게 얻을 수 있었을 것이다. 마지막 증거는 우리가 성교를 하는 방식에서 찾을 수 있다. 대부분의 육지 포유류는 수컷이 암컷의 등 위로 올라타는 반면 바다 포유류는 얼굴을 마주보고 짝짓기를 한다.

수생 유인원 가설을 뒷받침하는 모건의 주장은 더 이상 고인류학계에서 조롱받지 않고 지금은 이족보행과 털이 없는 것을 설명하는 대체 이론으로 교과서에도 실린다. 수생 유인원 가설을 입증하는 데에 가장 큰 걸림돌은 수생 단계를 입증하는 '확고한 증거'를 찾는 것이다. 루시는 거북이 알과 갑각류 동물들이 있는 매장 터에서 발견되었지만, 이걸로는 그녀나 그녀의 조상들이 수생이었다는 사실이 입증되지 않는다. 루시는 우연히 물가 근처에서 죽었을 수도 있다. 수생 유인원 가설은 흥미로운 가능성을 제시하지만 그 이상은 아니다. 하지만 만약 앞으로 뭔가 증거를 발견하게 된다면, 수영과 우리의 관계가 너무나 오래돼서 인간이라는 단어가 쓰이지 않을 만큼 옛날일 수도 있다. 모건과 그녀의 지지자들은 수생이라는 막간극이 없었다면 인류가 존재하지 않았을 거라고 생각하지만, 우리가 고려해야 할 것은 그 어떤 수생을 통한 유산도 이후 420만 년의 육상 진화기로 인해 덮였을 거라는 것이다.

2000년에 인간 진화생물학자 카르스텐 니미츠Carsten Niemitz는 수생 유인원 가설의 개정판인 '양서류 일반종 이론amphibian generalist theory.'을 제안했다. 여기서 그는 물속을 걷는 것이 완전한 이족보행으로 가는 중요한 선행행동이라고 주장하면서도 모건이 자신의 책에서 주장한 것처럼 호미닌이 다른 인간의 특성을 진화시키기 위해 완전한 수생 단계를 거쳤다는 발상은 거부했다.16 하지만 모건은 인간의 수생기가 실제로 얼마나 '수생'이었는지 명확하게 말한 적은 없다. 그녀는 우리의 조상들이 2백만-3백만 년 동안 오로지 물에서만 사는 '인어족'이었다고 주장하지 않았다. 그러니까 모건의 수생 유인원 가설과 니미츠의 양서류 일반종 이론의 차이는 인간의 어떤 특징을 넣고 빼는지에 관해 합의가 되지 않았다는 점일지도 모른다. 즉 내용 자체가 아니라 지엽적인 문제라는 뜻이다.

석기시대의 수영선수들

모건이 상상한 수생 호미닌 조상 오스트랄로피테쿠스 아쿠아티쿠스가 존재하지 않았을 수도 있지만, 지중해와 동남아시아에서 발견된 고고학적 증거에 따르면 초기 호모속의 사람들은 선사시대를 공부하던 옛날 학생들이 상상한 것보다 훨씬 더 물속과 물위에 익숙했을 수도 있다. 정글과 숲, 사막, 넓은 초원을 가로지르는 길은 고사하고 길 자국조차 없던 순수한 시대로 되돌아가보자. 아프리카를 떠나 지구를 정복하러 나선 초기 인간 조상들 무리는 자신들이 어디로 가는지, 앞에 무엇이 있을지 전혀 몰랐겠지만 주위 환경을 가로지르는 천연 고속도로이자 사는 데 필요한 것들을 제공해주는 원천을 갖고 있었다. 강은 민물과 조개, 물고기, 물새의 공급원이었고 식물이 가득한 강둑 역시 다양한 육지 생물 종들을 끌어들였을 것이다. 그게 아니라도 최소한 강이 어디로 흘러가는지는 분명했다. 또 다른 큰 강이나 호수, 늪, 그리고 결국에는 바다로 향했을 것이다. 초기 인간들이 바다에 도착하면 해안 그 자체가 여행할 방향을 알려주었을 거고, 바다는 그들이 계속 이동하는 동안 음식물도 공급해주었을 것이다. 이 가설이 옳다면 인간은 걷는 것만큼이나 능숙하게 수영을 할 수 있었을 것이다. 계속해서 물속에서 음식을 찾고 고기를 잡아야 했기 때문이다.

우리 인간이 아프리카를 떠나 이주한 경로에 관한 초기 이론에서는 호모 에렉투스_{Homo erectus}와 호모 하이델베르겐시스 같은 인류의 조상들이 대륙을 걸어서 지나갔다고 추정한다. 건조한 고원지대인 시나이 반도를 지나 오늘날보다 해수면 높이가 훨씬 낮았던 빙하기에 존재했던 육교陸橋를 이용해서 근동에 도착했고, 거기서 육로를 통해서 지구의 나머지 지역으로 흩어졌다는 것이다. 수생 유인원 가설을 받아들이기를 거부했던 것과 마찬가지로 여기에도 강력한 육생에 대한 편견이 작용한 것처럼 보인다. 우리의 조상들이 큰물을 마주하고는 너무 두렵거나 멍청해서 그것을 건널 방법을 찾지 못했을 거라고 상정하는 것이다. 하지만 명확한 고고학적 증거를 바탕으로 했다기보다 이 믿음은 그저 19세기와 20세기 많은 유럽 학자들을 괴롭힌 수영과 수생환경과의 불편한 관계를 반영하고 있는 것일 수도 있다.

최초로 보편적으로 인정된 호모속의 대표인 호모 하빌리스 *Homo habilis*(제일 처음 직접 돌로 된 도구를 제작한 것으로 알려진 '도구의 인간')는 230만 년 전부터 140만 년 전 사이에 아프리카에서 살다가 멸종했다. 오스트랄로피테쿠스속의 명백한 후손을 찾을 때와 마찬가지로 발견물이 늘어나고 이것이 호모속이나 특정한 종, 혹은 아종(종의 하위) 중 어디에 속하는지에 대한 의견 충돌이 많아지며 인간의 혈통은 더욱 복잡해지게 되었다. 이제 인간의 혈통은 단 하나의 쭉 뻗은 몸통을 가진 나무가 아니라 맹그로브 잡목림과 비슷해졌다. 독자들을 위해서 내가 미심쩍은 가지는 최대한 전부 쳐내고 단순화해보았다. 호모 하빌리스 다음에는 호모 에렉투스(180만 년 전부터 7만 년 전까지)가 나타났다. 이들의 유골은 유라시아 전역에서 발견되었고 가장 동쪽으로는 중국과 동남아 섬들까지 이른다.

호모 에렉투스 다음에는 호모 하이델베르겐시스(60만 년 전부터 35만 년 전까지. 몇몇 연구자는 이 종이 훨씬 더 오래되어서 130만 년 전에 처음 나타났다고도 생각한다)가 나타났다. 하이델베르크인은 아프리카에서 유라시아로 이동한 주요 인종 중 하나로, 네안데르탈인(35만 년 전-25만 년 전부터 4만 년 전까지)과 데니소바인(35만 년 전-4만 년 전까지)은 물론, 20만 년 전에 처음 나타나 7만 년 전부터 6만 년 전 사이에 여러 갈래로 아프리카를 떠나 이주했을 것으로 여겨지는 호모 사피엔스의 조상으로 여겨진다. 이 목록에 이름을 하나 더 넣을 수 있다. 10만 년 전부터 1만 2천 년 전 사이에 인도네시아 플로레스섬에 살았던 소인족 '호빗' 호모 플로레시엔시스*Homo floresiensis*이다.

오스트랄로피테쿠스속과 마찬가지로 초기 인간의 유골은 뼈와 치아였다. 물론 이 표본들은 훨씬 숫자가 많고 잘 보존되어 있어서 심지어는 유전학자들이 DNA를 추출해서 여러 종류의 멸종한 호미닌과 현존하는 호미닌 사이의 관계를 밝혀낼 수 있을 정도였다.17 또 다른 고고학적 보물은 그들이 만들고 사용했던 돌도구들이다. 이것들은 부수고, 찧고, 두드리거나 가는 데 사용하는 모양 없는 돌덩어리로 시작해서 정교한 예술작품으로 발전했다. 아름다운 모양의 도끼, 화살촉, 창촉, 칼, 망치, 자귀, 끌, 장신구, 송곳, 갈고리와 작살 등이다. 하지만 쉽게 썩는 유기물, 즉 나무나 다른 식물, 가죽으로 만들어진 것은 하나도 살아남지 못했다. 특히 이것을 물속에 떨어뜨렸다면 아주 특별한 조건에서 보존된 게 아닌 이상 나무는 몇 세기 안에 분해된다. 지중해 지역, 로마의 북서쪽에 있는 라치오의 브라치아노 호수에서 발견된 가장 오래된 통나무배는 겨우 7천 년밖에 되지 않았다.18 분명히 호모 사피엔스는 강과 호수, 바다를 훨씬 오랫동안 탐험했겠지만, 확고한 증거를 찾기가 굉장히 어렵다.

인류의 항해가 시작된 것은 현대 인간이 중부 이탈리아에 도착한 것보다 훨씬 더 오래전일 것이다. 섬에서 찾은 돌도구들을

■ 흑해의 산소가 적은 물에 보존되어 있었던 선사시대 통나무배. 초기 호모속의 일원들은 이와 비슷한 배를 타고 강을 건너 지구를 여행했을 수도 있다. 1세대 학자들은 초기와 현대의 인간들이 육로를 통해 지구를 정복했다고 믿었으나 최근의 연구에 따르면 그들은 해안 경로를 따라서 이동했다.

증거로 볼 때 호모 에렉투스는 85만 년 전쯤이나 그보다 일찍 플로레스섬에 도착했다. 그리고 호모 플로레시엔시스가 그 이후인 10만 년 전쯤에 섬에 도착했다. 그들이 어떻게 강을 건넜는지를 설명하는 시나리오는 세 가지가 있다. 통나무나 다른 자연적인 부유물을 타고서 우연히 섬에 도착했다는 것, 모건이 선호하는 가설로 수영을 해서 이 섬 저 섬을 지나 마침내 플로레스에 도착했다는 것, 그리고 마지막으로 호모 에렉투스로 진화한 초기 단계였지만 우리종이 의도적으로 뗏목이나 통나무배 같은 일종의 배를 만들 수 있었고 이 모든 자취가 오래전에 바다에서 소실되었다는 것이다.

　　　그리스의 에게섬과 크레타, 남부 스페인에서 발견된 돌도구들을 볼 때 호모 하이델베르겐시스와 호모 네안데르탈렌시스도 수영을 하거나 배를 타고 북아프리카와 스페인을 가르는 해협을 건너 멀리 떨어진 섬으로 갈 수 있었던 것 같다. 크레타에서 발견한 유물이 특히 중요하다. 크레타는 최소한 5백만 년 동안 섬이었고, 빙하로 해수면 높이가 훨씬 낮았던 시기에도 초기 인간들이 그리스에서 남쪽으로, 또는 아프리카에서 북쪽으로 헤엄쳐서 오기에는 너무 먼 거리였다. 유일한 대안은 그들이 꽤 정교한 배 건조 기술을 갖고 있었고, 물 '위'에서뿐만 아니라 물 '전체'에서 꽤 편안했을 거라는 추측이다.[19]

우리 인간의 분산을 살펴볼 때 관습적인 고고학적 지식에 따르면 우리는 해수면 높이가 낮았던 빙하기에 육교를 통해서 걷고, 수영을 하거나 단순한 종류의 배를 타고 섬에서 섬으로 이동하는 방식으로 물을 건너는 행동을 번갈아 하면서 지구 곳곳에 도착했을 것이다. 해안 이주설에 따르면 우리 조상들은 약 10만 년 전-6만 년 전 사이에 아프리카를 떠나서 아랍 반도로 갔다가 거기서 아시아 해안가까지 이동하고, 남쪽으로는 호주, 북쪽으로는 일본에 기록적인 시간 내에 도착하는 엄청난 속도를 보여주었다.

이 이론이 암시하는 것은 근동과 유럽에 사람들이 살게 된 북쪽과 서쪽으로의 이동이 주된 대륙횡단선에서 곁길이었다는 것이다. 유럽의 경우에는 미래의 유럽인들에게는 불운하게도 지리적으로 막다른 길이었다. 이들은 이후의 빙기에 얼어 죽게 될 지역으로 간 거였다. 반면 동쪽과 남쪽으로 간 그들의 사촌들은 언제나 아열대 여름인 지역을 만나게 되었다.[20] 초기 호모 사피엔스 선원 중에는 인도네시아 군도를 따라 이동해서 5만 년 전쯤에 호주에

■ 헤엄치는 사마-바자우 소년. 배경에 그의 가족이 사는 선상가옥이 있다. 사마-바자우는 반수생 생활방식을 유지하고 있는 여러 동남아시아 부족 중 하나이다. 그들은 배나 물 위로 기둥을 세워 지은 집에서 산다. 이는 우리의 먼 조상들이 아프리카를 떠난 후에 어떻게 전 지구로 여행을 했는지를 보여주는 실마리가 된다.

도착한 사람들도 있었다.[21] 하지만 더욱 놀라운 항해의 업적은 지난 2천 년 사이에 태평양의 미크로네시아, 멜라네시아와 폴리네시아 군도의 정착자들이 이루어냈다. 그들은 항해도나 도구의 도움, 혹은 어딘가에 섬이 있다는 지식조차 없이 바다를 수천 킬로미터 가로질러 항해했다.

　　사람들이 1만 5천 년 전에 아시아와 알래스카 사이의 육교를 건너서 도착한 것으로 여겨지는 아메리카에서 나온 증거에 따르면 사람들은 수렵-채집 바다 유목민으로 남쪽으로 여행을 계속했다. 그들은 큰 조개무지를 남겼는데 이것은 당시에 주로 육지가 아니라 바다에서 난 음식을 먹었다는 증거이다.[22] 우리는 인간의 도축과 요리의 흔적을 보여주는 대량의 동물 유골 및 서유럽 전역에 남은 동굴벽화를 통해서 조상들이 말, 사슴, 매머드, 들소 같은 육지 동물들도 사냥했다는 사실을 잘 알고 있다. 하지만 이들은 지난 빙기(유럽에서의 절정기는 2만 5천 년 전부터 1만 년 전 사이이다)에 추운 북부 지역에서 살던 동물들이다. 이 지역에서는 낮은 수온과 얼음 때문에 헤엄쳐서 수산자원을 채취하는 것이 거의 불가능했을 것이다.

선사시대 수영에 관해서는 그 어느 지역보다도 지금은 돌틈의 관목과 사구가 가득한 넓고 거대한 건조 지대 사하라 사막의 일부인 이집트의 리비아 사막에서 증거가 출토되었다. 1만 년 전쯤, 와디 수라의 동굴들에 그림이 그려지던 시절에 사하라는 훨씬 푸르고 강과 호수, 수영할 수 있는 웅덩이가 있는 살기 좋은 곳이었다. 다른 초기 동굴 미술처럼 그림의 의미와 맥락은 파악하기 어렵지만, 여러 개의 형체가 수영 선생인 내 눈에 즉시 평영임을 알아볼 수 있는 자세를 하고 있다. 수면 바로 아래서 가슴을 평평하게 펴고 다리 아래쪽으로 강한 발차기를 하고 있는 한편 팔은 앞으로 내밀고 노를 젓듯이 밖으로 원을 그리는 모습이다.

탐험과 발견의 시대(15세기부터 18세기)에 크리스토퍼 콜럼버스Christopher Columbus부터 제임스 쿡James Cook 선장에 이르는 유럽인들은 그들의 배까지 헤엄을 쳐서 그들을 맞이하거나 공격하러 오는 원주민들의 수영 실력에 깜짝 놀랐다. 당시 유럽에서는 물과 인간의 관계가 완전히 끊겨서 수영하는 법을 아무도 모르고 바다를 그저 의심스럽고 두렵게만 여겼기 때문이다. 아메리카와 아시아-태평양의 많은 원주민은 노예로 팔리거나 몰살 정책에 당하거나 유럽의 전염병에 숨져서 멸종된 서인도 원주민들처럼 완전히 사라지거나 하와이 원주민과 뉴질랜드 마오리족처럼 유럽인들이 정착한 후 생활방식이 완전히 바뀌었다. 그렇기는 하지만 몇몇 부족은 우리 조상들이 지구를 정복하는 것을 용이하게 해주었던 반수생 생활방식을 유지하고 있다. 동남아시아 바다 유목민인 사마-바자우족은 배나 바다에 기둥을 박고 지은 집에서 살며 낚시를 하거나 육지의 이웃과 바다의 산물을 교환하며 살아가고 있다.23

우리는 물 밖에 나온 물고기일까?

나는 인간 진화와 선사시대의 핵심 시기에 수생환경과 수영이 우리의 육체적·문화적 발전 및 종으로서의 생존에 중요한 역할을 했다는 주장을 살펴보았다. 이 짧은 수생기에 관한 가장 강력한 주장은 일레인 모건이 대변하는 내용이다. 나는 내 능력이 닿는 한 그녀의 가설을 설명하기 위해 노력했지만, 그 타당성을 입증하거나 반박하는 것은 이 책의 범위를 넘어서는 일이다. 모건이 죽은 이후로 수생 유인원 가설이 흔적도 없이 사라진 것도 아니다. 오히려 저명한 지지자 여러 명이 더 생겼다. 고인류학 협회의 엄청난 노력에도 불구하고 이 가설을 반증하는 명확한 설명은 아직까지 나오지 않았고, 인간의 핵심적인 특성이 진화한 방식에 관한 모건의 까다로운 질문에 전부 대답해주는 보편적으로 인정받는 대안 이론도 나오지 않았다.

아주 잠깐만 과학적인 경계심을 내려놓고 모건이 맞는다고 상상해보자. 인간으로의 여행이 수백만 년 동안 지속된 수생 단계에서 시작되었다고 생각해보는 것이다. 이것이 현대 인간 사이에서 수영이 인기 있는 이유를 설명해줄까? 모건은 호미닌의 수생기가 두 번의 훨씬 더 길고 명료한 육생기 사이에 끼어 있다고 인정했다. 기껏해야 수생기는 우리에게 둥글고 유선형에 털이 없는 몸을 주어 뼈가 튀어나오고 털이 많은 우리의 사촌 대형 유인원들보다 훨씬 편리하게 물을 이용할 수 있게 만들어준 정도이다. 생물학과 생리학이 강력한 영향을 미칠 수 있다는 건 사실이지만 이것은 대체로 물질문화와 사회조직의 영향력에 비할 바가 아니다. 우리 종의 계속된 번성에 확실한 한몫을 담당했던 적응의 역사가 이를 잘 보여준다.

인간의 두 번째이자 훨씬 잘 입증된 수생기는 호모 에렉투스가 아프리카에서 떠나던 때이다. 수렵-채집 유목 인간이었던 호모 에렉투스는 동아시아와 동남아시아에 도착했는데, 동쪽으로 향하는 이 여행이 전체적으로 육지를 통해서이긴 했어도 해안과 바다를 통한 경로도 상당 부분을 차지했을 것이다. 호모 에렉투스가 여행하는 내내 물길을 피하다가 바다에 도착해서 갑자기 수영을 하거나 배 만드는 법을 배웠다고 추정할 수는 없다. 그보다는 이후 대규모 인간 이주 때처럼 그들이 육지와 마찬가지로 물에서도 편안하게 이동할 수 있었고, 마주친 환경에 따라 가장 간단한 이동 방법을 이용했을 거라고 생각하는 게 더 옳을 것이다. 비슷하게 호모 하이델베르겐시스와 네안데르탈리스는 훌륭한 수영선수이자 유능한 선원이었을 것으로 보인다. 그들은 지중해 섬들이 본토에서 떨어져 있던 시기에 거기까지 갔기 때문이다.

호모 사피엔스는 아프리카에서 나와 이전의 이주 경로를 따라가다가 조상들보다 훨씬 멀리까지 가서 아메리카에 정착지를 만들고 넓은 태평양을 건너 서기 1,000년 내에 이스터섬에 도착했다. 지구 전체에 정착지를 만든 예상치 못한 부작용은 북부 사람들과 남부 사람들 사이에 오랜 분열이 생겼다는 것이다. 북부 사람들은 물과의 관계를 끊고 육지를 기반으로 한 유목-사냥꾼이 되어 지난 빙기를 견뎠고, 남부 사람들은 수영과 잠수로 수산자원을 채집하며 훨씬 편안한 생활을 즐겼다. 이 두 세계가 재연결되기까지는 수만 년이 걸렸다. 유럽의 탐험가들이 마침내 아메리카와 아시아-태평양에 도착했을 때 그들은 자신들이 마주한 문화를 도저히 이해할 수가 없었다. 그들은 유럽인들이 오래전에 포기한 수생환경에 아주 잘 적응해서 살고 있었기 때문이다.

인간의 수영에 관한 이야기는 언제 시작되는 걸까? 내 안의 로맨티시스트는 모건의 5백만 년간의 수생인이라는 존재를 믿고 싶어 하지만, 현실주의자는 인간이 물에 들어가서 최초로 수영을 시작한 이유를 설명해주는 것이 1백만 년 전에 시작된 인간의 지구 정착이라고 결론을 내릴 것이다.

2

성스러운
수영선수들

Strokes of Genius a History of Swimming

중세에 인어는 상당한 역사를 가진 상징으로 발전했다. 인어는 일부는 인
간이고 일부는 동물이고 일부는 님프이고 일부는 여신이며, 창조성과 파
괴성이라는 특징을 동시에 갖고 있었다.

__시어도어 가쇼Theodore Gachot, 《인어: 바다의 님프》(1996)1

우리가 수생환경과 수영과 가장 흔하게 연관시키는 신화 속 존재는 당연히 인어이다. 유혹적인 마법의 생물체인 인어는 꼬리를 강하게 흔들어 약간의 거품 흔적만을 남기고서 유유히 물살을 가른다. 인어는 외륜선의 바퀴처럼 팔다리를 움직여 물을 휘저어 앞으로 나아가는 가장 빠른 올림픽 세계기록 수영선수를 쉽게 앞지른다. 융 심리학에서 수계水界의 아니마Anima(남성의 무의식에 있는 여성적 요소°)를 상징하는 인어는 모든 수영선수들이 탐내지만 오로지 꿈속에서만 경험할 수 있는 편안함과 빠른 속도를 물속에서 보여준다. 우리는 한스 크리스티안 안데르센Hans Christian Andersen의 〈인어공주Den lille Havfrue〉(1837)2를 각색한 디즈니의 애니메이션과 최근 인어의 반짝 인기를 연관 지을지도 모르지만, 바다나 호수, 강에 살며 인간과 물고기, 또는 바다 포유류의 특성이 합쳐진 이 혼종은 시간적·지리적으로 분리된 고대 근동, 중세 유럽, 콜럼버스 이전 아메리카와 현대의 동남아시아에 이르는 많은 문화권의 신화에서 흔히 나오는 존재이다.

■ 라파엘전파Pre-Raphaelit 화가인 존 윌리엄 워터하우스John William Waterhouse의 1900년 스케치 〈인어〉(1900)는 인간과 물고기의 혼종에 관한 전형적인 서양의 이미지를 구현하고 있다. 항상 성적 매력을 가진 여성인 인어는 그 기원이 인류의 가장 오래된 신화까지 거슬러 올라가고, 에로티시즘과 육체적인 차별성을 매혹적이면서도 어딘가 위험하게 결합해놓은 존재이다.

물고기나 바다 포유류와 인간의 특성을 결합해놓은 초자연적 존재는 모든 문화권의 신화에 나오지만 그들의 힘과 사회적 기능, 성별은 시대에 따라서 상당히 달라진다. 이들을 사회적·문화적 기능 면에서 살펴보면 신들의 위계 속에서 그들의 지위와 그 문화권에서 수산자원의 중요성 사이의 직접적 관계를 파악할 수 있다. 쉽게 예상할 수 있겠지만 비기독교 해안가 및 강가 사회의 신화에는 특히 물의 신이 아주 많다. 이들은 문명의 창조와 탄생에서 중요한 역할을 한다. 비기독교적 세계관에서는 모든 자연적 원소와 힘이 의인화되는데, 이는 제물과 마법-종교적 의식을 통해서 이들을 조금이라도 통제할 수 있기를 바라기 때문이다. 수많은 비기독교 신이 유일신교로 인해 사라진 후에도 인간이 일종의 개인적인 상호 관계를 맺을 수 있도록 바다의 자원과 위험을 의인화한 상징이 필요했다. 기독교 유럽의 바닷가 사회에서는 비록 교회는 눈살을 찌푸렸지만, 기나긴 인간-물고기 혼종 역사의 마지막 존재인 인어가 그 역할을 담당했다.

앞장에서 초기 호미닌들이 진화 과정에서 짧은 수생기를 거쳤고 호모속의 초기 대표들이 육지에서만큼 물속에서도 편안하게 지냈을 가능성을 살펴보았다. 앞부분에 대한 물리적 증거는 확실하지 않고, 뒷부분에 대한 것도 정황 증거일 뿐이다. 하지만 우리의 먼 과거에 관해 손쉽게 정보를 얻을 수 있는 또 다른 출처가 있다. 우리 조상들이 직접 우주와 신, 인류의 탄생 및 문명의 등장에 관해서 이야기하는 신화이다. 프랑스의 인류학자이자 구조인류학의 아버지인 클로드 레비스트로스Claude Lévi-Strauss(1908-2009) 같은 몇몇 학자는 신화를 액면 그대로 받아들여서는 안 된다고 말한다. 자연계의 원소, 인간과 동물, 마법의 물건과 초자연적 존재처럼 신화에 등장하는 존재들은 모든 문화권에서 공유하는 초자연적인 구조의 보편적 상징으로 읽어야 한다는 것이다. 신화는 인간과 현실의 상호 관계를 설명하고 길잡이로 사용하기 위한 암호문이다. 레비스트로스는 신화의 세세한 부분은 중요하지 않고 그 안에 담긴 보편적인 진실을 오히려 이해하기 어렵게 만들 뿐이라고 생각했다.[3] 이런 식으로 신화를 분석하면 인간이 세상을 어떻게 생각하고 상호작용을 했는지 더 많이 알아낼 수 있다는 데에는 나도 동의하지만,

신화를 좀 더 있는 그대로 읽을 수도 있다고 생각한다.

고대 세계의 신화는 기록될 당시에 현재 우리가 아는 것 같은 특정한 형태를 갖게 되었지만, 이는 아프리카에서 출발해서 지구 전체로 퍼져나간 사냥꾼-채집가 무리들을 이끌고 조언하던 주술사-이야기꾼이 처음 말로 이야기를 전달하고서 수천 년이 지난 후의 일이다. 새로운 세대에서 신화가 반복되면서 수천 년에 걸친 이야기 전달하기 놀이처럼 이야기가 편집되고 더 정교해졌다. 인간이 지구 전체를 돌아다니며 마주한 새로운 환경과 경험을 삽입하기 위해서이다. 인어 신화의 기원은 아마도 우리 인간이 지구를 탐험하고 정착하던 수만 년 전으로 거슬러 올라갈 것이다. 이 초기의 여행은 모르는 곳에 발을 들이는 일의 연속으로 이루어졌을 것이다. 우리 조상들은 모르는 동물종이 가득한 새로운 지역을 계속해서 마주했고 이는 인어 신화의 기원에 대한 또 다른 실마리를 제공한다. 특정한 상황에서 인간의 상상력은 지각을 몹시 왜곡한다. 예를 들어 자연적인 현상이나 인공의 물체를 외계의 우주선으로 믿곤 한다.

우리 조상들 무리가 바다표범이나 듀공, 바다소 같은 낯선 바다 포유류를 보고 이것을 인간-물고기나 인간-바다 포유류라고 착각했던 것은 아닐까? 그렇지 않으면 좀 더 육지에만 살던 사냥꾼-채집가 무리가 다른 인간이 수영하는 것을 보고 이들이 인어라고 상상하고 물고기의 특성을 덧붙였던 것은 아닐까? 자연계에서 느낀 경외감과 특히 공기 중이나 물속 같은 곳에서 우리 자신보다 훨씬 뛰어난 동물의 능력에 대한 존경심, 진짜 바다 포유류와 물고기나 다른 인간을 보고 일으킨 착각이라는 이 두 가지 생각의 흐름이 합쳐져서 우리 조상들이 세상에 대한 자신들의 경험을 최초의 신화라는 형태로 재구성하고 물고기-인간이라는 존재를 떠올렸을 수도 있다.

이런 종류의 착각은 역사시대에도 계속되었다. 1492년 처음 아메리카 해안에 도착해서 크리스토퍼 콜럼버스는 선원 한 명이 이런 것을 보았다고 기록했다.

> 세 명의 인어가 바다에서 높이 솟아올랐다. 하지만 그들은 얼굴에 약간 인간과 비슷한 면이 있기는 해도 그림에서처럼 아름답지 않았다고 했다. 그는 기니와 말라게타 해안에서도 본 적이 있다고 말했다.4

서아프리카 해안가가 나오는 걸로 봐서 선원이 실제로 본 것은 세 마리의 바다소일 것이다. 이런 종류의 착각은 가끔은 일부러 장려되고 조작되기도 했다. P. T. 바넘P. T. Barnum(미국의 흥행사²)이 뉴욕에서 전시해서 엄청난 인기와 수익을 얻었던 '피지 인어'라는 19세기의 소름 끼치는 사기가 그 예이다. 아마도 실물은 물고기 꼬리에 원숭이의 상체를 붙여놓은 것이었을 것이다.5

도시 건설자와 물고기 현자

인간은 수렵-채집에서 정착 농경생활로 변화하던 신석기

혁명기, 즉 1만 1천 년 전부터 3천 년 전 사이에 영구적인 정착지를 건설했다.。 하지만 글자가 발명되기 수천 년 전의 일이기 때문에 우리에게는 직접적인 자료가 없다. 그래도 유라시아 문명의 가장 오래된 중심지 네 곳을 연결하는 확실하게 물리적인 특징이 있다. 바로 강이다. 메소포타미아는 티그리스와 유프라테스라는 '강 사이의 땅'이다. 고대 이집트는 나일강이 없었다면 존재하지 않았을 것이다. 하라파 문명, 또는 인더스 밸리 문명은 인더스강과 가가르-하크라강을 따라서 발달했다. 중국의 가장 오래된 정착지는 황허강과 양쯔강 유역에 만들어졌다. 이것은 그렇게 놀랄 일도 아니다. 풍부한 농작물을 얻으려면 물을 대기 위해서 확실한 양의 담수가 있어야 하고, 강이 주기적으로 넘치는 범람기가 있어야 유사流砂로 땅이 비옥해지기 때문이다.

　　초기 인간들이 최초의 도시 문화를 만들 지역으로 선택할 만큼 이 지역을 매력적으로 만들었던 것이 무엇인지 몇 가지 시나리오를 생각해볼 수 있다. 예를 들어 강둑을 따라 여행하던 사냥꾼-채집가 무리가 먹을 수 있는 식물이 특히 풍부한 지역에 도착해서는 음식이 다 떨어질 때까지 머물기로 결정했을 수도 있다. 그리고 이 지역이 가장 풍요로울 때 다시 돌아오면 좋다는 사실을 알게 되었을지도 모른다. 먹기 위해서 한곳으로 씨앗과 열매, 덩이줄기를 모으면서 그들은 의도치 않게 조그만 단일재배지를 만들게 되었고, 이것이 최초의 밭이 되었다. 그리고 나중에 의도적으로 경작을 해서 이 밭을 넓혔을 수 있다. 비옥한 강둑은 쉽게 물을 댈 수 있어서 작물을 키우는 데 최적의 환경이었을 뿐만 아니라 식량

자원도 풍부했을 것이다. 그들은 밭작물을 보완해줄 물고기, 조개, 수생식물과 물새 같은 것들을 사냥하고, 잡고, 채집할 수 있었다. 그래서 최초의 농부들은 아마도 능숙한 수영선수이자 잠수부였을 것이다. 자연적으로 또는 반자연적으로 자란 작물들을 수확하러 같은 지역으로 돌아오는 데에서 이 작물을 보살피고 수확량을 늘리고 동물과 다른 인간으로부터 이것을 지키기 위해 그 자리에 영구적으로 정착하기까지는 그리 오래 걸리지 않았을 것이다.

농경으로 주된 식량을 생산하게 되어 고대 이집트와 메소포타미아 같은 큰 도시 문화권을 건설할 때까지 강이 계속해서 중요한 식량 공급원 역할을 했다. 네바문 고분벽화는 테베강 근처 늪지에서 네바문이 물새를 사냥하는 모습을 보여준다. 그가 물고기를 작살로 잡는 또 다른 그림은 지금은 소실되었다. 다른 초기 강가 문명 중심지에서도 그랬겠지만 고대 이집트에서는 물고기와 조개, 물새 같은 천연 식량 자원이 농경 생산물을 보완하는 중요한 역할을 했다. 선진국에서는 산업혁명에 수반된 빠른 도시화로 인해 농경사회와 근처의 자연 자원 사이의 관계가 완전히 단절되었다. 산업화 이후 유럽과 북아메리카에서 이런 관계의 남은 흔적은 버섯, 견과류, 베리류, 야생과일과 채소 채집, 스포츠 사냥, 낚시, 조수 웅덩이와 개펄에서 조개를 모으는 것 정도이다.

정착지와 이후 도시 생활의 발전 초기 단계를 조사할 때에는 고고학적 증거에 의존해야 한다. 하지만 이런 것들은 1장에서 이야기한 호미닌의 뼈처럼 해석하기가 종종 어렵다. 특히 이후 수천 년간 쌓인 퇴적물로 영향을 받았을 경우에는 더 그렇다. 하지만 우리에게는 기원과 창조 신화라는 또 다른 정보의 원천이 있다. 신화는 입에서 입으로 전해지다가 글자의 발명 이후에 영구적인 형태로 정착되었을 것이다. 수메르(메소포타미아 남부. 지금은 바스라항 바로 북쪽 남부 이라크 지역이다)는 한때 모든 인류 문화가 시작된 '문명의 요람'이라고 여겨졌다. 지금은 농경과 정착이 어느 한 문화의 창조물이 아니라 전 세계에서 각기 다른 시기에 독자적으로 탄생한 것이라는 걸 안다. 하지만 수메르인들은 최초의 대도시와 최초의 글자 체계 등 여러 가지 첫 번째를 만들었다. 수메르는 충적토로 된 쌍둥이강과 염수 늪지, 그리고 바다라는 세 가지 독특한 수생환경이 맞닿아 있는 '모자이크' 지역이었다. 수메르 신화에 따르면 수메르 가장 남쪽 지역, 늪지 가장자리에 인간이 세계 최초의 도시를 건설했다. 에리두라는 이름의 이 도시는 물의 세계와 연결해주는 아주 특별한 특징이 하나 있었다. 아시리아학자 그웬돌린 리크Gwendolyn Leick는 이렇게 기록했다.

> 도시는 주변 땅 높이보다 20피트(6미터) 낮은 움푹한 지역 안에 위치한 작은 언덕 위에 만들어져 있어서 지하수를 한데 모을 수 있었기 때문에 자체 생태계를 유지했다. 기원전 3000년경의 가장 오래된 메소포타미아 기록을 보면 이 석호의 중요성을 강조하고 있다. 수메르어로 이것은 압주abzu라고 한다. 거의 비가 오지 않는 남부 지역에서 가장 확실하고 중요한 물의 형태가 압주였다.[7]

■ 네바문 고분벽화(테베, 기원전 1350년경). 네바문이 갈대밭에서 사냥을 하는 모습이다. 그가 물고기를 작살로 잡는 또 다른 그림은 현재는 소실되었다. 농사로 얻은 식량 덕택에 나일강 유역에서 이집트 문명이 발달할 수 있었지만, 강의 천연자원이 농부와 도시 거주자들의 일상생활에서 계속 중요한 역할을 담당했다.

리크는 에리두를 성경의 에덴 정원에 비견했다. 하지만 인류의 탄생을 시골 지역에 두는 유대-기독교-이슬람 전통과는 달리 수메르 신화에서 "에덴은 정원이 아니라 물로 둘러싸인 작은 땅에 형성된 도시이다"8라고 그녀는 설명한다. 에리두가 애초에 왜 거기에 건설되었고, 왜 수천 년 동안 인간이 처음 문명이라는 것을 배운 장소로 기려져 성스러운 지역으로(예루살렘, 로마, 메카의 메소포타미아 버전) 남았는지를 설명해주는 본질적인 특징이 바로 담수 석호 압주이다. 에리두와 압주는 수메르의 창조신 엔키Enki의 영역이자 지상에서의 거주지이다. 엔키는 생명을 주는 물줄기가 몸에서 흘러나오는 인간 형태로 표현된다. 많은 묘사에서 물줄기 안에서 잉어가 헤엄치는 모습이 나오는데, 이는 에리두에 있는 엔키의 신전 유적 바닥에 잉어 뼈가 흩어져 있었던 것과도 연결되고, 여기가 다 함께 물고기를 먹던 연회 장소였음을 가리킨다.9 엔키와 담수, 물고기와의 연결 관계는 에리두의 초기 거주자들이 강과 그 자원을 충분히 활용했으며 아마도 압주 석호의 존재 때문에 이 지역을 선택했을 것임을 암시한다.

하지만 고대 신화는 일관적이거나 논리 정연할 필요가 없다. 대신에 종종 같은 시기에 각기 다른 전통이 혼재했고, 각 신들이 상징하는 도시의 흥망에 따라 그들의 기능이 변화했음을 보여준다. 또 다른 신화에서 '압주'(작은따옴표로 석호 이름과 구분한다)는 당당한 신으로 담수를 상징하고, 염수를 상징하는 흉측한 용 모습의 여신 티아마트Tiamat의 연인이다. 이들 연인은 메소포타미아의 주신으로 부상했다. 이들이 티아마트가 낳은(신들이 불어나 시끄러워져˙) 신들을 없애기로 하자 엔키가 '압주'를 죽이고 그를 에리두에 있는 자신의 신전 아래 압주에 봉인했다. 티아마트는 연인의 복수를 하기 위해 열한 마리의 괴물을 만들었지만 패배하고 엔키의 아들 마르두크Marduk에게 살해되었다. 마르두크는 그녀의 시체를 반으로 잘라 하늘과 땅으로 만들었다. 그녀의 눈에서 흐른 눈물은 티그리스와 유프라테스의 원천이 되었다. '압주'와 티아마트로 대변되는 원시시대 물의 혼란은 신들의 힘으로 다스려졌고 이제는 인간이 이용할 수 있게 되었다.

두 원시의 신들이 패배한 후 엔키와 젊은 신들은 하인으로 부리기 위해서 인간을 창조했다. 즉 그때까지 신들이 직접 해야 했던, 지루하고 지치는 세상의 온갖 귀찮은 일과 창조의 적당한 기전을 유지하는 일을 맡기기 위해서였다. 인간의 목적은 단 하나, 신들을 섬기는 것이었다. 이것을 올바르게 하기 위해서 인간은 문명의 기술, 특히 도시와 신들의 집인 신전을 짓고 유지하는 법을 배워야 했다. 인간을 가르치기 위해서 엔키는 일곱 현자 압칼루를 창조했다. 압칼루는 수메르인들이 지상의 낙원으로 믿었던 페르시아만의 중요한 상업 중심지 딜문(현대의 바레인, 카타르, 쿠웨이트)10의 바다에서 나온 인간-물고기의 혼종이었다. 첫 번째 압칼루였던 아답파는 첫 번째 인간이기도 했다. 그는 엔키의 대사제로 그를 섬겼고 그에게 바칠 음식을 모아오는 책임을 맡았다. 어떤 일화에서 아답파는 신의 식사로 잉어를 잡기 위해서 아주 평범하게 배를 타고 석호로 나갔다. 이는 석호에서 낚시를 했던 에리두의 거주민들의 생활을 반영한다. 인간의 조상인 아답파와 석호의 물고기라는 수산자원 사이의 신화는 그가 반인반어로 묘사되는 것과 밀접한 관계가 있다.

당연한 이야기지만 메소포타미아 신화에서 물은 주요 원소로 나오고, 가장 유명한 메소포타미아 신화 중 하나는 신이 인간을 없애기 위해서 보낸 폭우와 홍수 이야기이다. 나중에 히브리 경전인 타나크에도 나오는 이 이야기의 원전은 수백 년의 시간차를 두고 여러 가지 수메르, 바빌로니아, 아시리아 버전으로 기록되어 알려졌다. 진흙 벽돌로 지어진 도시에서 홍수는 특히 두려운 일이었을 것이고, 학자들은 홍수 이야기가 지진과 홍수가 합쳐져서 도시 전체를 휩쓸었던 대단히 끔찍했던 사건을 바탕으로 한 것일 수도 있다고 생각한다.[11] 신화의 또 다른 버전은 수메르의 도시 우루크의 왕의 모험담을 소재로 한 〈길가메시 서사시Epic of Gilgamesh〉(기원전 2100년경)에 실려 있다. 죽음을 피할 방법을 찾기 위해서 길가메시는 메소포타미아의 노아이자 모든 인간의 조상인 우트나피쉬팀을 찾아 나선다. 그는 홍수에서 인간을 구한 공을 인정받아 자신들의 실수를 뉘우친 신들에게 영생을 선물로 받은 인물이다.

우트나피쉬팀은 길가메시에게 죽음이 인간으로서 피할 수 없는 일부임을 받아들이라고 하면서도 먹으면 누구든 영생을 얻게 되는 바다에서 자라는 마법의 풀 이야기도 해주었다. 이 풀을 구하기 위해서 길가메시는 물속에서 바닥에 빨리 닿도록 다리에 돌을 묶고 잠수해서(과거에 실제로 쓰였던 방식으로, 다음 장에서 다시 살펴본다) 풀을 찾는 데 성공했다. 다리에 묶은 돌을 잘라내고 그는 수면으로 다시 올라왔고, 즉시 풀을 먹는 대신에 우루크로 돌아가 자신의 백성과 나눠 먹기로 결심했다. 비극적이지만 누구나 예상했듯이 주인공이 잠시 쉬며 웅덩이에서 목욕을 할 때 뱀 한 마리가 풀을 훔쳐가서 길가메시와 인류의 영생을 막았다.[12] 이 서사시는 죽음을 이해하려는 인간의 고투와 인간 권력의 정점에 도달해 신을 따라가려 했던 자들의 자만심을 극화한 것이다. 동시에 여기에는 초기 수메르인들이 잠수와 수영으로 천연자원을 이용한 방식이 매우 사실적으로 묘사되어 있다.

수메르 신화에서 물은 인간 생활의 보편적인 구조적 상징이나 인간 정신의 구현 같은 것이 아니라 다양한 형태를 가진 실제 원소이다. 왜냐하면 물과 그 안에 있는 자원은 수메르의 도시들과 거주자들의 생존에 핵심이었기 때문이다. 압주에 거주하는 엔키와 그가 바다에서 인류의 스승으로 소환한 일곱 현자를 문명 발달에 관한 보편적 상징으로 여길 수도 있지만, 그들의 물고기와 같은 특성은 수생환경과 수영이 고대 메소포타미아에 대단히 중요했음을 강조한다. 그리고 인간이 티그리스와 유프라테스강 유역과 남부 이라크의 늪지, 페르시아만 해안가에 처음 영구적으로 정착하기 수천 년 전의 시기를 기록하고 기념하는 것이다.

석호 한가운데 있는 섬에 지어진 조그만 예배당에 지나지 않았던 최초의 에리두는 물에서 태어나 살아남아서 큰 종교적 중심지이자 도시로 자라났다. 이는 압주가 내준 자원 덕택이었다. 1세대 물의 신이었던 '압주'와 티아마트가 혼란스럽고 예측 불가능하며 파괴적이었다면 엔키가 이끄는 2세대는 상냥하고 건설적이며(홍수를 불러오긴 했지만) 인류에게 문명의 기술을 가르쳤다. 메소포타미아에서 문명은 운하와 관개시설을 통한 물 관리 및 낚시와 수영을 통한 수자원 이용과 불가분의 관계였다. 메소포타미아 신화에서 우리는 삶과 죽음, 인간의 자만심, 인간과 신과 문명의 탄생 사이의 관계라는 장엄하고 보편적인 주제를 찾을 수 있지만, 신화의 세세한 부분으로 들어가면 강 사이의 땅에 처음 정착한 사람들이 농부로, 어부로, 수영선수로 어떻게 살아남았는지를 엿볼 수 있다.

포세이돈의 궁정

메소포타미아 문화는 고대 이집트 문화와 마찬가지로 아시리아와 페르시아, 헬레니즘 그리스의 지배를 견디고 수천 년 동안 살아남았다. 대체로 메소포타미아의 방식과 믿음에 동화되고 적응한 것은 침략자 쪽이었다. 근동에서 가장 오래된 도시 문화로서 메소포타미아 문화는 이웃 국가들에 큰 영향을 미쳤고, 그들 다수가 자신들의 언어를 기록하기 위해 설형문자를 도입했다. 수메르어는 중세 유럽에서 라틴어와 그리스어가 그랬듯이 과학과 종교의 언어였고, 또 다른 메소포타미아 언어인 아카드어는 기원전 2000년대에 외교와 국제 교역에 사용되는 공통어였다. 청동기시대 전반에 걸쳐 아카드어로 쓰인 설형문자판이 대량으로 발견되어 이를 뒷받침해주었다. 메소포타미아 신화는 다른 근동 문화권에서 재해석되었다. 가장 유명한 예를 들자면 대홍수 신화가 기독교 구약성서의 기반이 된 유대교 타나크(구약성서의 유대교 원전)에 다시 나타난 것이다. 교역이나 전쟁을 통해서 메소포타미아 문화는 레반트, 아나톨리아, 이오니아(현재의 터키), 고졸기古拙期 그리스(기원전 8세기-기원전 6세기)13까지 퍼졌다. 고대 그리스의 신화에는 완전히 독창적이고 철저하게 그리스적인 내용이 많이 있지만, 훨씬 오래된 메소포타미아 신화를 연상시키는 일화도 몇 개 있다. 특히 물과 물의 신에 관한 부분이 그렇다. 이런 유사성은 그저 우연으로 치부할 수만은 없다.

메소포타미아인과 고대 그리스인은 물과 전혀 다른 관계를 맺었다. 메소포타미아인은 강가에 살며 필요한 모든 것을 물에 의

존했고, 그리스인은 바다로 둘러싸인 반도에 살았다. 양쪽 모두 농부였지만 그리스인은 육지에서 작물을 키우고 가축을 기르는 데 있어서 훨씬 생산성이 낮았고, 그래서 생존을 위해 바다의 자원에 훨씬 많이 의존했다. 그리스 본토와 에게해 섬들이 먹여 살릴 수 있는 범위를 넘어설 만큼 인구가 늘어나면서 그들은 위대한 바다의 탐험가가 되어 지중해와 흑해 전역에 이주지를 건설하고 교역소를 만들었다.

언어학적 증거에 따르면 기원전 3000년부터 기원전 1000년 사이에 여러 차례 남쪽으로 이동해 발칸 반도로 들어와서 그리스에 정착한 원시-그리스인들은 흑해-카스피해 대초원Pontic-Caspian Steppe의 넓고 광활한 초지에서 이주한 것으로 여겨진다.14 이 이론이 맞는다면 그들은 목축하는 유목민으로 살았고 말을 가축화한 최초의 사람들이었다. 이것이 왜 그리스의 바다의 신 포세이돈이 또한 '말의 아버지'로 알려졌는지를 설명해준다.15 이주자들은 남쪽으로 내려와서 마침내 그리스 연안에 도착해 자리를 잡고서는 수영선수, 어부, 선원이 되는 법을 배웠다. 비기독교적 세계관에서 자연과 자연의 힘은 살아 있는 것이기 때문에 그들은 자신들의 신 중 하나를 낯설고 무시무시한 환경, 즉 바다를 의인화한 후 종교적 의식을 통해 바다를 통제하고 달랠 수단을 강구했던 것이다.

포세이돈은 형제인 제우스, 하데스와 함께 미케네 시대(기원전 16세기부터 기원전 11세기까지)에 숭배를 받았고 그리스 암흑기(기원전 12세기부터 기원전 8세기까지)와 고졸기, 고전기(기원전 8세기부터 기원전 4세기까지) 동안 주신 중 하나로 남았으며 서기 4세기에 그리스가 기독교화될 때까지 살아남았다. 아테네에서 69킬로미터 남쪽에 있는 아티카 끄트머리에 위치한 수니온 곶의 웅장한 포세이돈 신전을 가본 사람이라면 누구든 그리스 세계가 포세이돈에게 보인 경의를 인정할 것이다.16 수메르의 엔키처럼 포세이돈은 물속에 살았으나 도시 아래 있는 담수 석호가 아니라 에게해 북부 사모트라키섬에서 좀 떨어진 바닷속 황금 궁전에 살았다. 다른 올림포스의 신들처럼 그는 트레이드마크인 무기 삼지창을 든 인간의 형태로 표현된다. 이 삼지창은 어부들이 쓰는 세 갈래로 된 작살이다. 비기독교 그리스와 헬레니즘 시

■ 기원전 550년경에 만들어진 이 동상의 주인공인 바다의 신 포세이돈은 바다의 신들과 초자연적 존재로 이루어진 거대한 신 집단의 우두머리이다. 원래 인도-유럽 중앙아시아의 땅의 신이었던 포세이돈은 또한 지진과 말과도 관계가 있다. 고졸기와 고전기 그리스에 구현된 포세이돈은 그리스인들이 해양환경과 맺었던 복잡한 관계를 반영한다.

대, 로마 시대의 예술품에서 그는 자신의 반려자인 바다 님프 암피트리테와 수많은 바다 생물 및 초자연적인 바닷속 존재들을 동반하고 바닷속 궁전을 오가는 고귀한 통치자로 나타난다.

포세이돈의 인간-물고기 혼종 신하인 트리톤은 엔키를 모시던 일곱 현자처럼 전부 다 남성이다. 원래 트리톤은 포세이돈과 암피트리테의 아들로 신이었고 리비아의 트리토니스 호수에 살았다고 하는데, 이 이름이 인간의 머리와 상체에 물고기 꼬리가 한 개나 두 개 있는 인어 부족의 총칭으로 쓰이게 되었다. 인간에게 문명의 기술을 가르친 현명한 압칼루와 달리 트리톤은 바다의 사티로스나 켄타우로스 같은 존재로 문명의 범위 밖에 살며 인간을 돕기만 하는 것이 아니라 해를 끼치기도 하는 야만적인 인간-동물 혼종이었다. 서기 2세기에 그리스의 지리학자이자 여행 작가였던 파우사니아스Pausanias는 두 구의 보존된 트리톤 시체를 보았다고 주장했다. 한 구는 로마에서, 두 번째는 타나그라의 보이오티아 마을에서였다. 그는 그들이 초록색 머리카락에 귀 뒤에는 아가미가 있고 초록빛 도는 회색 눈에 섬세한 비늘이 달린 몸, 돌고래의 꼬리를 갖고 있었다고 묘사했다. 그는 타나그라의 트리톤이 해안에서 동네 여자들을 공격했거나 또는 가축을 훔쳐서 살해되었다고 설명했다.[17]

트리톤 신은 그리스인들이 숭배했던 여러 인간-물고기 혼종 신 중 하나였다. 다른 혼종 신으로는 세계를 둘러싼 바다의 신인 오케아노스, 포세이돈의 큰아들이라고 하는 프로테우스, 네레이스라는 바다 님프들의 아버지인 네레우스, 〈길가메시 서사시〉에 나온 이야기 중 하나의 변형인 신화의 주인공 글라우코스 등이 있다. 그리스 신치고는 특이하게도 글라우코스는 인간 부모에게서 인간으로 태어났고 귀족이 아니라 평범한 어부였다. 어느 날 육지에서 자신이 잡은 것들을 선별하다가 전에는 한 번도 본 적 없는 풀을 발견했다. 그는 그 풀을 먹었고 그 즉시 물고기 꼬리가 달리고 초록색 머리카락과 수염에 비늘이 있는 초록색 피부를 가진 불멸의 존재가 되었다. 길가메시가 영생을 주는 마법의 풀을 발견한 이야기와 놀랄 만큼 유사하지만, 결말은 다르다. 글라우코스는 예언의 힘을 얻었고, 여러 신화에서 탐색에 나선 주인공을 돕는 모습으로 나온다.[18] 고대 신화에는 남자 인어가 많이 나오는 반면에 여자 인어는 없다. 프랑스어sirene와 스페인어·이탈리아어sirena에서 인어를 지칭하는 단어로 사용되는 세이렌은 '세이렌의 노래'로 선원들을 유혹해 죽음에 이르게 만드는 존재로 인간-새 혼종이다.[19] 이후 서양의 인어 개념에 가장 가까운 존재인 바다 님프 오케아니스와 네레이스는 여성으로 아름답고 영원히 젊은 모습으로 샘과 강, 호수와 바다에 살았으나 이들은 꼬리가 아니라 다리를 갖고 있다.

　　포세이돈을 필두로 하는 다양하고 수많은 바다의 신으로 이루어진 바다 신전은 그리스인들이 바다와 건설적인 관계를 가졌다는 증거이다. 바다는 낚시를 통한 생존의 기반이자 교역을 통한 부의 원천이었다. 오케아노스, 트리톤, 글라우코스 같은 하급 바다 신들은 더 오래된 그 지방의 바다 신 신앙이 그리스인들의 손에 각색되어 포세이돈과의 관계를 설명하기 위해 신의 계보에

■ 포세이돈과 암피트리테의 자식 중 하나인 트리톤은 서기 3세기경 프리기아의 히에라폴리스(터키)에서 나온 이 조각상처럼 인간-물고기 혼종으로 표현된다. 트리톤은 또한 바다와 거기 사는 생물들의 위험을 의인화한 남성 인간-물고기 혼종 부족의 이름이기도 하다. 후에 인어가 대변하듯 트리톤은 자애로운 존재가 아니고 인간을 돕기보다는 공격하는 경우가 훨씬 많은 것으로 표현된다.

끼어들어간 것일 수도 있다. 바다 님프 같은 나머지 존재들은 더욱 오래된 장소의 정령이었을 수 있다. 바위, 나무, 강, 천연 샘 같은 자연적인 것들에 영혼이 있다는 고대 애니미즘 신앙이 이런 식으로 살아남은 것이다. 마지막으로 야만적이고 길들여지지 않은 트리톤 부족은 해양생물들이 가하는 실제와 가공의 위협을 상징하는 것일 수 있다.

종종 신성모독적인 행동에 분노한 포세이돈이 내리는 벌로 표현되는 바다의 위험에 대해 인지하고 있음에도 불구하고 그리스인들은 대체로 해양환경과 긍정적인 관계를 맺고 있었다. 신화는 바다의 위험성을 설명하는 동시에 신전을 짓거나 기도와 제물을 바침으로써 성난 신을 달랠 수 있다는 식으로 이를 회피하는 방법을 제시한다. 바다와 거기 사는 신들, 동물들은 가끔 인간을 도와주기도 한다. 바다에 빠져 죽을 뻔했지만 돌고래가 육지까지 실어다줘서 살아난 시인 아리온Arion의 이야기가 그 예이다. 육지처럼 바다도 온갖 초자연적 존재들이 가득하고, 인간은 종교적 의식을 통해서 이들과 직접적으로 교감할 수 있다.

메소포타미아 신화는 강과 석호, 늪지에서 수영하는 것이 삶의 필수적인 부분이었던 시절을 되돌아보게 만든다. 반면 대초원 출신인 최초의 그리스인들은 해양환경을 처음에 낯설고 무시무시한 것으로 여겼을 것이다. 그들도 남쪽으로 내려오는 동안 호수와 강을 마주쳤을 테니 수영하는 법은 알았겠지만, 해변에서 갑자기 바닥이 보이지 않을 때 느끼는 불편한 기분을 알기 위해서 〈죠스Jaws〉 영화까지 들먹일 필요는 아마 없을 것이다. 그 시커먼 물속에서 끔찍한 바다 생물이 당신을 향해 다가오는 장면을 상상하기는 아주 쉬울 것이다. 하지만 그리스인들은 재빨리 바다를 점령하고 자신들의 신 중 하나인 포세이돈의 영역으로 삼았다. 포세이돈은 '말의 아버지'로 그들의 육상 신전에서 상당히 중요한 신이었다. 그리스인들은 분명히 수영하는 법을 알았겠지만, 경기 스포츠와 체육관에서 운동 훈련을 고안했음에도 불구하고 그들은 수영 경기나 훈련은 전혀 하지 않았다.[20] 그들이 물속에서 '편안했다'고 할 수는 있겠지만, 몇몇 부족처럼 '물과 뗄 수 없었다'고는 하기 어려울 것 같다.

영혼이 없는 언어

그리스와 로마의 바다의 신과 달리 아브라함과 모세, 예수의 신은 도시와 바다에서 멀리 떨어진 근동의 사막과 언덕 지역에 사는 유목 목동과 염소지기의 신이었다. 구약성서에는 인간의 삶에서 물이나 수영이 긍정적인 역할을 하는 이야기가 하나도 없다. 메소포타미아 원전을 히브리식으로 재구성한 노아 이야기(「창세기」 6-8)는 성난 신이 휘두르는 물의 파괴력을 강조할 뿐이다. 비슷하게 요나가 신의 명령으로부터 도망치려고 하자 그의 배는 폭풍에 휩쓸려 그가 물에 뛰어들지 않으면 난파할 상황이었다. 그는 거대한 바다 생물에 통째로 삼켜졌다가 살아났다(「요나서」 1-2). 구약에서는 강도 좋은 인상을 주지 않는다. 아기 모세는 나일강에 던져졌다가 신이 끼어들어 그가 실린 바구니를 파라오의 딸 손에 들어가게 만든 덕택에 죽음을 피한다(「출애굽기」 1-2). 그리고 모세가 홍해를 가른 것도(「출애굽기」 14-15) 신이 수영할 필요가 아예 없도록 만들어준 것이었다. 반면 파라오와 그의 군대는 바다가 다시 닫히면서 익사했다. 신약성서에서도 수생환경의 묘사는 별로 다르지 않다. 예수는 바다와 관련된 기적을 두 번 일으킨다. 물 위를 걷는 것과 물을 잠잠하게 만든 것이다. 하지만 이것은 그의 기적적인 힘으로 몸이 젖지 않게 만드는 것을 보여줌으로써 물의 낯선 특성을 강조한다. 요한이 예수에게 세례를 행할 때 요단강에 몸을 담그는 것은 곧 다가올 죽음과 부활의 전조로서 정화와 거듭남을 암시하는 순전히 상징적인 행동이다.

해안에서 멀리 떨어진 유대에 살았던 유대인과 초기 기독교인은 바다를 접한 적이 거의 없었을 것이다. 그들의 근거지는 내륙이었고 레반트 해안은 페니키아인, 팔레스타인인, 가나안인처럼 우상을 숭배하는 이교도가 차지하고 국제적인 항구 도시를 이루며 살았다. 유대인의 종교는 언덕과 산, 사막에서 발달한 것이었다. 모세와 이스라엘인이 40년 동안 황야를 떠돈 것이 아니라 오디세우스Odysseus처럼 바다 위를 떠돌았다면, 혹은 예수가 베들레헴에서 사람의 영혼을 낚는 목수가 아니라 레반트 해안에 사는 진짜 어부였다면 유대교와 기독교가 어떤 모습이 되었을지는 굉장히 흥미로운 '만약에'이다. 하지만 포세이돈이나 엔키와는 다르게 아브라함과 모세, 예수의 신은 물과 직접적인 관계가 없었다. 그는 황야와 세상의 높은 곳에 사는 폭풍과 번개, 불의 신이었고, 하늘의 신에 속하는 그의 신하들은 인간-새의 혼종인 천사들이었다.

서기 4세기 말에 그리스-로마 이교 신앙에 대한 유대-기독교 유일신앙의 승리는 인류와 신의 관계를 바꾸어놓았다. 더 쉽게 말하자면 이는 트리톤과 바다 님프 같은 하급 바다 신들을 포함해서 모든 비기독교 신과 반신半神, 초자연적 존재를 지하 세계에 사는 대적大敵, 타락천사 사탄의 하수인인 악마, 괴물, 서큐버스(남자의 꿈에 나오는 여자 악령)로 전락시켰다. 유대-기독교 세계관에서 인간은 신과 천사가 거주하는 천국과 사탄과 그의 악마들이 사는 지옥 사이에 있는 지상 세계에 산다. 메소포타미아인과 이집트인, 그리스인에게 대단히 중요했던 바다, 강, 늪지와 석호는 문명의 창조나 발전에 아무런 역할도 하지 않는다. 14세기 초 헤리퍼드 마파 문디mappa

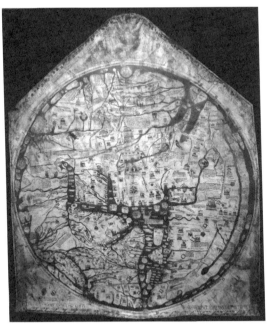

■ 1300년경에 만들어진 '헤리퍼드 마파 문디'는 지구를 보는 기독교적
인 시선이다. 지구 표면의 3분의 2를 덮는 바다는 이 지도에서는 거의 존
재하지 않고 가장자리의 가는 띠로 축소되었다. 지중해는 아프리카, 아
시아, 유럽 대륙 사이를 지나가는 좁은 해협망이 되었다.

mundi(중세의 대형 세계지도°)의 사례처럼 고대 말과 중세에 만들어진 세계지
도만 한번 보아도 바다가 중요한 지리적 특징에 아예 포함되지도
않는 것을 알 수 있다. 설령 지도에 포함된다 해도 천사나 악마조
차 살지 않는 낯선 공간, 오로지 '바다괴물이 있다'는 전설만이 있
는 지리적 빈 공간이었다.

하지만 기독교가 초래한(그리고 나중에 또 다른 확실한 육지의 사막 종교 이슬람교
로 강화된) 변화는 신계만을 바꿔놓은 것이 아니다. 이는 인간의 몸, 그

리고 간접적으로는 수생환경과 수영에 대한 태도까지 크게 바꾸었다. 그리스인들은 특히 인간의 형태를 찬양했고 이는 예술에서 뿐만 아니라 스포츠나 사회적·종교적 행사에서 남자의 나체를 공공연하게 드러냈던 것에서 알 수 있다.21 공개적인 장소에서 나체를 드러내는 것은 훨씬 지양했지만 로마인들도 사치스러운 공중목욕탕 테르마에thermae 같은 반사적半私的 환경에서는 기꺼이 벌거벗었다. 나중에 보겠지만 로마 남자들은 능숙한 수영선수였고, 수영은 군인뿐만 아니라 모든 사회계층에서 남자가 꼭 익혀야 하는 기술로 여겨졌다.

　　기독교 세계에서 나체는 육신의 죄와 이전까지 정상적으로 여겨졌지만 이제는 금지된 성행위와 연관되었다. 사제의 눈에는 남자들 사이에서 나체를 드러내는 것조차 대단히 의심스럽게 보였다. 이는 교회에서 '남색'으로 규정한 동성 관계를 조장할 수 있다고 여겼기 때문이다. 하지만 여기서 지리적·사회적 특성을 짚고 가야 한다. 내륙에 사는 사람들과 고위층의 관습이 중세 때 완전히 바뀌었다. 위대한 로마의 테르마에는 기독교 유럽에서 폐허가 되었고, 중세 교회는 이를 대체한 대중목욕탕의 사용을 반대했다. 당시의 대중목욕탕은 종종 매음굴과 거의 다르지 않았기 때문이다. 수 세기 동안 경건한 청결이란 눈에 보이는 신체 부분과 외적인 옷차림에만 제한되었다. 상류층의 취미나 군사적 기술로서의 수영 역시 사라졌다. 해양인류학자인 알리에트 가이스트되르퍼Aliette Geistdoerfer는 이렇게 설명한다.

고대기에 많은 지역에서 문화는 바다와 '건설적인' 관계를 맺었지만, 유대-기독교 관념이 도래한 후 바다는 '다른 것', 심지어는 '사악한 것'이 되었다.22

물론 중세 내내 해안가와 강 유역의 마을들은 계속해서 수산자원을 이용했다. 중세의 어부와 선원은 비기독교 조상들처럼 물 안팎이 집처럼 편안했을 것이다. 이런 마을들에서 고대 신화와 기독교 믿음으로 재구성된 설화가 합쳐진 인어 이야기가 많이 나왔다. 기독교의 인간-물고기, 또는 인간-바다 포유류 혼종을 규정

■ 바다나 호수, 강에 사는 인간-물고기 혼종에 대한 서양의 전형적인 시선을 담은 인어공주. 영생과 목소리 같은 초자연적인 특성을 가진 이 생명체는 인간 세상 밖에 살며 영혼이 없다고 여겨진다. 타일 그림 연작 중 하나. 헨리 홀리데이Henri Holiday, 1867년경.

하는 특징을 살펴보면 여성이고, 대체로 젊고 매혹적이며, 종종 사람을 홀리는 목소리를 갖고 있어서 남자를 유혹해 바다 밑에서 함께 살기 위해 데려가거나 고대의 세이렌처럼 선원을 유혹해서 죽인다. 이런 면에서 인어는 동물의 통제 불가능한 성욕의 의인화일 뿐만 아니라(인어의 생식기관은 물고기 모양 하반신에 있다) 기독교 신학에서 인간의 타락의 원인으로 여겨지는 위험한 여성의 성적 매력의 의인화이기도 하다. 인어는 벌거벗은 모습으로 묘사되지만 두 개의 특징적인 장신구가 있다. 긴 머리를 빗는 빗과 자신을 바라볼 수 있는 거울이다. 둘 다 여성의 허영의 상징이다. 하지만 인어는 완전히 인간이 아니기 때문에 영혼이 없다고 규정되고, 그래서 구원을 받고 천국에 갈 수 없다. 하지만 영생을 누리기 때문에 지옥에 떨어지지도 않는다. 인어는 동물과 인간, 악마라는 범주 사이에 존재하고, 중세 사람들의 생각에 진짜와 가공의 위험으로 가득한 낯선 환경에 산다.

전형적인 인어 이야기를 떠올리자면 이 장의 제일 처음에 있는 한스 크리스티안 안데르센의 '인어공주'로 돌아가야 한다. 하지만 그의 원전은 여주인공이 남자를 얻는 해피엔딩을 고집하는 다른 유럽 동화 바탕의 할리우드 영화들처럼 지나치게 달달한 디즈니 버전보다 훨씬 더 어둡고 복잡하다. 익사할 뻔한 인간 왕자를 구해주고 그에게 빠진 인어공주는 그의 사랑을 얻고 인간이 되기를 바란다. 그녀는 자신의 매혹적인 목소리를 두 다리와 바꾼다. 하지만 육지를 걷는 것은 칼날 위를 걷는 것만큼 고통스럽다. 그녀는 왕자를 만나지만 왕자는 자신을 구해준 그녀를 알아보지 못하고, 이미 다른 사람과 약혼한 상태였다가 그 사람과 결혼한다. 인어공주가 목소리를 되찾고 이전의 모습으로 돌아갈 수 있는 유일한 희망은 사랑하는 남자를 죽이는 것이지만, 그렇게 할 수가 없다. 그녀는 바다에 몸을 던지고 바다거품이 되는데, 마지막에 종교적인 색채가 들어가서 자기희생에 대한 보상으로 공기의 정령이 되어 착한 일을 하고 영혼을 얻을 수 있는 기회를 얻는다.[23]

'인어공주'는 매력적인 여성 캐릭터가 보이는 모습 그대로가 아니라는 중세 이야기의 오랜 전통을 따른다. 여러 가지 버전의 멜뤼진meúusine(상반신은 여성이고 하반신은 동물인 요괴°) 이야기에서는 어느 귀족이 숲에서 만난 아름다운 젊은 여자와 사랑에 빠진다. 여자는 그와 결혼하기로 하지만 특정한 날이나 그녀가 목욕을 하고 있을 때에는 방에 들어오지 말라는 약속을 받는다. 그는 약속을 깨뜨리고 그녀가 혼자 있는 모습을 본다. 그녀는 반인반수(버전에 따라 물고기, 용, 뱀 등이다)였고, 모습을 들키자 사라진다.[24] 이것은 인어가 특정 조건에서 인간과 결혼하기로 동의하거나 강요를 받지만, 탈출할 기회가 생기거나 약속이 깨지면 남편과 가족을 버리고 바다로 돌아간다는 흔한 종류의 인어 이야기이다. 이 이야기의 변주로는 중세 콘월의 제노의 인어 이야기가 있다. 여기서는 인어가 자신의 아름다움과 목소리로 인간 남자를 사로잡아 함께 살기 위해 데려간다.[25]

이런 이야기들은 우리에게 수영에 관한 태도보다는 기독교 신학과 근대 이전 사회에서 성과 성별, 여성의 역할에 대한 중세의 태도에 관해 더 많은 것을 알려준다. 하지만 중세기 동안 유럽인에게 수생환경이 소원해졌고, 좋게 보면 낯설고 막막하고, 나쁘게 보면 사악하고 위험천만하게 여겨졌다는 것만은 분명하다. 아브라함

신앙의 지배에 들어가지 않은 문화권에서는 이렇게 바다와 완전히 멀어지는 경우가 없었다. 가이스트되르퍼와 그 동료들에 따르면 앞 장에서 본 바다 유목민 사마-바자우족은 자신들만의 바다 괴물이 없어서 이웃 문화권에서 가져왔다. 가이스트되르퍼는 그들이 해양환경에 너무 친숙해서 가공의 괴물을 만들어낼 수가 없었다고 설명한다. 사마-바자우 신화에서 가장 위험한 지역은 바다나 육지가 아니라 해안가 점이지대이다. 여기가 완전히 육생도 수생도 아닌 위험한 혼종 괴물들의 집이다.26 지구의 반대편 끝인 캐나다령 북극에는 배핀섬 신화의 유명한 등장인물, '바다 여인' 세드나가 있다. 인간-바다표범 혼종인 세드나는 자신의 손가락으로 바다 포유류를 만든 창조자이자 바다 포유류의 사냥과 이용에 관한 복잡한 금기를 만들어 인간의 죄로부터 그들을 보호하고 그들의 영혼을 지키는 보호자이다.27 북극에서 바다표범은 영혼을 가졌을 뿐만 아니라 인간과 하도 가깝게 지내서 어떤 부족들은 인간의 조상이 바다표범이라고 믿는다.

인간과 수생환경과의 관계 보존

　1장에서 나는 우리 조상이 여러 번의 수생기를 거치며 몸과 문화를 다듬었을 수도 있다는 사실을 통해 수영이 우리 종의 DNA에 들어 있을 가능성에 대해서 탐색했다. 고대 지중해와 근동 지역에서 인간은 수많은 물의 신을 통해서 물의 세계와 가깝고 건설적인 관계를 맺고 있었으나 서기 4세기에 비기독교가 축출되며 그 관계도 끝났다. 수천 년 동안 이어졌던 물과 수영과의 연결 관계는 수생환경과 완전히 단절된 육생환경에서 탄생한 유대-기독교의 가르침으로 인해 끊겼다. 포세이돈과 그의 배우자, 아들들과 신하들, 트리톤과 바다 님프들은 신계에서 쫓겨났고 바다에 살던 초자연적 존재들이 즉시 지옥의 악마 군단에 들어가지 못하면서 바다는 알 수 없는 낯선 곳이 되었다. 그래도 그중 몇몇은 완전히 동물도 인간도 아니지만 악마가 되지는 않은 상태로 일종의 설화라는 중간지대에 남게 되었다.

바다의 신과 반신은 신전이 닫히거나 교회로 개조된 후 사라졌고, 그들의 기능 대부분이 어부와 선원의 안전 및 다른 바다에 관련된 문제를 담당하는 가톨릭 성인들에게로 넘어갔다. 그들은 신은 아니지만 전능한 신과의 사이를 잇는 중간자 역할을 했다. 포세이돈의 궁정에서 남은 것은 중세 초기 어느 시점에 성별이 바뀐 인간-물고기 혼종뿐이었다. 남성이었던 트리톤은 여성인 인어가 되었다. 어떻게 이렇게 된 것인지 알고 싶으면 로마인들에게 정복되거나 식민화된 적이 없는 먼 북쪽의 스코틀랜드와 그 섬들, 스칸디나비아 지역의 신화를 보면 된다.

바이킹으로 더 잘 알려진 노르드인들은 그 이전의 그리스인들처럼 숲과 산으로 가로막힌 해안가 정착지에 살았고, 그래서 정복할 새로운 땅을 찾아 바다 건너를 살펴야만 했다. 그들은 콜럼버스보다 5세기 먼저 대서양을 건넌 용맹한 선원들이었고, 당시 기독교인들과 달리 바다를 두려워하지 않고 바다의 신이라는 중간자를 통해 바다와 건설적인 관계를 맺었다. 그들은 수 세기 동안 기독교화에 저항했고 서유럽 해안가에 자신들의 바다의 신과 자신들의 고향 바다와 호수, 강에 사는 여성 정령들을 데려왔다. 이들은 반쯤 잊힌 켈트와 그리스-로마 신들 및 초자연적 존재들과 합쳐져서, 시어도어 가쇼의 말을 빌리자면 '일부는 인간이고 일부는 동물이고 일부는 님프이고 일부는 여신이며, 창조성과 파괴성이라는 특징을 동시에 갖고 있는' 존재를 탄생시켰다.28

중세 교회가 인어를 여성의 성적 매력이라는 위험을 대변하는 영혼 없는 요부로 묘사해 도덕적인 교훈을 주는 그 나름의 목적에 이용하긴 했지만, 해안 마을의 설화에서 인어는 여전히 그들의 생계를 보장하는 바다와의 연결 관계를 나타내는 상징으로 남았다.29 하지만 바다와 멀리 떨어진 곳에 사는 사람들에게 인어는 그들이 모르는 사이에 세 번째 기능을 했을 거라고 추측한다. 깊은 물에서 능숙하게 헤엄을 치는 아름답고 우아한 인어는 대부분의 사람들이 수영을 하지 못하고 수생환경과 완전히 동떨어져 지내던 시기에 수영에 대한 인간의 깊고 지속적인 감정적 연결고리를 상징했을 것이다. 선사시대까지 거슬러 올라가고 지중해와 근동의 신화 속에서 찬양받던 이 연결고리는 로마제국의 기독교화와 이후 서유럽에서 로마의 몰락이라는 사회적·정치적·종교적 격변 속에서도 살아남았다. 중세 때 인간-물고기 혼종은 인어로 탈바꿈했고 한스 크리스티안 안데르센의 손에 우리가 오늘날 아는 형태를 갖추게 되었다.

바다의 보물 수확하기

Strokes of Genius
a History of Swimming

거룩한 것을 개에게 주지 말고 진주를 돼지에게 던지지 말 것이다. 그들은 그것을 짓밟고 돌아서서 너희를 찢을 것이다.

__「마태복음」 7:6

호모 사피엔스가 아프리카를 떠나 긴 여행을 한 초기 인간속 무리의 뒤를 따른 이후 두 가지 급격한 변화가 일어났다. 지금부터 10만 년 전부터 5만 년 전 사이에 일어난 첫 번째 변화는 '행동의 현대성'을 달성한 것이다. 이것은 우리 조상들이 서로와 세상과 상호작용하는 방식을 바꾸어 신용카드와 1인용 TV 저녁식사, 스마트폰을 발명하는 길로 출발하게 만들었다. 9천 년 전부터 8천 년 전 사이에 시작된 두 번째 변화는 인간이 최초의 영구적인 농경 정착지를 만든 신석기 혁명이다. 앞 장에서 나는 남부 이라크의 석호 한가운데 작은 섬에서 이런 일이 어떻게 일어났는지를 현존하는 고고학적 증거와 수메르 문명의 기원에 대한 신화적 내용을 바탕으로 하여 대략 설명했다. 인류가 수렵-채집에서 농경으로 전환하고 한참이 지난 후에도 몇천 년 동안 수영과 잠수는 핵심적인 생존 기술이었으며, 작고 띄엄띄엄 있던 도시 사회가 더 커져서 최초의 국가와 제국으로 병합되는 사회-경제 발전의 다음 단계에서 핵심 역할을 했다.

호모속이 문명의 혜택 없이도 약 2백만 년 동안 상당히 행복하게 살았다는 사실을 고려할 때 이런 갑작스럽고 커다란 변화는 놀라운 일이다. 역사책과 우리 자신의 경험을 통해 이미 알듯이 변화의 속도는 절대로 느려지지 않고, 이제는 소비자가 최신 필수품을 사서 포장도 뜯기 전에 그다음 유행 상품이 온라인에서 광고를 하고 있는 상황이다. 유목 생활에서 정착 생활로의 변화는 사회적 계층화의 발달을 불러왔고, 많은 고고학자가 거의 평등주의적이었다고 믿는 집단들을 점점 더 계층화된 사회로 바꾸었다. 하지만 그웬돌린 리크가 지적하듯 초기 인간 문화에서 초기 정착 생활을 이렇게 해석하는 것은 역사적 사실보다 오늘날의 정치적 편견에서 비롯되었을 가능성이 높다.[1] 확실한 것은 지금부터 5300년 전에 근동과 이집트에서 시작된 청동기에 직업과 지위를 바탕으로 사회가 뚜렷하게 나뉘어 있었다는 점이다.

'왕'과 '여왕'이라는 단어로 번역되는 고대의 지위가 이후 유럽의 통치자들과 비교할 때 다른 기능을 갖고 있었기 때문에 청동기 배경에 쓰기에는 좀 시대착오적이지만, 사회를 이끄는 역할을 하고 일반 대중보다 훨씬 고급스러운 생활을 즐기는 고위층 사람들이 존재했다.[2] 고대의 지배층이 오늘날의 지배층과 공유한 한 가지 공통점은 지위와 부, 권력의 표상으로 과시적인 소비를 했다는 것이다. 하지만 기원전 4000년대에 사치품의 범위와 입수 가능성은 아주 제한적이었다. 그래도 제련이나 조각, 광택을 내는 추가적인 과정 없이 사용할 수 있어서 사람들이 적극적으로 찾고 교역하던 '욕망의 대상'이 하나 있었다. 천연 담수 및 염수 진주였다.

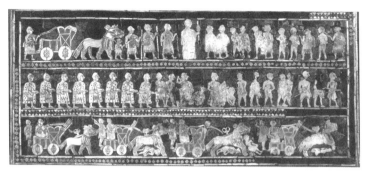

■ 신비로운 '우르의 깃발'. 조개껍데기, 석회석, 라피스라줄리(청금석")를 상감 세공한 나무에 전쟁과 평화에 관한 다양한 장면을 묘사한 상자로 수메르 도시 우르의 왕가의 무덤(기원전 2600년경)에서 출토되었다. 이것은 기원전 3000년대에 고급 물건을 만들기 위한 수산품이 교역되었다는 증거이다.

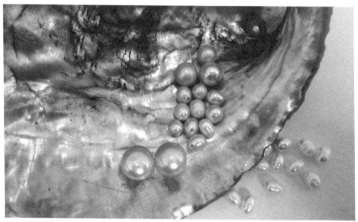

■ 천연진주는 다양한 형태와 크기, 색깔을 갖고 있다. 초기 인간은 조개류를 채취하다가 진주를 발견했을 것이다. 진주는 귀금속이나 보석과 달리 더 이상 가공할 필요가 없기 때문에 교역의 대상이 된 최초의 비생계형 물품 중 하나였다.

진주는 고대에 비생계형 상품으로 이용하기 위해서 수영과 잠수로 구할 수 있는 몇 안 되는 물품 중 하나였다. 가장 처음 찾았던 것은 먹을 수 있을 뿐만 아니라 껍데기가 튼튼하고 다양하고 유용한 크기와 근사한 형태 및 무늬, 색깔을 갖고 있는 담수 및 염수 조개였다. 선사시대 이래로 인간은 조개껍데기를 개인적인 장식품, 세공용품, 도구, 용기, 물건 세는 판, 화폐, 의약품, 악기로 사용했다. 특히 많이 찾은 것은 안쪽이 자개로 덮여 있는 껍데기였다. 이런 조개는 진주를 만들 수 있을 뿐만 아니라 자개 그 자체도 쓰였기 때문이다. 수생환경에서 얻을 수 있는 또 다른 상품은 거북이 등 껍데기, 다양한 종류의 뿔고둥, 붉은 산호(코랄리움 루브룸), 천연 해면 등이었다. 바다와 관련되어 있지만 바다에서 만들어지는 게 아닌 마지막 '유기물' 보석은 발트산 호박이다.3

비생계형 상품의 수요가 늘면서 국제 교역과 바다 및 호수, 강에서 원재료를 수확하는 수중 전문가로 이루어진 제조망이 생겨났고 물건을 구입하고 운송하고 판매하는 상업 전문가와 재료를 가공하거나 합쳐서 완제품을 만드는 특수 장인들도 나타났다. 인간이 지구로 퍼져나가는 동안 수영이 인간의 생존을 도왔다면, 이제는 새로운 종류의 경제활동을 발달시키는 도구가 되었다. 오늘날 거대 기업의 기원을 찾고 싶다면 금속의 활용 한참 전으로 거슬러 올라가 다음번 식사거리를 찾던 신석기시대 사람이 수영을 해서 굴을 땄다가 진주를 발견하고 그것을 버리거나 자신이 갖는 대신 내륙의 이웃과 자신이 구할 수 없는 물건으로 교환했던 때를 살펴봐야 할 것이다.

한번 정립되고 나자 이 교역망은 중국 한나라가 멸망할 때(서기 220년)나 서로마제국이 무너질 때(서기 476년)처럼 국제적인 불안기에 축소되거나 잠시 멈추기는 했어도 계속 자라나고 발달해서 전 세계로 퍼졌다. 탐험과 발견의 시대(14세기부터 18세기까지)에 유럽인들은 아메리카와 아프리카, 아시아-태평양 지역에서 새로운 사치품의 원천을 발견하고 착취했다. 하지만 정확하게 말해서 19세기에 표면공급식(육상에서 잠수부에게 계속 공기를 공급하는 방식) 잠수복이 나타나기 전까지 수확 기술에는 별로 발전이 없었다. 즉 수영과 잠수가 진주와 산호, 해면 같은 물품을 구하는 주된 수단으로 계속 이용되었고, 이런 활동이 세계경제에서 차지하는 엄청난 가치를 확실하게 보여준다. 이런 물품들의 경제적 중요성 외에도 예술적으로든 종교적으로든 엄청난 가치를 지닌 물건과 수생환경의 산물, 예컨대 천연진주 사이의 관계는 계속해서 이어졌다.

현대성의 기미

고고학자들은 오래전부터 호모 사피엔스가 언어와 예술, 음악, 춤, 장신구, 종교, 의식 같은 현대적 특성을 처음으로 보여주기 시작했으며 유럽에서 약 4만 년 전쯤 행동의 현대성을 이뤘다고 믿었다. 이것도 내가 1장에서 말했던 것처럼 19세기 학자들이 유럽에서 가장 오래된 인간 조상의 기원을 찾을 때 드러낸 편견을 똑같이 반영한다. 현재 유전자 데이터를 보면 아프리카에서 나와 동아시아를 향해 동쪽으로 가는 주요 이동경로에서 동떨어진 근동과 유럽으로의 이주는 딱히 흥미롭지 않은 부차적인 경로였다. 현대 인간의 다른 집단은 아프리카에 남았고, 우리 인간종의 동아프리카 탄생지로부터 서쪽과 남쪽으로 이주했다. 지금부터 10만 년 전쯤 고대 호모 사피엔스 한 집단이 대륙의 가장 남쪽 지역에 도착해서 케이프타운 동쪽 300킬로미터쯤에 있는 블롬보스 동굴에 자리를 잡았다. 인간들은 기원전 1000년경까지 이 동굴을 계속해서 사용했다.

동굴에서 발견된 동물 유해로 보아 거주자들이 물고기와 조개, 바다 포유류 등 다양한 식생활을 즐겼다는 결론을 내릴 수 있다. 그들은 해변에서 줍거나 얕은 물에서 채집과 낚시를 하거나 깊은 물에서 수영과 잠수를 해서 식량을 구했다. 동굴의 가장 오래된 층(10만 년 전-7만 3천 년 전)에서 나온 가장 중요한 발견물은 구멍 뚫린 바다우렁이 나사리우스 크라우시아누스Nassarius kraussianus의 껍데기이다. 고고학자들은 이것을 한데 꿰어 목걸이나 팔찌를 만들거나 옷에 꿰매 붙였을 거라고 믿는다. 이와 비슷하게 중요한 유물은 오커(물감의 원료로 쓰는 황토˚) 안료를 담는 상자로 쓰였던 조개껍데기이다. 이 유물들은 모두 고대 호모 사피엔스의 행동의 성숙도를 이전에 생각했던 것보다 3만 5천 년에서 6만 년쯤 더 앞당긴다.4 장식품이나 장신구처럼 비생계형 용도로 수생환경에서 구하는 물품은 오늘날까지도 계속되는 보편적인 현상이다. 우리 대부분도 한 번쯤은 해변에서 주워본 조개껍데기나 해변 리조트에서 관광객에게 파는 싸구려 기념품과 보석을 생각해보면 알 수 있을 것이다.

금속이 아직 없거나 드물거나 또는 가공할 수 없던 시절, 또는 그런 지역에서 조개껍데기는 경제적으로 중요한 기반이었다. 조개껍데기는 바다와의 접점이 전혀 없는 먼 내륙 사회에까지 유

■ 고전기(서기 3-9세기)의 마야 조개껍데기 장식품은 신에게 제물을 바치는 고위관리의 모습을 묘사하고 있다. 조개껍데기는 메소아메리카 전역에서 널리 유통되었고 바다와 직접적인 관계가 없는 사람들 사이에서도 사용되고 귀하게 여겨졌다.

통되었다. 신석기시대 유럽에서 국화조개Spondylus 껍데기는 에게해에서 채집되어 중부 유럽으로 운송되어 다른 종류의 보석을 만드는 데 사용되었다. 비슷하게 콜럼버스 이전 시대 아메리카에서도 에콰도르 바다에서 채집한 국화조개를 내륙으로는 남아메리카 안데스 산맥 왕국과 북쪽으로는 메소아메리카, 유카탄의 마야 고원, 멕시코 밸리 국가들에까지 유통했다. 국화조개 장식품이 카리브해에서 200킬로미터쯤 떨어진 마야의 내륙 도시국가 티칼에서도 발견되었다.5 아프리카, 북아메리카, 아시아-태평양에서 개오지조개

껍데기는 다양하게 사용되었고 가장 유명한 사용처는 금속화폐가 발명되기 전 중국에서 초기 형태의 화폐로 쓰인 것이다. 그 외에도 장신구, 지위를 나타내는 신분증, 숫자 세는 도구로 쓰였다.

황실 의상이라는 표시

조개껍데기 안에 다른 귀중한 물건을 넣어두기도 했다. 고대 세계에서 가장 값비싼 물품 중 하나는 티리언 퍼플이라고 불리는 염료였다. 고전고대(기원전 8세기-서기 5세기*)에 이 염료의 주요 산지가 페니키아의 항구 도시 티레(현재 이스라엘 국경 근처 남부 레바논에 위치)였기 때문에 이런 이름이 붙었다. 어떻게 사용하느냐에 따라서 이 염료는 파란색부터 거의 검은색에 가까운 짙은 보라색까지 전부 다 만들 수 있었고, 천연염료치고는 독특하게도 변색이 되지 않았고, 대부분의 산업혁명 이전의 염료와 달리 햇빛에 노출되거나 빨아도 색이 바래지 않았다. 로마 공화정에서 하얀색 토가 프라에텍스타toga praetexta에는 의원의 지위나 고등관리임을 강조하는 널찍한 보라색 테두리가 있었는데, 제국 체제가 되면서 이 염료는 점차 황제와 그의 직계가족에게만 사용하게 되었다.

비잔틴 시대에 보라색으로 염색한 옷을 입는 것은 황실 가족의 특권이었고, 'porphyrogenetos(보라색으로 태어나다)'라는 단어는 현 황제의 자식들을 지칭했다. 이는 콘스탄티노플 대궁전의 보라색 반암斑岩으로 된 출산실을 언급하는 것이기도 하지만, 티리언 퍼

플로 염색한 옷을 입을 수 있는 황실의 특권 때문이기도 했다. 이 독점적인 황실 의상의 가장 유명한 예가 이탈리아 라벤나의 산비탈레 성당에 있는 유스티니아누스 1세 황제와 그의 아내였던 강인한 테오도라의 서기 6세기 모자이크 초상이다.

염료는 지구상 대부분의 지역에서 발견되는 포식성 바다 달팽이 여러 종에서 얻을 수 있다. 지중해에서는 주로 볼리누스 브란다리스Bolinus brandaris와 헥사플렉스 트룬쿨루스Hexaplex trunculus 두 종에서 얻는다(둘 다 이전에는 무렉스속에 포함되었다). 고대 신화에 따르면 이 염료를 발견한 것은 헤라클레스의 개였다. 헤라클레스가 크레타의 해안가를 거닐 때 그의 반려견이 달팽이 몇 마리를 먹었고 그 즉시 목구멍이 보라색이 되었다. 고대 세계에서 가장 인기 있는 섬유 염료의 발견 이야기치고는 신빙성이 떨어지지만, 2장에서 신화를 살펴볼 때 설명했듯이 특정한 수산물의 경제적 가치를 강조하기 위해서 그 문화권의 영웅과 신에게 연관 지으려 하는 것과 같은 맥락이다. 하지만 이 이야기에는 염료를 어떻게 발견했는지에 관한 실마리가 있을 수도 있다. 달팽이의 살은 먹을 수 있기 때문에 신석기시대 크레타섬과 레반트 해안가의 어부들은 달팽이를 조리하다가 뭐든 닿기만 하면 물들이는 굉장히 색이 진한 국물을 얻게 되었을 가능성이 높다. 이 물품의 중요성은 물론 인간이 염색하고 싶은 직물용 실을 만들기 전까지는 잘 알지 못했을 것이다.

티리언 퍼플은 같은 무게의 금만큼 가치가 있었다고 하며 이를 생산하는 페니키아 도시들의 부와 권력의 기반이었다. 이 염료는 달팽이 한 마리에 아주 조금밖에 들어 있지 않아서 만드는

■ 이탈리아 라벤나의 산비탈레 성당의 모자이크 패널에는 비잔틴의 황후 테오도라(500~548년경)와 그녀의 수행원들이 나온다. 황후는 황제의 가족만이 쓸 수 있는 티리언 퍼플로 염색한 예식용 실크 망토를 걸치고 있다. 또한 보석으로 꾸민 머리장식과 목걸이에 대단히 많은 천연진주를 장식하고 있다.

가격이 몹시 비쌌다. 라벤나 모자이크에 나오는 유스티니아누스와 테오도라가 입은 의식용 의상의 색깔을 내려면 수만 마리가 필요했을 것이다. 처음에는 달팽이를 바다에서 잡았지만 로마와 비잔틴 시대에 산업의 규모가 커지며 커다란 수조에서 달팽이를 번식시킨 다음 으깨서 염료를 만들었다. 황제의 옷을 만드는 실크 원사는 염료에 두 번 담갔을 것으로 추정된다. 덕분에 이것은 역사상 가장 독점적인 의상이었을 뿐만 아니라 가장 비싼 옷이기도 했다.

로마 시대에는 유럽 전역에서 접근이 가능했던 동지중해에서 나온 다른 많은 생산물처럼 티리언 퍼플도 무슬림이 근동을 정복한 후 점점 더 귀하고 비싸졌으며, 13세기 초 십자군이 비잔틴 제국을 정복한 후에는 완전히 공급이 끊겼는데, 도시가 비잔틴 통치하에 되돌아온 후에도 재개되지 않았다. 무슬림 세계에서 한동안 염료 생산이 계속되었지만, 유럽인들은 더 싸고 금방 바래는 천연염료로 되돌아갈 수밖에 없었다. 이는 사람들이 티리언 퍼플의 다른 공급원을 더 열심히 찾는 또 다른 이유가 되었는데, 인도나 중국에서 입수할 수 있을지도 모른다고 생각하게 되었다.[6]

진주잡이

조개를 열었다가 천연진주를 처음 발견한 현대 인간의 반응이 어땠을지 상상하기는 꽤 어렵다. 하지만 담수 및 염수 조개가 초기 인간의 식생활에 얼마나 중요했는지를 고려하면 아마도 그것은 수만 년 전에 일어난 일일 것이다. 고대의 '패총', 즉 조개더미는 우리의 먼 조상이 대량의 조개를 먹었다는 증거로 전 세계에서 발견된다. 가장 유명한 콜럼버스 발견 이전 시대 미국의 사례는 메인주의 아메리카 원주민이 약 1천 년에 걸쳐 만든 웨일백 패총이다. 이것은 깊이 10미터에 길이 500미터, 너비 400-500미터이고 주로 굴 껍데기로 이루어졌다.

고대에 가장 수요가 많았던 진주조개는 페르시아만, 홍해, 인도양, 남중국해에서 나왔다. 16세기에 중부와 남부 아메리카를 정복하고 정착한 후 스페인인들은 카리브해의 쿠바과Cubagua와 마르가리타섬 주변 바다에서 풍부한 진주조개 어장을 발견했다. 장신구용으로 완벽하게 동그랗고 하얀 진주가 특히 인기이긴 했지만 진주는 눈물 모양, 단추 모양, 수포 모양, 불규칙한 모양 등 다양한 모양과 색깔을 가진다. 가장 드물고 그래서 가장 비싼 것은 태평양에서 나오는 흑진주지만 크림색, 노란색, 분홍색, 금색, 초록색, 파란색도 있다.

　　진주에 대해서 여러 가지 오해가 있다. 가장 흔한 것은 조개 안에 먼지나 모래가 들어가서 진주가 만들어진다는 것이다. 조개는 바닷물에서 영양분을 걸러내고 굉장히 오랜 시간 '입'을 벌리고 있기 때문에 모래 같은 흔한 것이 진주가 만들어지는 원인이었다면 지금쯤 바닷속은 진주로 꽉 찼을 것이다. 사실 포식자나 기생충이 조개 표면에 상처를 입혔을 경우에만 진주가 만들어진다. 조개는 상처가 난 부위를 진주 껍데기로 감싸서 격리하고, 그 위로 단단한 탄산칼슘$_{CaCO_3}$층을 형성한다. 탄산칼슘은 가장 흔하게 볼 수 있는 형태가 별로 눈길을 끌지 않는 하얀색 무기질 상태로 바위와 조개껍데기, 달걀 껍데기의 주요 성분이다.

　　진주는 조개의 기본적인 응급처치이고, 첫 번째 탄산칼슘층은 사람으로 치면 찢어진 상처나 발진에 반창고를 붙이는 것 같은 것이다. 하지만 자연적 화학작용의 근사한 우연으로 조개는 이 탄산칼슘을 아라고나이트라는 광물 형태로 만들어낸다. 이것은 콘키올린이라는 유기화합물과 혼합되고 여기서 무지개색으로 반짝이는 놀라운 물질인 진주층, 다시 말해 자개가 탄생한다. 인내심은 넘치지만 뇌는 없는 조개는 한 겹의 반창고만으로는 만족하지 못하고 몇 년 동안 진주 껍데기 위에 겹겹이 진주층을 덧발라서 진짜 진주를 만들어낸다. 천연진주의 모양과 크기는 원래 상처의 모양과 크기에 따라서 다양하다. 완벽하게 동그란 진주는 굉장히 드물고 수요도 그만큼 많다. 또 인기 있는 것은 눈물 모양 진주이고, 불규칙적인 모양의 진주는 관대하게 '이상진주異常眞珠, baroque pearl' 라고 불린다.

흔한 오해 두 번째이자 나도 어릴 때 속았던 것인데, 많은 부모의 사기 중 하나는 해안가 레스토랑에서 나온 조개 요리 안에서 진주를 찾을 수 있을지도 모른다는 생각이다. 오늘날 가장 흔하게 먹는 종인 태평양 굴 크라소스트레아 기가스Crassostrea gigas는 진주층을 만들지 않아서 껍데기 안쪽이 부연 흰색이다. 이 종은 진주를 만들 능력이 전혀 없다. 진주는 인간이 별로 맛있다고 여기지 않는 핀크타다Pinctada속의 다양한 진주조개종에서 만들어진다. 세 번째 오해는 진주가 진주조개에서만 나온다는 것이다. 사실 진주는 담치(홍합과의 조개)를 포함해서 여러 담수와 염수의 연체동물에서 만들어진다. 네 번째이자 마지막 오해는 진주가 모두 진주층으로 만들어진다는 것이다. 많은 연체동물종이 다양한 모양과 크기, 색깔의 비진주층 진주를 만든다. 이런 진주는 드물고 그 나름대로는 특이하지만, 진주층으로 된 진주의 매력은 없다.7

영생의 꽃 따기

수메르의 영웅 길가메시는 영생의 비밀을 찾아 바다 밑에서 영생의 꽃을 따려고 했다. 진주와 진주잡이의 역사에 관해서 세계에서 가장 권위 있는 역사지리학자 로빈 던킨Robin Donkin에 따르면, 이 식물은 실제로 진주나 산호를 신화적으로 표현한 것일 수 있다. 둘 다 고대에 장신구로 사용되었을 뿐만 아니라 소유자를 보호하는 특성과 약으로서의 성질도 있다고 믿어졌기 때문이다. 길가메시는 수메르인들에게 반쯤 신화적인 낙원(메소포타미아 버전의 에덴 정원이자 일곱 현자의 고향)이자 메소포타미아와 아프리카, 페르시아만, 인도 사이의 교역을 통제하던 무역국가였던 전설의 땅 딜문 해안에서 이 마법의 식물을 찾았다.[8]

바레인에서 발견된 진주조개 껍데기로 된 패총과 메소포타미아 우바이드기Ubaid period(기원전 6500-기원전 3800년경) 도자기들은 진주조개잡이와 페르시아만의 교역의 역사가 기원전 5000년대까지 올라간다는 증거이다.[9] 길가메시가 식물을 구하기 위해서 다리에 돌을 묶었던 것 역시 역사시대에 들어와서도 바레인의 진주조개잡이들이 사용하던 방법이었다.[10] 진주뿐만 아니라 딜문은 고대 수메르의 도시 우루크와 우르에서 발견된 고급품의 상감에 사용되던 진주층(자개)의 공급지였다. 홍해와 페르시아만의 진주조개잡이들은 이집트와 아시리아, 페르시아 등 연이은 고대 제국들에 진주와 진주층을 공급했다. 고대 구세계에서 진주를 공급하던 지역은 두 군데가 더 있다. 인도와 중국이었다. 중국은 기원전 1100년이나 그 이전부터 그 나름의 담수와 염수 진주를 생산했다. 한나라(기원전 206-서기 220년)는 통킹만에서 바다 진주조개 양식을 했다. 하지만 중국 내의 수요가 동아시아 생산량 전부를 소비할 정도였기 때문에 기원전 114년경 육로 실크로드가 넓어진 이후에도 서양으로 수출되지는 않았을 것이다.[11] 진주 무역은 서양에서 동양으로, 특히 인도와 스리랑카에서 중국으로 이루어졌을 가능성이 높다.[12]

고대 인도는 아주 옛날부터 근동과 무역로가 연결되어 있었다. 현재 인도 북동부와 파키스탄 지역에서 융성했던 인더스 밸리 문명(기원전 3300-기원전 1300년)은 딜문의 중개자들을 통해서 수메르 도시들과 교역을 했다. 인더스 밸리 지역에서 발굴된 보석 중에 진주는 없었지만, 진주층과 산호의 존재로 보아 진주 역시 알려져 있었을 것이다. 베다 시대(기원전 1750-기원전 500년)에 위대한 힌두 서사시 〈라마야나Ramayana〉와 〈마하바라타Mahabharata〉 같은 초기 문서들에 담수와 염수 진주 이야기가 나오는데, 진주는 불교 시대의 상품이자 종교적 담론에서 쓰이는 상징으로 훨씬 더 중요해졌다. 기원전 3, 4세기에 쓰인 국정운영 설명서 〈아르타샤스트라Arthashastra〉에는 진주를 생산하는 열 개 지역이 실려 있다. 다섯 군데는 남부 인도이고, 네 군데는 북부 인도, 한 군데는 동부 인도이다. 알렉산드로스 대왕Alexandros the Great(기원전 356-기원전 323년)의 정복 이후 헬레니즘 시대 지리학자들은 동쪽으로 가서 인도와 스리랑카에서 고급 진주가 생산된다고 보고했다.[13]

에리트라이 바다와 그 너머

고급 사치품 교역은 이런 것을 살 만한 경제적 자원을 가진 지배층의 존재만이 아니라 사치품의 생산과 교역망을 유지하기 위한 사회적·정치적 안정을 지킬 수 있는 군사력에 달려 있다. 기원전 1세기부터 서기 3세기 사이에 실크로드 양끝의 안정은 동쪽은 한나라가, 서쪽은 로마공화국과 로마제국이 책임졌다. 하지만 진주 교역 면에서 볼 때 최고급 진주의 생산지인 페르시아만과 인도는 두 제국 수도에서 딱 중간 위치였다. 서양에서 로마의 지배층이 공화정의 검소한 태도를 버리고 제국의 풍요를 즐기기 시작하면서 동쪽에서 들여오는 사치품에 대한 서양의 수요가 크게 증가했다. 근동과 이집트의 헬레니즘 왕국들을 로마가 정복한 후 로마의 상인들은 페르시아만과 인도에 직통 교역로를 만들었다.

고대 진주 교역의 역사에서 고대에 나온 가장 놀라운 기록 중 하나는 교역로와 조수의 상태, 기후, 항구, 주요 수출품, 동아프리카와 아라비아, 페르시아만, 인도의 왕국들에 대해 묘사해놓은 서기 1세기 상인의 여행기 〈페리플루스 마리스 에리트라이Periplus Maris Erythraei, 에리트리아 바다 주위로의 여행〉이다.14 남부 인도의 진주조개잡이에 관한 장에서 〈페리플루스〉는 그곳에서 진주조개를 잡는 것은 '사형수들'이라고 말한다. 진주조개를 잡는 수영선수와 잠수부의 신분이 바뀐 것이다. 진주가 수익성 좋은 정부의 독점사업이 된 지역에서 국가는 노예나 사형수처럼 쉽게 쓰고 버릴 수 있다고 여겨지는 사람들을 활용했다.15

로마 시대에는 조개의 생활주기에 관해 오해가 좀 남아 있었는데, 조개도 떼로 헤엄을 치다가 물고기처럼 그물에 잡힌다는 망상 같은 것이었다. 하지만 다른 고대의 작가들은 훨씬 잘 알고 있었을 뿐만 아니라 〈페리플루스〉를 쓴 익명의 작가처럼 자신들이 쓰는 내용에 대해 직접 경험한 경우도 있었다. 서기 1세기에 페르시아만 끄트머리의 도시 카락스 토박이였던 이시도루스Isidorus는 틸로스섬(현재의 바레인)에 대해 이렇게 썼다. "섬 주위로는 대나무 뗏목이 가득했고, 토박이들이 20패덤(36.5미터)의 물속에 뛰어들어 쌍각조개를 건져왔다."16

    서로마제국이 서기 476년에 무너지고 야만족 국가들이 그 뒤를 이었지만, 콘스탄티노플(현재의 이스탄불)을 수도로 하는 동로마제국, 또는 비잔틴제국은 천 년을 더 버텼다. 이집트를 보유하고 있는 한 제국은 인도와 인도의 풍부한 진주조개 어장으로 이어지는 해양 실크로드를 사용할 수 있었다. 여러 가지 모양과 크기의 진주가 당당하게 왕관과 다른 장신구들에 달려 있는 라벤나의 테오도라와 유스티니아누스 황제 부부 모자이크 초상은 비잔틴의 지배층이 천연진주를 얼마나 귀하게 여겼는지를 확실하게 보여준다. 진주의 가치를 보여주는 또 다른 증거는 이것이 성유물함, 성경, 성상 같은 종교적 물품을 꾸미는 데 사용되었다는 것이다.17

    아랍이 서기 7세기에 페르시아와 이집트, 근동을 점령하며 지중해 일대의 지정학적 상황이 변했을 뿐만 아니라 기독교 비잔티움과 유럽으로 가던 진주 등 동양의 생산품 공급이 고스란히 끊겼다. 한때 로마와 콘스탄티노플 황실에 공급되던 홍해와 페르시아만의 진주조개는 이제 아랍 상인이 독점하게 되었다. 처음에 지하드의 영향을 받은 소박한 아랍 전사들은 진주를 거의 사용하지 않았지만, 몇 세기 안에 다마스쿠스와 바그다드, 코르도바, 카이로의 무슬림 왕실에서도 온갖 종류의 보석을 찾게 되었다.

이슬람 시대에도 홍해와 페르시아만의 진주조개잡이에 대한 목격담이 여럿 있다. 1183년, 지리학자 이븐 주바이르Ibn Jubayr는 홍해의 진주조개 어장 아이다브를 방문하고 이렇게 기록했다.

잠수부들이 작은 배를 타고 이 섬들로 가서 며칠을 머물다가 신께서 각각에게 허락하신 만큼의 물품을 갖고 돌아온다. 어장은 깊지 않고, 잠수부들은 거기서 (살이) 어딘가 바다거북과 비슷하게 생긴 물고기를 닮은 쌍각조개를 찾아낸다. 껍데기를 벌리면 두 껍데기 안쪽에 은색 껍데기가 있다. 이것을 다시 열면 그 안에서 조개의 살 부분으로 덮인 진주알을 찾을 수 있다.18

페르시아만에서 아랍인들은 진주 교역과 진주조개 수확이라는 두 가지 모두를 차지했다. 12세기 이슬람 지리학자 알-이드리시Al-Idrisi에 따르면, "6패덤(11미터) 깊이에서 진주조개를 채집하는 것은 굉장히 위험하고 육체적으로 고된 직업이다". 그는 잠수부들이 기압의 변화에서 몸을 보호하기 위해 귀마개를 하고 가끔은 솜과 밀랍, 참기름으로 만든 코마개를 하거나 뿔이나 거북이 등껍데기로 만들어진 코 막는 집게를 사용했다고 설명한다. 14세기 세계 탐험가 이븐 바투타Ibn Baṭṭūṭah는 거북이 등 껍데기로 만든 일종의 잠수 마스크에 대해서 언급하지만, 그 외에 조개를 모으는 방법은 길가메시 시대 이래로 거의 변하지 않았다. 그는 잠수부들이 각각 칼과 가죽가방을 들고 돌을 줄로 묶어서 바다 밑으로 내려가는 방법에 대해 기록했다. 그는 이 일이 굉장히 힘들 거라고 인정했다.

남자들은 한 번에 두 시간씩 일하고, 식사를 하고 쉬었다.[19]

에리트리아 바다의 반대편에서는 마르코 폴로Marco Polo가 1293년 유럽으로 돌아오는 길에 스리랑카의 진주조개 어장에 대해서 묘사했다. 스리랑카와 인도 사이에 있는 마나르만의 진주조개잡이 시즌은 짧았다. "진주조개잡이들은 크고 작은 자신들의 배를 몰고 만으로 나가서 4월 초부터 5월 중순까지 머문다."

마르코 폴로에 따르면, 기술적으로는 페르시아만의 진주조개잡이처럼 고대 이래로 달라진 것이 거의 없었던 것 같다.

> 남자들은 작은 배를 타고 도착해서 물속으로 뛰어들어 깊이가 4-12패덤(7-22미터)쯤 되는 바닥까지 잠수를 하고, 거기서 최대한 머문다. 그리고 진주가 있는 조개를 발견하면 허리에 맨 그물가방에 집어넣고 수면으로 올라왔다가 다시 잠수를 한다.[20]

이전에 마르코 폴로가 관리로 봉직하기도 했던 중국에서는 그 지역 생산지에서 담수 진주를 얻고, 하이난섬과 안남(현재의 베트남) 해안가, 동아프리카와 페르시아만, 인도의 진주조개 어장에서 염수 진주를 구했다. 진주와 온갖 종류의 구슬들은 중국에서 천 년 동안 줄곧 가장 인기 있는 장신구였다. 중국 황후들의 정교한 보석과 진주 머리장식은 비잔틴 황후들을 위한 장신구에 필적할 만했다.[21]

반면 중국의 가까운 이웃 일본은 중국 문화의 여러 측면을 수입했으나 진주를 장신구로 쓰는 취향만은 도입하지 않았다. 초

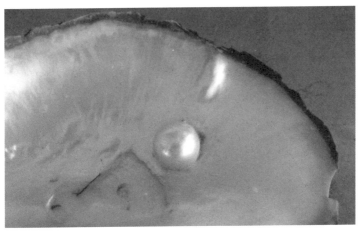

■ 일본 아코야조개에서 나온 양식진주. 일본은 20세기 초에 양식 기술에 특허를 내 업계에 혁명을
일으켰다. 현재 팔리는 진주의 99퍼센트가 양식이다.

기 일본의 미술, 디자인, 의상은 그 진지함과 미니멀리즘적 우아함
으로 유명하다. 하지만 항상 그랬던 것은 아니다. 일본의 '르네상스'
라고 알려진 짧은 아즈치 모모야마 시대(1568-1600)에 일본의 장인들
은 일본 봉건 영주들과 수출을 위해 라덴(자개 상감)에 귀금속과 옻칠
을 더한 사치스러운 도자기(nanban, 南蛮焼)을 만들었다.22 역사적으로
일본은 진주 제품으로 잘 알려져 있지는 않지만, 여성 진주조개잡
이 아마ama가 유명하다. 하지만 아마는 진주조개뿐만 아니라 바닷
가재, 전복, 미역 같은 다른 종류의 해산물을 따기 위해서도 잠수했
고, 그들이 유명해진 것은 아마도 1960년대까지 벌거벗고 허리에 두
르는 천 차림으로 잠수를 했기 때문일 것이다. 잠수를 해서 위험하
게 천연진주를 모으는 대신 20세기 초에 진주 배양법을 완벽하게 만
들어 특허를 내서 대규모 생산이 가능하게 만든 것도 일본인이었다.

신세계의 부

유럽인들은 크리스토퍼 콜럼버스가 1492년 처음 대서양 횡단을 하기 한참 전부터 동양의 부를 손에 넣고 싶어 했고, 이것이 11세기 십자군을 일으킨 동기 중 하나로 여겨지기도 한다. 중국, 인도, 동남아시아와의 교역을 옥죄던 이슬람을 저지하려던 십자군의 공세가 실패하자 포르투갈은 아프리카를 돌아 인도양을 거쳐 동양으로 가는 동방 항로를 찾으러 나섰고, 스페인은 서방 항로를 찾으려 했다. 카피툴라시온Capitulacion(콜럼버스와 스페인 왕실과의 합의서) 원전을 보면 페르디난드Ferdinand 왕과 이사벨라Isabella 여왕은 탐험가의 주요 목표에 진주 탐색을 포함할 것을 명시했다. 그는 첫 번째와 두 번째 항해에서는 아무것도 찾지 못했지만 세 번째에서 베네수엘라 해안가에서 진주담치를 발견했고, 이로 인해 이 지역에 '진주 러시'가 일어났다.

콜럼버스의 네 번째와 다섯 번째 항해에 대한 지시서에서는 '금, 은, 진주, (귀한) 돌, 향료, 다른 물품들이 있을 만한 곳을 주시하라'고 되어 있었다.23 그는 진주조개가 풍부한 이슬라 마르가리타 부근을 지나갔지만, 그곳의 탐색은 다른 사람들에게 넘겼다. 말년에 그가 불명예를 안게 된 것은 인도 총독으로서 권력을 남용했다고 비난받았기 때문만이 아니라 충분한 금과 진주를 가져오지 못했기 때문이기도 했다. 쿠바과와 마르가리타의 섬 주변과 베네수엘라의 코스타 데 라스 페를라스 연안에서 발견된 진주들은 대단히 고급이라 포토시주(현재의 볼리비아)에서 은광이 발견되기 전까지 신세계에서 스페인인들이 착취한 가장 귀한 단일 품목이었다.[24] 《인도의 파괴에 관한 짧은 기술Brevisima relacion de la destruccion de las Indias》(1522)에 실린 바르톨로메 데 라스 카사스Bartholomé de las Casas 주교의 말에 따르면, 진주조개잡이 때문에 수많은 아메리카 원주민이 죽었다. 그들은 소량의 음식만 먹고 하루 종일 잠수를 해야 했고, 피로와 학대, 굶주림과 상어의 공격에 희생양이 되었다.[25]

두 명의 순례자

진주조개를 채취한 사람은 주인에게 그 목숨이 하등의 가치가 없었던 노예들이었지만, 상품으로서 천연진주는 유럽에서 특히 탐험과 발견의 시대에 엄청난 화폐적·상징적 가치를 유지했다. 세계에서 가장 크고 가장 비싼 진주 두 개는 이름이 한 글자만 다르고 똑같다. 라 페레그리나La Peregrina와 라 펠레그리나La Pelegrina이다(둘 다 스페인어로 '떠돌이'나 '순례자'라는 뜻이다). 세상을 수없이 떠돌았던 이 두 보석은 로버트 루이스 스티븐슨Robert Louis Stevenson이나 알렉상드르 뒤마Alexandre Dumas가 관심을 가질 만큼 환상적인 역사를 갖고 있다. 둘다 코스타 데 라스 페를라스의 바다에서 발견되었고, 처음에 인도에서 스페인으로 옮겨졌으며, 거기서 스페인 왕가의 소유물이 되었다.

원래 223.8그레인(1그레인=0.0648그램)이 나갔던 눈물 모양 진주 라 페레그리나는 스페인의 펠리페 2세Felipe II(1527-1598)가 아내인 영국의 가톨릭 여왕 메리 1세Mary I에게 선물로 주었다. 메리 1세는 개

■ 안토니스 모르Antonis Mor의 1555년작 영국의 메리 1세 초상화는 여왕이 라 페
레그리나 진주를 걸고 있는 모습을 보여준다. 베네수엘라 연안의 이슬라 마르
가리타 주변 진주조개 어장에서 흑인 노예가 발견한 이 진주는 4세기 동안 여
러 왕족과 귀족의 목에 걸려 유럽 왕실의 상징이 되었다가 리처드 버튼이 엘리
자베스 테일러를 위한 선물로 구매하며 할리우드 왕족들의 소유물이 되었다.

신교 영국을 가톨릭의 품으로 돌려놓으려고 노력했지만 실패했다.
메리가 죽고 엘리자베스 1세Elizabeth I가 즉위한 후 진주는 스페인으
로 돌아왔다가 이후 나폴레옹 전쟁 때 스페인을 정복한 프랑스인들
이 훔쳐갔다. 진주는 보나파르트 일가의 소유물로 있다가 1870년
프랑스의 황제 나폴레옹 3세Napoleon III가 폐위되어 영국으로 망명할

때 영국 귀족에게 팔았고, 이 귀족 가문이 1960년대에 런던의 소더비에서 경매에 붙였다. 구매자는 배우인 리처드 버튼이었고 엘리자베스 테일러에게 선물로 주기 위한 것이었다. 여배우는 인터뷰에서 무거운 진주가 사슬에서 빠져서 반려견이 삼킬 뻔했던 적이 있다고 이야기했다. 역사상 가장 비싼 개껌이 될 뻔했다.

두 번째 진주 라 펠레그리나는 배 모양으로 133.16그레인이고 한 번도 아닌 두 번의 혁명에서 살아남는 훨씬 더 다채로운 역사를 지녔다. 스페인의 펠리페 4세(1605-1665)가 이 진주를 딸인 마리아 테레사Maria Theresa 공주가 프랑스의 루이 14세Louis XIV와 결혼할 때 주었고, 그 이래로 프랑스 왕실의 보석이 되었다. 이 진주는 1789년 프랑스 혁명 때 아마도 도난당했던 듯 사라졌다가 러시아 귀족 유수포프 가문의 소유물로 다시 나타났다. 1917년 러시아 혁명 이후 펠릭스 유수포프Felix Yusupov(1887-1967) 공이 프랑스로 망명하며 돈이 필요해서 1950년대에 팔았다.

여왕에게 어울리는 보석

16세기와 17세기에 천연진주가 갖는 중요성을 잘 아는 독자들에게 1588년 스페인 무적함대를 상대로 승리한 후 그 기념으로 그려진 엘리자베스 1세의 초상화를 살펴보라고 권하고 싶다. '무적함대 초상화'의 구석구석마다 엘리자베스의 개신교 백성과 가톨릭 적들에게 보내는 개인적·정치적·종교적 메시지가 담겨 있다.26 해전의 대승리를 기념하기 위한 초상화이니만큼 여기에는 바다에 관한 상상과 상징이 가득하다. 가장 뚜렷한 것은 여왕의 뒤쪽 두 개의 창문으로 보이는 무적함대가 폭풍우에 난파하는 모습이다. 여왕은 왕좌 같은 의자에 앉아 한 손을 아메리카가 보이는 지구본 위에 올리고 있다. 이는 당시 식민지 초강대국이었던 스페인을 발판 삼아 영국의 해외 영토를 늘리겠다는 그녀의 의지를 암시한다. 여왕의 왼쪽에는 바다의 부와 그 변덕스러운 여성적 특성을 의미하는 도금 인어상이 있다. 이는 많은 사람이 엘리자베스 자신의 여성성과 함께 영국의 안정의 기반인 부와 힘을 보여주는 것이라고 생각한다.

초상화에서 실제 인물인 엘리자베스와 왕관, 바다에 대한 다층적인 암시는 서로를 보완하고 상호 참조하게 되어 있어서 보는 사람이 16세기 유럽 시민이 아니라 해도 그림이 전하는 메시지를 분명하게 이해할 수 있다. 이 그림이 암호로 된 우화일 수는 있지만, 3미터 크기의 네온 글자로 쓰인 암호이다. 가장 눈길을 끄는 것은 여왕의 엄청난 의상이다. 통치자들이 상대를 감탄하게 만들기 위해 옷을 입던 시기에 엘리자베스의 드레스는 그 정도와 양식에 있어서 기념비적이다. 이것은 절대로 백성을 잠깐 만나러 나갈 때 입을 만한 옷이 아니고, 55세의 여왕이 이런 옷을 입으면 걷는 것은 고사하고 혼자서 일어설 수조차 없을 것 같다. 거대한 치마와 속치마, 대형 소매는 무거운 실크 브로케이드(색실로 화려하게 무늬를 넣은 직물°)로 덮여 있고 대조적인 검은색 벨벳 보디스(코르셋 위에 입는 옷°)에 연결되어 있으며 실크를 덧댄 망토까지 달려 있다. 브로케이드에

■ 1588년 스페인의 침공을 물리친 것을 기념하기 위해서 그려진 엘리자베스 1세의 '무적함대 초상화'는 왕실 선전의 기념비적 작품이다. 수많은 진주 장식을 한 처녀 여왕 글로리아나, 즉 엘리자베스는 영국의 부와 권력, 황실의 야망을 상징한다.

는 메달 장식과 리본 장식, 그리고 단 부분에 수백 개의 진주가 달려 있어서 더욱 무거워 보인다. 진주는 목 주위로 무겁게 둘둘 감겨 허리까지 내려오고 빨간 가발에도 왕관 같은 모양으로 장식되어 있다. 마무리는 말도 안 되게 커다란 레이스 주름 칼라로 여왕의 하얗게 분을 바른 성난 얼굴 주위를 햇살 같은 모양으로 둘러싸고 있다.

초상화 화가에게 어떻게 그릴지 지시한 사람은 아마 분명히 여왕 본인이었을 것이다. 훌륭한 정치인이었던 그녀는 수십 년 동안 세계의 경제적·군사적 초강대국으로 스페인을 대체하게 될 위대하고 부유한 개신교 영국의 화신 글로리아나로 자신의 이미지를 조작하고 만들어왔다. '무적함대 초상화'에서 진주는 왕족, 부, 권력뿐만 아니라 엘리자베스의 장점으로 꼽히는 처녀성과 정숙함의 상징이다. 많은 고대 문화권에서 무지개색의 진주는 달과 연관된다. 이는 여왕의 커다란 주름 칼라와 드레스에 자수로 놓인 금색 태양을 보완하여 글로리아나를 이교의 여신 위치로 끌어올리는 역할이다. 처녀이자 사냥꾼이고 달의 여신이었던 튜더 왕조의 아르테미스-디아나Artemis-Diana로 보이게 하고 싶었던 것이리라.

가격을 넘어

제2차 산업혁명과 합성염료와 플라스틱의 발명 이후 인간은 다양하고 싼 공산품, 특히 밝은색과 무늬의 장식품과 옷, 장신구에 익숙해지게 되었다. 하지만 대부분의 사람이 다양한 색조의 진흙, 나무, 돌로 둘러싸여 살던 시절을 돌이켜보면 그 선명한 색이나 무늬 때문에 주변 환경에서 눈에 띄는 천연물의 매력을 이해할수 있을 것이다. 금속의 시대와 보석에 어떻게 광을 내는지 알아내기 한참 전에 인간이 가장 아끼던 보물은 수생환경에서 나왔다. 밝은 색깔의 조개껍데기와 산호, 그리고 식량을 찾던 사냥꾼-채집가들에게 가장 극적인 발견이었을 천연진주 같은 것이다.

19세기 후반에 진주 배양법이 발견되며 그 희소가치는 떨어졌지만 진주는 여전히 인간 문화에서 풍부하고 다양한 상징성을 갖고 있다. 어떤 면에서 진주는 가장 고귀한 영적 가치를 대변한다. 예수는 산상수훈에서 자신의 추종자들에게 '지혜의 진주'를 '돼지들에게 던지지 말라'고 했고, 불교와 도교 도상학圖像學에서 진주는 지혜와 건강을 상징한다. 한편으로 진주는 종교적 담론에서 영적 지혜와 정반대에 있는 지상의 부와 권력의 상징이기도 하다. 〈계시록〉에서 바빌론의 창녀가 걸고 있는 진주는 허영, 사치, 타락과 악을 상징한다.

　　바다의 보물을 채집하던 사람들의 지위는 수천 년 동안 바뀌었다. 초기 시대에는 그들에게 이런 근사한 선물을 허락한 신들의 총애를 입고 신비로운 지식을 가진 전문가로 칭송받았다. 신화에서 그들은 영웅과 왕으로 표현되었다. 복잡한 사회 계층구조가 발달하면서 진주와 다른 천연 보물을 찾는 사람들은 더 이상 그 최종 소비자가 아니게 되었다. 어떤 문화권에서 고된 수집 임무는 노예가 하거나 사형수에 대한 형벌로 이용되었다. 원칙적으로 천연 진주는 오늘날의 '블러드 다이아몬드'와 같은 무시무시한 연상을 불러와야 한다. 특히 16세기와 17세기에 아메리카에서 채집된 진주들이 그랬다. 하지만 진주는 그것을 얻기 위해 흘린 피로 더럽혀지지 않았다. 반대로 진주와 다른 물속의 보물들은 수영과 잠수의 문화적·사회적 가치를 강화해주었다고 말하고 싶다. 물속에서의 능숙한 솜씨가 우리의 선사시대 조상들이 적대적인 환경에서 살아남을 수 있게 해주었다면, 나중에는 최초의 국제무역망에 통용될 상품을 공급해주었다.

4

수영의 기술

Strokes of Genius
a History of Swimming

모든 젊은 병사는 예외 없이 여름철에 수영을 배워야만 한다. 가끔은 강을 다리로 건너는 게 불가능해서 유격대와 뒤따르는 부대가 모두 수영을 해서 건너야만 하기 때문이다. 갑자기 눈이 녹거나 비가 와서 강이 강둑까지 넘치기도 하는데, 그런 경우에 수영하는 법을 모르는 것은 적만큼이나 크나큰 위협이다.

__플라비우스 베게티우스 레나투스Flavius Vegetius Renatus, '수영 배우기', 4세기 말[1]

자신들과 동물, 작물에 식수를 공급해
주는 강과 담수 근처에 살거나 바다의 자원을 이용하기 위해 그
근처에 살았던 우리의 초기 조상들은 수영을 정식으로 배울 필요
가 전혀 없었을 것이다. 일레인 모건과 다른 사람들이 주장한 것처
럼 우리는 다른 어떤 육지 포유류나 영장류보다도 육체적·생리적
으로 수중생활에 훨씬 잘 적응한 것 같고, 또한 신생아가 물에 들
어가면 숨을 참고 팔다리를 휘젓는 동작을 할 만큼 선천적인 능력
을 갖고 있다. 오늘날 우리는 어린 시절에 수영과 잠수를 하는 법
을 다시 배워야 하지만, 물에서 태어나 부모와 함께 물속에서 식량
탐색 작업을 했을 우리 조상들은 어쩌면 걷기도 전에 수영을 할
수 있었을 것이다.

하지만 인간의 역사에서 초기에 내륙으로의 이동이 시작되
었다. 해안가 정착지에서 인구가 늘어나고 농업 생산물을 얻기 위
해 더 많은 땅이 필요해진 데다가 낮은 해안지대가 날씨와 육지 및
바다에서의 공격에 굉장히 취약하다는 사실이 인간이 좀 더 접근

하기 어려운 지역으로 이동하기로 한 이유를 설명해줄 수도 있다. 초기 내륙 사회의 가장 훌륭한 예는 기원전 7500년경부터 기원전 5300년경까지 존재했던 남부 아나톨리아(터키)의 신석기시대 '도시' 차탈회위크이다. 이 지역은 요새화를 하지는 않았으나 수 세기 동안 옛날 주거지를 토대로 그 위에 짓고 또 지어서 주위를 둘러싼 코니아 평원보다 20미터 높이 솟아 있다. 이 높이 덕택에 주민들은 위험이 다가오면 일찍 알아챌 수 있었다. 건축물과 도시계획으로 볼 때 차탈회위크는 성별이나 계급을 바탕으로 한 몇 가지 구분이 있는 평등주의 농경 사회가 특징이었다. 주민들은 곡식과 다른 식량 작물을 키우고 양과 아마도 소를 키웠던 것 같다. 차탈회위크는 바다에서 200킬로미터 떨어져 있었지만 시리아의 고고학적 매장지에서 나온 지중해의 조개껍데기를 증거로 볼 때 해안가와 교역 관계를 유지했다.[2]

차탈회위크의 5천 명에서 1만 명에 이르는 주민 중 얼마나 수영을 할 수 있었는지 모르지만, 바다나 다른 큰 수원과 떨어져 있다는 점을 고려하면 수영이 딱히 우선순위에 올라 있지는 않았을 것이다. 이런 상황은 수영하기 적당한 물에 접근하기가 어려운 다른 내륙 사회에서도 똑같이 나타난다. 후기에 인간이 더 큰 내륙 도시에 몰려 살게 되면서 수영을 못하는 경우는 점점 더 늘어났다. 이것은 물론 인간에게 수영이 필요가 없다면 별문제가 안 되었겠지만, 수영이 생존 문제가 되는 상황은 언제든지 닥칠 수 있다. 홍수, 배의 난파, 바다나 강에 우연히 빠지는 경우 등이다. 심지어 오늘날에도 '물에서 곤란한 상황에 부딪혀' 익사한 사람들 이야기가 뉴스에 종종 나온다. 여기서 곤란한 상황이란 그 상황에서 빠져 나올 수 있을 정도로 수영을 잘하지 못하는 것일 경우가 많다.

목숨을 지키겠다는 이유만으로도 많은 사람이 수영을 배우곤 하지만, 고대에는 젊은이들이 유능한 수영선수가 되는 또 다른 급박한 이유가 있었다. 바로 전쟁이다. 신석기시대에 고립된 자급자족 내륙 사회에서는 수영을 못하는 게 그렇게 중요한 일이 아니었겠지만, (특히 무기와 갑옷의 제조를 위한) 금속 제련 기술이 빠르게 발달하고 중앙집권제에 사회적으로 계층화된 큰 국가들이 탄생하게 되는 청동기에 들어가면서부터 상황이 달라졌다. 이 두 가지 발전으로 인한 필연적인 결과가 대규모 전쟁과 최초의 제국의 출현이다. 인간의 생존과 최초의 상업망 발달에 한몫을 담당했던 수영은 이제 새로운 역할을 갖게 되었다. 청동기 군대의 전사들에게 꼭 필요한 기술이 된 것이다.

수영하는 병사들

영국의 고고학자 오스틴 레이어드Austen Layard(1817-1894)는 1840년대에 북부 이라크의 도시 모술 근처에서 고고학자들에게 '텔'이라고 알려진 주변의 평원보다 더 높이 위치한 넓은 지역 두 군데를 탐색하면서 자신이 아슈르나시르팔 2세Ashurnasirpal II(통치기간 기원전 883-기원전 859년), 센나케리브Sennacherib(통치기간 기원전 705-기원전 681년), 아슈르바니팔 Ashurbanipal(통치기간 기원전 668-기원전 627년)이 수도로 삼았던 아시리아 도시

■ 강 사이의 땅 메소포타미아는 정벌하러 온 군대에 논리적으로 큰 골칫거리를 안겨준다. (걸어서 건널 수 있는) 얕은 여울이나 다리도 없고, 배를 만들 목재도 없는 상태에서 널찍한 티그리스와 유프라테스강을 건너는 유일한 방법은 수영뿐이었다. 이 19세기 재연화에서 고대 바빌로니아인들은 티그리스강을 건너기 위해 부양 장치로 부풀린 염소 가죽을 사용하고 있다.

니네베와 칼후3의 유적을 발굴하는 것임을 알지 못했다. 그는 곧 그곳의 궁전에서 그들의 군사 정벌을 기록한 얕은 돋을새김 조각품을 포함하여 엄청난 것들을 찾아냈다. 아시리아인들만이 벽에 자신들의 승리를 돋을새김으로 새겨놓는 독특한 민족이 아니었다. 이집트의 파라오들은 백성이 볼 수 있도록 신전에서 자신들의 업적을 찬양했지만, 아시리아 왕족들은 자신들의 궁전이라는 더 사적인 곳을 선택했다. 그래서 포위, 공격, 고문과 포로 처형 같은 생생하고 가끔은 끔찍한 장면들이 주위에 가득했다.

메소포타미아는 두 가지로 규정된다. 세계 최초의 도시들의 고향이자 '강 사이의 땅'이라는 고대 이름을 부여한 쌍둥이강 티그리스와 유프라테스의 땅이다. 고대 장군들에게 티그리스와 유프라테스 같은 강들은 주기적인 홍수와 예측 불가능한 흐름의 변화 때문에 논리적으로 큰 골칫거리였다. 강바닥이 얕은 여울이나 다리가 없을 때 강을 건너는 유일한 방법은 배나 뗏목을 이용하는 것이지만, 침공군에게 항상 모든 군인과 말, 장비, 장비 수송 마차 등을 전부 다 실을 만한 배를 만들 시간이나 재료가 있는 것이 아니기 때문에 유일한 방법은 수영을 하는 것뿐이었다. 이렇게 강을 건너는 어려움과 중요성은 아슈르나시르팔 2세가 수도 칼후의 왕궁에 있는 자신의 공식 알현실에 이 내용을 새긴 돋을새김 패널을 장식해둔 데에서도 확실하게 알 수 있다.

9세기의 돋을새김 장식에는 아시리아 군대가 유프라테스강 유역을 아직 점령하지 못한 상태로 강을 건너는 모습이 묘사되어 있다. 그래서 강이 갖는 위협 그 자체에 강을 건너는 동안 적이 공격할 위험까지 있었을 것이다. 전차는 배로 실어가고 있지만 병사와 말은 수영을 해서 건넜다. 크게 그려진, 머리쓰개를 한 사람은 고위 병사나 관리였을 것이고, 그와 다른 병사들은 일종의 원시 부양 장치로 공기를 넣어 부풀린 염소 가죽을 갖고 있다. 말 담당자는 말의 갈기를 붙잡고 수영을 하고 있다. 또 다른 왕궁 장식에는 세 명의 고위직 도망자들이 아시리아인 궁수에게서 도망쳐 살아남기 위해 수영을 하는 모습이 나온다. 두 명은 몸을 띄우기 위해서 부풀린 염소 가죽을 안고 있고, 세 번째 사람은 발목까지 오는 로브를 입었음에도 일종의 크롤영법(자유형 중 대표 영법°)을 하고 있는 것 같다.4

3세기에 걸쳐 신아시리아제국(기원전 911-기원전 609년)의 군대는 근동을 점령했다. 절정기에 제국은 북으로는 아나톨리아부터 남서쪽으로는 이집트, 남동쪽으로는 엘람(남서 이란)에 이르렀다. 우리는 아시리아 군대가 정식 수영 교습을 받았는지 어떤지 모르지만, 수많은 커다란 강 체계가 있는 지역을 정복하기 위해서는 수영 기술이 필수였을 것이다. 주요 강이나 바다 근처에 있는 지역 출신 병사들은 아마도 수영하는 법을 알았겠지만, 차탈회위크 같은 내륙의 아나톨리아 정착지에서 온 병사들은 수영하는 법을 배워야만 했을 것이다. 아시리아의 왕들은 정복 전쟁에 관한 문서와 돋을새김 장식은 남겼지만 불행히 병사들의 훈련에 관한 정보는 남기지 않았다. 수영은 청동기시대와 고전기까지 핵심적인 군용 기술로 존속했고, 세계를 정복한 그리스와 마케도니아, 로마의 군대가 정복전에서 수영의 가치를 몸소 보여주었다.

잔인한 바다

우리는 그리스인들이 수영의 중요성을 바다의 신들과 초자연적 존재들로 이루어진 신계를 통해 찬양하던 유능한 수영선수들이라는 사실을 잘 알고 있다. 수영은 또한 기원전 8세기 호메로스Homeros의 서사시, 특히 〈오디세이아〉에서 중요하게 등장한다. 여기서 여러 번 난파당한 오디세우스가 수영을 할 줄 몰랐다면 고향 이타카와 충실한 아내 페넬로페Penelope의 품으로 돌아가지 못했을 것이다. 발칸 반도 연안이나 에게해와 이오니아 바다 여기저기 떨어진 섬에 살던 고대 그리스인들은 해양환경의 자원을 이용하고 해상교역을 한 덕택에 살아갈 수 있었다. 수영은 고전기에 대단히 중요한 기술로 여겨져서 속담에도 무식한 사람이란 글자를 모르거나 수영할 줄 모르는 사람이라는 말이 있을 정도였다.5

기원전 5세기에 수영은 그리스 도시국가의 생존에 중요한 역할을 했다. 이 도시국가들의 멸망이나 정복이 서구 유럽의 역사의 방향을 완전히 바꾸어놓았기 때문이다. 기원전 480-기원전 479년에 페르시아의 왕 크세르크세스 1세Xerxes I가 그리스를 2차 침공했을 때 스파르타의 레오니다스Leonidas 왕이 이끄는 그리스 부대는 테르모필라이 전투에서 훨씬 수적으로 우세한 페르시아 군대를 막아낸 것으로 유명하다. 거의 동시기에 페르시아와 그리스의 함대가 아르테미시움 곶에서 사흘간의 결전을 치렀다. 페르시아군은 육지에서는 플라타이아 전투에서, 바다에서는 살라미스 전투에서 결국에 패배하지만, 테르모필라이와 아르테미시움에서 페르시아군의 사기에 입힌 피해와 그때 얻은 귀중한 시간이 없었다면 이 승리가 그렇게 결정적이지 못했을 것이다. 기원전 5세기 페르시아 전쟁의 연대기 작가였던 헤로도토스Herodotos에 따르면, 스킬리아스Scyllias라는 남자(다른 출처에서는 스킬루스나 스킬리스라고도 나온다)가 전쟁의 결과에 중대한 역할을 했다. 그리스 도시 스키오네 출신의 뛰어난 잠수부였던 그는 그리스 함대와 전투를 하기 위해 오다가 폭풍에 잃은 배들을 인양하기 위해서 페르시아에 고용된다. 헤로도토스는 이렇게 이야기한다.

그는 한동안 그리스로 다시 돌아가기를 바랐다. 하지만 적당한 기회가 오지 않다가 페르시아가 배를 모으기 시작하는 지금이 딱이었다. 그가 어떤 방법으로 그리스까지 갔는지 나도 분명하게 말할 수는 없다. 흔히들 이야기하는 내용이 사실이라면 대단히 놀라운 것이다. 이야기에 따르면 그는 아페타이의 바다에 뛰어들어 잠수를 해서 거의 80펄롱(1펄롱=201미터)에 이르는 아르테미시움까지 한 번도 수면 위로 나오지 않았다고 한다.6

헤로도토스는 스킬리아스가 80펄롱(16킬로미터)을 잠수해 가서 그리스 함대에 합류했다는 주장은 무시했지만, 스킬리아스가 그리스군에 페르시아 함대 일부가 난파했다고 말하고, 그들이 그리스 함대를 봉쇄하고 사로잡기 위해서 에우보이아섬 주위로 200척의 배로 이루어진 편대를 보냈다고 경고했다는 것은 인정했다. 서기 2세기의 여행 작가 파우사니아스Pausanias는 델피 신전에서 본 두 개의 조각상의 기원을 설명하면서 이야기를 보강했다. 파우사니아스에 따르면 스킬리아스와 그의 딸 히드나Hydna는 초기 형태의 수중전에 참전했다.

크세르크세스의 함대가 펠리온산 근처에서 격렬한 폭풍우에 휩싸였을 때 아버지와 딸은 군용선의 닻과 다른 고정 장치들을 바다 아래로 끌어당겨 배를 완전히 망가뜨렸다. 이 공적을 인정받아 암픽티온(대의원)들은 스킬리아스와 그의 딸의 동상을 세워 치하했다.7

아테네가 페르시아의 침공에 맞서 저항군을 이끈 지 채 1세

■ 16세기 무굴제국의 아크바르Akbar 대제를 위한 소형화. 알렉산드로스가 티레 포위전 때 유리로 된 다이빙 벨에 들어가 바닷속으로 내려가는 모습을 묘사하고 있다. 다이빙 벨은 고대기에 가라앉은 배를 인양하기 위해 사용되었지만, 짧은 시간 동안 얕은 물에 들어가는 데에만 사용할 수 있었다.

기가 지나지 않아 이번에는 아테네가 그 제국의 힘을 보여줄 차례가 왔다. 기원전 414년에 아테네의 함대가 아테네의 가장 큰 라이벌이었던 도시국가 코린토스의 전 식민지였던 부유한 항구도시 시라쿠사를 점령하기 위해서 서쪽의 시칠리아로 향했다. 시라쿠사인들은 아테네인들이 항구까지 배를 타고 들어와서 정박하고 있는 자신들의 배를 공격하지 못하게 바닷속에 날카로운 말뚝으로 된 방책을 세우는 등 도시 주위로 단단한 방어막을 세웠다. 아테네인들은 방책을 공격해서 배에 고정한 줄로 묶어 잡아 뽑거나 잠수부들을 보내 반으로 자르게 했다. 기원전 5세기의 역사학자 투키디데스Thucydides에 따르면 아테네인들은 물 위로 나온 방책의 일부를 부수는 데 성공했지만, 이제는 훨씬 더 까다로운 문제를 해결해야 했다.

방책의 가장 골치 아픈 부분은 눈에 보이지 않는 부분이었다. 박혀 있는 말뚝 몇 개는 물 위에서는 보이지 않아서 배를 타고 들어가기가 위험했다. 배가 암초처럼 보이지 않는 말뚝에 부딪칠까 봐서였다. 하지만 잠수부들이 보상을 받기로 하고 물속으로 들어가 이런 것들도 잘라냈다. 비록 시라쿠사인들이 계속 새것을 박았지만 말이다.8

그리스인들은 상당히 독창적인 사람들이었고, 특히 과학 원리를 군사적 용도로 적용할 때는 더 뛰어났다. 하지만 어떤 일화들은 믿을 수 있는 한계를 넘어선다. 어느 기록에 따르면 알렉산드로스 대제는 기원전 332년 페니키아 도시 티레를 포위했을 때 유리로 된 다이빙 벨에 들어가서 지중해 밑으로 내려가 어떤 호흡 도구나 독자적인 산소 공급원의 도움 없이 24시간 동안 머물렀다고 한다. 원시 다이빙 벨 기술이 고대 내내 사용되긴 했지만 알렉산드로스의 다이빙 벨이 대형 건물 정도의 크기가 아닌 이상 숨 쉴 수 있는 공기가 금세 사라졌을 것이고, 산소 부족으로 질식하지 않았다면 호흡으로 생성된 이산화탄소의 농도가 치명적인 수준까지 올라가서 중독되었을 것이다. 어느 쪽이든 24시간은 고사하고 24분만 목숨을 부지했어도 행운이었을 것이다.

알렉산드로스의 전략적인 수영 기술 사용에 관한 좀 더 믿을 만한 이야기는 전쟁사학자들에게 그의 가장 뛰어난 승리이자 전략적 걸작의 하나로 인정되는 기원전 326년 히다스페스 전투 때 일어난 사건에 관한 것이다. 인도아대륙에 도착한 알렉산드로스는 히다스페스강(현재 파키스탄의 젤룸강) 맞은편에 자리한 포루스Porus 왕의 군대를 마주하게 되었다. 적들은 대규모로 강둑에 자리를 잡고 있어서 강을 건너는 것은 자살행위였다. 자신을 닮은 대행인을 포함해 미끼 부대를 남겨두고 강을 건널 만한 위치를 찾는 것처럼 강둑 위 아래로 왔다 갔다 하라는 지시를 내린 후 알렉산드로스는 본진을 데리고 강 상류로 가서 폭풍우가 치는 사이에 수영을 해서 강을 건넜다. 인도군이 알렉산드로스가 뭘 하는지 알아챘을 무렵 그는 이미 건너편에 도착한 상태였다. 그는 포루스의 군대를 무찔렀지만, 이것이 그의 세계정복 전쟁의 마지막 승리였다. 페르시아제국을 정복하고 지친 그의 병사들이 인더스강을 건너기를 거부했기 때문이다.9

로마학 논고

로마의 군대는 인도까지는 가지 못했지만, 로마제국은 알렉산드로스의 제국과 그 뒤를 이은 왕국들보다 훨씬 오래 살아남았다. 로마의 긴 번영에는 여러 가지 요인이 있지만 그중 가장 중요한 것은 훌륭하게 훈련받고 조직된 군대, 그 유명한 로마 군단이다. 제국의 다양한 문화권에서 나고 자라 여러 언어를 사용하는 신병들

은 무척 효율적이고 표준화된 훈련을 받아서 하나의 전투부대로
벼려졌다. 개개인으로서 그들은 세계 최고의 전투병은 아니었을지
몰라도, 전투부대로서 로마 군단은 거의 패배한 적이 없고 설령 패
배한다 해도 그것은 대체로 한 번의 전투에 지는 것일 뿐 전쟁에서
는 승리를 거머쥐었다. 우리에게는 율리우스 카이사르_{Gaius Julius Caesar}
같은 위대한 로마 장군들의 저서나 그들의 전기가 많이 있지만, 이
런 책들은 대체로 그들의 개인적인 재능과 그들의 삶과 전투에 관
한 이야기에만 집중할 뿐, 승리를 이뤄낸 평범한 병사들과 그들의
훈련법에 대한 정보는 거의 없다.

　　서기 4세기에 나온 로마의 병법서《로마의 군사교습소<sub>Epitoma
rei militaris</sub>》, 또는 좀 더 흔하게《군사학 논고_{De re militari}》만이 지금까
지 남아 있다. 저자인 플라비우스 베게티우스 레나투스<sub>Flavius Vegetius
Renatus</sub>는 당시 황제에게 자신의 책을 헌정한 것 말고는 별로 알려지
지 않은 병사이다. 세 부분으로 나누어진 이 책에서는 신병의 훈련
(Ⅰ), 군사 조직(Ⅱ), 전투를 위한 배치(Ⅲ)를 다룬다. 서로마제국이 멸망
하기 직전에 쓰인《군사학 논고》는 역사 교육이자 군 개편을 외치
는 애원이었다. 이 책이 지금 중요한 이유는 베게티우스가 수영에
대해서 여러 차례 언급하고 있기 때문이다. 첫 번째는 공화정의 병
사들을 그리워하며 회상하는 부분이다. 그들은 "기력을 떨어뜨릴
쾌락이나 사치는 전혀 즐기지 못했다. 당시 티베르강이 그들의 유일
한 목욕탕이었고, 거기서 그들은 연병장에서 훈련을 받아 지친 몸을
수영으로 상쾌하게 만들었다". 그다음에는 고대 군대에서 수영의 중
요성을 요약해서 말하는 '수영 배우기'라는 부분이 나온다.

모든 젊은 병사는 예외 없이 여름철에 수영을 배워야만 한다. 가끔은 강을 다리로 건너는 게 불가능해서 유격대와 뒤따르는 부대가 모두 수영을 해서 건너야만 하기 때문이다. 갑자기 눈이 녹거나 비가 와서 강이 강둑까지 넘치기도 하는데, 그런 경우에 수영하는 법을 모르는 것은 적만큼 크나큰 위협이다.

이후에도 수영이 수차례 언급되며 이것이 강을 건너기 위해서 꼭 필요한 기술일 뿐만 아니라(3권) 체력단련 및 훈련을 하는 수단으로서도 좋다는 사실을 강조한다.10 베게티우스는 자신의 글을 부연하기 위해서 어떤 역사적인 사건도 언급하지 않지만, 로마공화정과 제국의 앞선 900년의 군사적 역사에서 고를 만한 예는 대단히 많았을 것이다. 예를 들자면 플루타르코스Ploutarchos의 율리우스 카이사르 전기에서 여러 가지를 뽑을 수 있었을 것이다. 플루타르코스가 언급한 카이사르를 모시던 사람들의 '호의와 열의'에 관한 예로 카이사르의 영국 정복전 때 적에게서 동료를 구하기 위해 강을 헤엄쳐서 건넜던 병사 이야기를 들 수 있다. 또 다른 예로는 카이사르 본인이 이집트의 왕위를 놓고 클레오파트라 7세Cleopatra Ⅶ와 그녀의 형제자매 사이에 벌어졌던 왕실 내부의 경쟁에 끼었던 일이다. 알렉산드리아의 어느 전투에서 카이사르는 수적으로 불리하고 사로잡히거나 살해될 위기에 몰렸음을 깨달았다. 플루타르코스는 이렇게 이야기한다.

그는 숨어 있던 곳에서 나와 작은 배를 타고 분투 중인 부하들을 도우러 가려고 했지만, 이집트인들이 사방에서 그를 향해 배를 타고 다가왔다. 그래서 그는 바다로 뛰어들었고, 수영을 해서 힘겹게 그곳을 빠져나갔다. 이때에도 그는 손에 수많은 종이를 들고 있었고 그것을 버리려 하지 않았다고 한다. 화살이 날아오고 바닷속으로 가라앉고 있었음에도 불구하고 그는 한 손으로 종이를 물 밖으로 높이 들고 다른 손으로 헤엄을 쳤다. 그의 조그만 배는 이미 가라앉았다.11

또 다른 기록에서는 그가 지휘관의 새빨간 망토가 적들의 기념품이 되는 것을 원치 않아 그것까지 가져갔다고 주장한다. 하지만 카이사르의 시절에도 이미 많은 병사가 수영을 하지 못했고, 카이사르 본인을 비롯한 로마의 작가들은 자신들의 야만족 적들, 특히 게르만인과 갈리아인의 수영 실력에 깜짝 놀랐다. 이런 변화의 원인 중 하나는 로마 문화가 강에서 수영을 하던 데에서 제국 여기저기서 나오는 온천을 활용한 사치스러운 테르마에서 목욕을 하는 것으로 바뀌었기 때문이다.12

《군사학 논고》는 중세에 가장 유명했던 고전작품 중 하나이고, 많은 언어로 번역되어 필사본 형태로 돌다가 인쇄 기술이 발명된 후 프랑스어, 영어, 이탈리아어, 독일어 판본으로 출간되었다. 하지만 서구 유럽에서 수영에 대한 책의 영향력은 아주 작았다.

수영의 르네상스

인간은 중세 유럽에서도 수영을 그만두지 않았지만, 여러 가지 이유로 이 기술은 고대만큼 높은 평가를 받지 못했고, 특히 사회의 상류층에서 좋은 대접을 받지 못했다. 고대부터 18세기까지 영국 제도에서 수영에 관해 철저하게 조사한 작가 니컬러스 옴 Nicholas Orme에 따르면, 고대 말과 중세 초의 많은 사람, 특히 웨일스인, 앵글로-색슨인과 노르드인이 수생환경과 건설적인 관계를 가진 뛰어난 수영선수들이었다. 웨일스의 〈마비노기온Mabinogion〉, 앵글로-색슨의 〈베어울프Beowulf〉 같은 서사시와 산문, 그리고 노르드 신화는 물에서의 놀라운 업적을 이룬 영웅담을 담고 있다. 예를 들어 베어울프가 수중 괴물 그렌델을 죽인 이야기나 전투에서 패배한 후 프리슬란트(현재의 네덜란드와 독일)에서 영국으로 헤엄쳐서 돌아온 이야기 등이다. 하지만 옴은 노르만족이 영국을 점령한 후 수영에 대한 태도가 바뀌었음을 지적한다. 이것이 아마 서구 유럽 전체로 퍼졌을 것이다. 이는 생활방식의 변화와 교회의 가르침 때문이다.13

기독교는 비기독교의 신들과 초자연적 존재를 전부 없애버렸을 뿐만 아니라 하나의 전능한 창조신으로 대체했고, 이는 차츰 신체에 대한 태도까지 바꾸어서 남자의 나체를 찬미하던 그리스-로마의 예술과 운동 문화의 종말을 가져왔다. 그리스와 로마의 모든 사회계층이 남의 눈을 신경 쓰지 않고 벌거벗었던 체육관과 공중목욕탕은 도덕적으로 미심쩍게 여겨져서 문을 닫게 되었다. 교회는 도덕적인 측면에서 수영을 막았고, 더 나아가 수영을 마녀의

■ 《베리 공작의 매우 호화로운 기도서》의 8v 페이지인 '8월'은 농민 무리가 벌거벗고 강에서 수영하는 모습을 보여준다. 그들은 그림의 진짜 주제인 귀족 매사냥 모임의 배경을 이룬다. 그림은 벌거벗은 농민과 화려하게 옷을 입은 귀족 사이의 사회적 차이를 강조하고 또한 수영이 하층민만이 하는 시골의 취미임을 보여준다.

사악한 마법과 연결 지었다. 어떤 여자가 마녀로 여겨지면 물의 시련에 회부했다. 손과 발을 묶고 여자를 가까운 강이나 연못에 던지는 것이다. 만약 가라앉으면 '정상'으로 여겨져서 풀려났고(시련에서 살아남을 경우에) 물 위로 떠오르면 유죄로 판결받고 마녀로 처형되었다.

중세인들의 생각에 수영과 관련된 또 다른 문제는 건강이었다. 당시에 북쪽에서 퍼졌던 말라리아 같은 수인성 질병과 인간이나 동물, 산업폐기물로 인해 도시의 물이 오염되어 퍼지는 질병 등으로 건강상의 문제가 생겼고, 당시에는 이런 전염병의 원인을 정확히 알지 못했기 때문에 마녀 같은 초자연적 집단의 탓으로 종종 돌리곤 했다. 질병, 부도덕함, 마녀 같은 부정적인 개념들이 합쳐져

서 일반 대중 사이에서 수영은 더더욱 금기시되었다.[14]

베게티우스의 논문이 중세에 세계에서 가장 유명한 고대 작품 중 하나이긴 했지만 수영에 관한 부분은 가끔 중세 필사본에는 빠져 있었다. 그리고 수영이 일곱 가지 기사의 능력 중 하나로 실려 있었음에도 무거운 판금 갑옷을 입은 기사에게는 완전히 비실용적이고 목숨이 위험할 수도 있는 기술이었을 거라고 옴은 지적한다.[15] 1000년에서 1500년 사이의 문학과 예술 작품에서는 고전고대보다 수영에 관한 이야기가 훨씬 덜 나왔을 뿐만 아니라 대부분 부정적으로 묘사되었다. 수생환경은 인간이 종종 신의 힘으로만 구출될 수 있는 끔찍한 바다뱀과 인어로 가득한 낯설고 위험한 곳이었다.

물론 예외도 있다. 화려한 삽화로 된 당시의 책《베리 공작의 매우 호화로운 기도서Les Tres Riches Heures du Duc de Berry》(1413-1416년경)의 8v 페이지 '8월'에는 벌거벗고 강에서 수영을 하는 남녀들이 나온다. 하지만 그림의 주요 인물은 매사냥을 하는 귀족 무리이고 수영을 하는 농민들은 그저 배경의 일부일 뿐이다. 그리스-로마 시대에는 황제와 왕이 벌거벗은 모습으로 그려졌지만, 중세에는 옷이 사회적 지위와 신분을 알리는 중요한 표지였다. 화려하게 차려입은 말을 탄 사람들과 벌거벗은 농민들의 대비는 수영이 중세의 상류층에게는 설령 프랑스의 한여름이라 해도 적절하지 않은 하층민의 취미임을 다시금 알려준다. 이 더운 날씨에도 귀족 남녀들은 숨이 막히는 긴 로브를 입고 있다.[16]

재발견의 시대

16세기는 1492년 아메리카를 향한 콜럼버스의 첫 항해로 시작해서 1498년 바스쿠 다 가마Vasco da Gama가 인도로 가는 해양 경로를 열었던 발견과 탐험의 시대의 초창기였을 뿐만 아니라 수 세기 동안 수도원 도서관에서 먼지가 쌓여 있던 고전들이 되살아나는 재발견의 시대이기도 했다. 서구 유럽의 지리학적 지평이 두 배로 넓어졌을 뿐만 아니라 지적 경계선도 기독교 교리가 세워두었던 한계를 훨씬 넘어서서 위대한 비기독교적 과거를 돌아보고 합리적인 과학적 미래를 내다보는 선까지 확장되었다. 가동 활자의 발명은 기독교 교회가 15세기에 지식의 생산과 분배를 독점하던 것을 끝냈고, 종교개혁으로 16세기에 가톨릭이 진정한 기독교적 계시의 수호자라는 주장도 끝이 났다.

인간의 사상에 이토록 큰 영향을 미쳤지만 약간 축소해서 알려져 있는 르네상스 혁명은 의학과 운동 분야를 포함해 서구 유럽에서 삶의 모든 측면을 변화시켰다. 이탈리아의 의사 지롤라모 메르쿠리알레Girolamo Mercuriale(1530-1606)가 《체육 기술De arte gymnastica》(1579)에서 고전 그리스의 운동과 그 치료적 적용을 재발견하는 선구적인 행보를 보인 반면17, 수영에 관해 가장 오래되고 가장 영향력 있는 논문을 쓴 사람은 괴짜 케임브리지 교수 에버라드 디그비Everard Digby(1548-1605년경) 경이었다. 제목은 《수영 기술De arte nantandi》(1587)이었다. 메르쿠리알레와 디그비의 논문의 차이는 전자가 히포크라테스 Hippocrates(기원전 460-기원전 370년경)와 갈렌Galen(서기 129-200년경)의 실존하는 고대 그리스와 로마의 의술서적에 당대의 가톨릭 신학과 의학 규범까지 합치려고 했던 반면에 후자는 수영의 기술적 측면을 설명하기 위해 참고한 고대의 저술이 없었다.

하지만 디그비는 완전히 독자적으로 이 논문을 쓴 것이 아니라 군용 기술로, 그리고 건강을 위해 수영을 되살리는 데 관심을 가진 영국 학자들의 전통을 따랐다. 헨리 8세에게 바치는 정치와 교육에 관한 논문 〈통치자를 위한 책The Book of the Governor〉(1531)에서 학자이자 외교관이었던 토머스 엘리엇Thomas Elyot 경은 '즐거움과 이득'을 가져오는 세 가지 종류의 운동을 들었다. 레슬링, 달리기, 그리고 수영이다. 하지만 수영 기술을 설명하는 대신에 엘리엇은 그저 베게티우스와 고전기의 수영하는 병사들의 예를 들어 수영 연습을 추천했을 뿐이었다. 엘리엇은 에트루리아 군대에 맞서 두 동료와 함께 로마를 방어한 호라티우스 코클레스Horatius Cocles가 물에서 이룬 위업과 율리우스 카이사르가 알렉산드리아에서 어쩔 수 없이 물속에 숨었던 일을 예로 들었다.18

수영에 대한 좀 더 제대로 된 대우는 교육학자이자 사전 편찬자였던 리처드 멀캐스터Richard Mulcaster의 《아동교육에 관한 입장들Positions》(1581)에서 찾아볼 수 있다. 머천트 테일러스Merchant Taylors와 후에 세인트폴이라는 당시 일류 학교 두 군데의 교장을 지난 멀캐스터는 '축구'의 지지자로 유명하다. 그는 《아동교육에 관한 입장들》에서 한 장을 수영에 할애해서 수영의 군사적 이용 가능성뿐만 아니라 무엇보다도 건강상의 이점을 들어 되살릴 것을 추천한다. 엘리엇처럼 그는 수영 기술에 대해서는 이야기하지 않지만, 좀 더 실용적이고 건강 중심적인 접근법을 보여준다. 그는 찬물과 뜨거운 물에서, 담수와 염수에서 수영의 상대적인 장점을 논한다. 디그비가 알았을 것 같은 또 다른 책은 《군사학 논고》의 인쇄본이다. 1572년에 존 새들러John Sadler가 수영에 관한 모든 내용이 포함된 완전판의 새로운 영어 번역본을 출간했다.[19]

　　메르쿠리알레의 운동에 관한 논문과 함께 이 책들이 튜더 시대 상류층의 운동 습관에 영향을 미쳤다는 증거는 전혀 없다. 예를 들어 우리는 마상 창槍 시합jousting과 실내 테니스, 궁술과 사냥을 잘했고, 영국에서 가장 스포츠를 즐긴 왕족 헨리 8세Henry VIII가 수영을 할 수 있었는지 정확히 알지 못한다. 그리고 케임브리지 대학에서 일어난 여러 번의 익사 사고에 대한 대응이 일반적으로 예상하듯이 학교 소속원에게 수영 강습을 시키는 게 아니라 1571년 캠강에서 수영이나 목욕하는 것을 완전히 금지하는 것이었다. 이를 위반하면 두 번의 공개적인 매질과 10실링의 벌금(학생), 그리고 첫 번째로 위반할 때는 하루 동안 차꼬(죄수를 가두어둘 때 쓰던 형구刑具)를 채웠고 두 번째로 위반하면 퇴학시키는 강력한 처벌을 했다.[20]

디그비의 삽화가 포함된 설명서

　　서구 유럽에서 수영하는 법에 대한 실용적인 조언을 주제로 한 첫 번째 책은 니콜라스 빈만Nicolas Wynman의 《콜림베테스, 또는 수영의 기술에 관한 대화Colymbetes, sive de arte natandi dialogus》(1538)였다. 빈만은 바이에른의 잉골슈타트 대학의 언어 교수였고, 수영을 군사 기술이나 치료용 운동의 형태로 장려하기 위한 것이 아니라 익사 사고를 줄이기 위해서 책을 썼다. 다뉴브 강둑에 세워진 도시에서는 익사 사고가 흔했을 것이다. 이 책은 팜피루스(수영선수)와 에로테스(배우는 사람) 사이의 고전 문답 형태로 쓰였다. 에로테스의 어머니가 수영을 배우라고 했고, 그는 좀 더 빨리, 잘 배우고 싶다고 이야기한다. 젊은 빈만이 모델이었을 에로테스는 이렇게 말한다. "물 여기저기서 수영하는 아이들을 보면 나도 그들처럼 하고 싶고 이 기술을 완벽하게 배우고 싶습니다."

고전의 암시로 가득한 이 책은 교육 지침이라기보다는 수영을 찬미하는 에세이이자 개인 회고록에 더 가깝다. 하지만 여기에는 평영을 배우는 체계적인 접근법이 실려 있다. 빈만은 수영이 독일의 학교들에서 그저 권장되지 않는 정도가 아니라 금지되었던 시절에 이 책을 썼다. 이 규율을 위반하면 심각한 처벌을 받았다. 물에 빠져 죽은 어린 학생들조차 매장되기 전에 그 시체에 매질을 당할 정도였다. 《콜림베테스》를 쓰면서 빈만은 수영에 대한 종교적인 좋지 않은 편견과 사회적 금지에 의문을 제기했다. 그는 또한 고전의 사례와 초기 독일의 전통을 기반으로 건강을 위해 수영을 할 것을 추천했다.21

50년 후, 빈만과 똑같이 인명구조를 위해서 케임브리지의 학자 에버라드 디그비가 《수영의 기술De arte natandi》을 썼다. 이 책은 영국에서 출간된, 삽화가 포함된 최초의 설명서 중 하나였다. 엘리자베스 시대 영국의 부유한 집안에서 둘째 아들로 태어난 디그비는 자기 힘으로 출셋길을 열어야 했다. 그는 세인트존스에서 더 부유한 학생들의 시중을 드는 대신에 기숙사비와 수업료를 면제받는 가난한 '특별 장학생sizar'이 되었다. 그는 1567년에 대학에 들어갔고 1571년에 학사 학위를 땄으며 1573년에 대학원에 입학했다. 1576년에 그는 당시 학자가 되려던 사람들이 으레 그랬듯이 서품을 받았고, 덕택에 교회에서 급료도 받게 되었다. 1584년에는 학생들에게 강의를 시작했고, 1587년에는 세인트존스에서 선임연구원이 되었다.

대학에서 학문적으로는 꽤 성공적인 업적을 이뤘지만 디그비는 의심스러운 수영을 장려하는 것뿐만 아니라 동료 연구원들과 학생들을 향해 트럼펫을 불면서 큰 소리로 '안녕!'이라고 외치며 학교 주위를 달리는 습관이 있어서 괴짜로 여겨졌다. 하지만 그가 대학에서 쫓겨난 진짜 이유는 헨리 8세의 개신교 딸 엘리자베스 1세의 통치기에 가톨릭을 지지했기 때문이었다. 그는 세인트존스의 청교도 동료들에게 인기가 없었고, 그들은 빚을 갚지 못했다는 이유로 그를 학교에서 몰아내려 했다. 여왕의 가장 상급 조언가 중 한 명인 벌리 경과 캔터베리 대주교에게 낸 항소심에서 승소했음에도 불구하고 그는 1588년 연구원 자리를 내놓아야만 했다. 성직자 월급으로 그는 편안한 은퇴 생활을 했지만, 원통한 마음을 안고 1605년 사망했다.[22]

《수영의 기술》은 두 부분으로 나뉘어 있다. 1권은 이론을 다루고 2권은 실습을 다룬다. 디그비는 수영을 익사를 예방하여 수명을 연장하는 것을 목적으로 하는, 인문학이라기보다는 기술로 규정했다. 회의적인 독자들에게 수영의 가치를 설득하기 위해 그는 인간이 다른 동물들보다 고등하기 때문에 물고기보다 수영을 잘할 수 있어야 한다고 주장했다. 1권에서는 수영을 언제 어디서 해야 하는지 실용적인 조언이 담겨 있다. 르네상스 시대 스포츠 연구자인 아른트 크뤼거Arnd Krüger에 따르면 디그비의 책이 그렇게 영향력이 있었던 이유는 현대성의 시작을 알렸기 때문이다.

> 그의 이론과 논리에서 우리는 후에 나올 현대 과학의 원리를 찾을 수 있고, 그것이 이 책이 그렇게 성공을 거둔 이유를 설명해준다. 이 책은 그 이래로 우리와 함께한 현대적인 사고방식을 대변한다.23

비정기적인 수영 선생이자 코치로서 내 흥미를 가장 끈 것은 수영 기술을 다룬 책의 뒷부분이다. 《수영의 기술》은 안전하게 입수하는 법, 물에서 나아가는 법, 회전하기, 뜨기, 잠수와 다이빙까지 현대의 수영 지침서에서 찾을 수 있는 모든 기본 기술을 전부 다룬다. 그리고 수영에 관한 책에서는 최초로 40개 장에 삽화가 들어갔고, 43개의 목판화를 모아서 가운데에 삽입했다. 목판화는 전부 다 강에서 수영하는 사람들을 보여준다. 이는 디그비가 주로 수영을 하고 수영 교습을 했던 장소가 강임을 암시한다. 물론 당시에는 수영장이 없었지만, 그는 그 대안으로 바다를 고려했던 것 같지는 않다. 익사할 위험이 더 컸기 때문이거나 아니면 단지 그가 바다와는 거리가 먼 케임브리지에 살았기 때문일 것이다.

배경은 나무와 관목, 풀을 뜯는 동물들이 있는 목가적인 전원이고, 사람들은 에덴동산의 아담과 이브, 또는 체육관에서 훈련을 하던 벌거벗은 그리스의 운동선수들을 연상시키듯이 벌거벗고 놀고 있다. 여자의 모습은 전혀 없는 것으로 보아 이것이 남자만의 활동이었음을 알 수 있고, 강둑에서 옷을 벗고 있는 사람들의 차림새로 보아 귀족이 분명하다. 크뤼거는 이 삽화가 16세기에 수영에 대한 태도가 완전히 바뀌기 시작했음을 나타낸다고 생각한다. 그는 이렇게 결론을 내린다.

> 모르는 것에 대한 두려움은 여러 개의 그림으로 탈바꿈했고 이로 인해 아는 분야로 바뀌었다. 최초의 상징적인 전환으로 물이라는 요소에 대한 혼란이 사라지고 인간과 무시무시한 자연의 일부와의 관계가 쉬워지게 되었다.[24]

디그비는 네 가지 영법泳法을 설명했지만, 이는 현대의 배영, 평영, 접영, 자유형이라는 네 가지 경쟁 종목이 아니라 평영, 배영, 횡영, 그리고 개헤엄이었다.[25] 고대에 자유형 같은 영법이 있었다는 증거가 있지만, 이는 중세에 유럽에서 사라진 것 같다. 유럽의 주된 영법은 평영이었고, 19세기 전반에야 팔을 어깨 위로 들어 올려 휘젓는 영법이 다시 나타났다. 하지만 현대의 관점에서 가장 놀라운 것은 디그비가 수영하는 사람들에게 본인도 즐기고 다른 사람들을 감탄시키기 위해서 권했던 '꾸미기 재주decorative feat'일 것이다. 여기에는 선헤엄치기立泳, 물 밖으로 물건 들어올리기, 물 밖으로 한

■ 디그비의 《수영의 기술》(1587)의 목판화는 등을 대고 누워서 디그비의 논문에 실린 네 가지 영법 중 하나인 평영 발차기를 하는 남자의 모습을 보여준다. 이 책에는 19세기에 유럽에 재도입되는 자유형이 빠져 있다. 그는 여러 가지 형태의 배영을 설명한다. 이 삽화에서 삽화가는 손과 발 주위의 물의 흐름을 이용해 동작을 표현하려고 노력했고, 선을 통해 몸의 어느 부분이 물에 잠겨 있는지를 나타내려 했다.

쪽 다리 들기, 부츠 신는 척하거나 발톱 깎는 척하기, 등을 대고 누워 양 다리로 '춤추기' 등이 있었다. 모두 다 현대의 수영과 싱크로나이즈드 스위밍, 수구에서 사용되는 연습을 연상시킨다.26

　　현대의 독자들은 이해하기 어렵겠지만 서장에 있는 라틴어 글과 신학적 논쟁에도 불구하고 디그비는 그림 교수법을 만들어낸

■ 디그비의 《수영의 기술》의 목판화는 수영하는 사람이 '꾸미기 재주'를 하는 모습을 보여준다. 이 경우에는 물 밖으로 새 두 마리를 들어 올리고 있다. 기본적인 수영 기술을 가르치는 것뿐만 아니라 디그비는 수영하는 사람 자신이 즐기고 친구들도 즐겁게 만들고 감탄시키기 위해서 현대에 수영이나 싱크로나이즈드 스위밍, 수구 등에서 사용되는 것과 비슷한 연습을 추천했다.

최초의 영국 작가로서 완전히 새롭고 독창적인 것을 이뤄냈다. 그는 수영이 건강을 증진하는 수단으로서 가치가 있다는 것을 인정했지만, 그의 주된 목표는 생명 보호였다. 이런 면에서 그는 익사 사고에 대응해서 강에서의 목욕을 금지시키는 대학 기관과 완전히 상반된 관점을 보였다. 대학 기관의 규율은 현대의 영국 타블로이드지의 말을 인용하자면 '보건안전 문화가 완전히 미쳐버린' 초기 예라고 할 수 있을 것이다. 하지만 무엇보다도 가장 중요한 것은 '꾸미기 재주'를 책에 포함한 데에서 알 수 있듯이 디그비가 수영의 오락적 측면도 잘 알고 있었다는 점이다. 엘리엇과 멀캐스터 같은 이전의 저자들은 수영의 가치는 인정했지만 이론적인 면에서였고, 이것을 오락 활동으로는 전혀 생각하지 않았던 것 같다. 반면 디그비의 경우에 우리는 자신이 말하는 주제에 관해 직접 경험해보았고 순수하게 즐겼던 사람 특유의 열정과 전문성을 감지할 수 있다.

디그비의 전철을 따라

크리스토퍼 미들턴Christopher Middleton은 《수영의 기술》을 《수영을 배우기 위한 짧은 소개서A Short Introduction for to Learne to Swimme》(1595)라는 제목으로 영어로 번역했다. 그는 내용을 간추리고 자신의 서문을 덧붙이며 디그비를 수영계의 베게티우스, 아리스토텔레스 Aristoteles(기원전 384-기원전 322), 히포크라테스에 견주었다. 이것은 출판업계에서 '저자에게 사탕발림하는' 수법으로 잘 알려져 있다. 이렇게 해야 분에 차고 성미 고약한 늙은 교수의 협조를 얻을 수 있었을 것이다. 미들턴의 번역판은 그 자신이 말했듯이 디그비의 책을 라틴어를 읽지 못하는 독자들이 더 쉽게 접할 수 있도록 만들었다.27 200년 동안 수영이라는 주제에서 이 책은 최고의 작품으로 남았지만, 그 저자가 항상 공적을 인정받았던 것은 아니다. 1658년, '귀족'이라는 묘사 말고는 거의 알려진 것이 없는 윌리엄 퍼시William Percey가 《완전한 수영선수The Complete Swimmer》라는 책을 출간했다. 그는 디그비의 원문을 거의 그대로 가져왔지만, 한 가지 혁신적이었던 것은 수영을 남녀 모두에게 추천한 것이었다.[28]

의도치 않았던 끔찍한 표절 사건은 1699년 프랑스의 학자이자 여행가, 외교관이었던 멜기세덱 테베노Melchisédech Thévenot(1620-1692년경)의 《유용한 목욕법에 대한 조언을 곁들인 그림으로 설명한 수영 기술Art de nager demontre par figures, avec des avis pour se baigner utilement》(1696)을 영어로 번역하면서 일어났다. 테베노 자신은 디그비의 책을 따른 만큼 서문에서 빈만과 디그비의 신세를 졌음을 인정했고, 샤를 모에트Charles Moette가 그린 책의 삽화는 모두 디그비의 원작을 바탕으로 하고 있었으나 영국판의 표지화에서는 디그비에 대한 언급이 전혀 없었다. 테베노 자신의 업적 중 하나는, 불행히 부연설명은 하지 않았으나 광범위한 여행 도중에 목격했을 아프리카인과 아시아인의 수영 실력에 대해서 언급한 것이다. 또 다른 혁신은 훈련생들을 위해서 수영 보조 도구 및 부양 도구를 소개한 것이다. 영문판에서 번역자는 17세기 물리학에서 발견한 것들을 바탕으로 수영의 과학적 진가와 수영법의 역학에 관한 내용을 첨가했다. 이는 수영 그 자체가 더 개선될 수 있다는 개념이 영국에서 처음 나타난 것이었다.[29]

우리는 19세기까지도 디그비의 영향력을 찾아볼 수 있다. 예를 들어 영국 군대에서 신병에게 체력단련 수업을 시키기 위해서 고용되었던 포키온 하인리히 클리아스Phokion Heinrich Clias(1782-1854)는 수영을 강력하게 지지했는데 그는 이렇게 쓴 바 있다.

우리의 체력단련의 일환으로 사용되는 모든 운동 중에서 수영은 반박의 여지없이 가장 유용한 훈련 중 하나이다. 수영은 신체의 발달과 체력 증진, 그리고 건강 보존에 큰 도움을 준다.

클리아스 역시 위생과 건강을 위해, 그리고 찬물 목욕의 이점 때문에, 마지막으로 물에 빠졌을 때 목숨을 구하기 위해서 수영을 추천했다. 능숙한 수영선수라면 수영에서 큰 만족감을 얻을 수 있다고 주장하긴 했지만, 그는 수영을 오락이나 경기 스포츠로 이야기하지는 않았다. 그는 여러 종류의 교육용 보조 도구와 장비, 잠수와 인명구조법, 디그비가 다루었던 세 가지 영법(평영, 횡영, 배영)에 대해서 설명했고, 유럽에서 19세기 초에 막 다시 나타나기 시작했던 어깨 위로 팔을 들어 올려 휘젓는 영법의 아주 기초적인 형태인 '찌르기'도 이야기했다.[30]

개화된 수영선수

교육 개혁은 1600년대와 1700년대, 계몽주의 시대에 존 로크John Locke와 장-자크 루소Jean-Jacques Rousseau 같은 작가들에 의해 제시되었다. 그들은 더 균형 잡히고 아동 중심적인 교육과정의 일환으로 체육을 도입할 것을 주장했다. 이것은 혁명 시대에 점차 수업 과목으로 들어갔고, 특히 신성로마제국 제후국들에서 도입되었다.31 고타(현재의 독일 튀링겐) 부근의 슈넵펜탈의 잘츠만슐레에서 체육 교사였던 요한 구츠 무츠Johann Guts Muths(1759-1839)는 《Gymnastik für die Jugend》(1793)를 썼다. 이것은 《청소년을 위한 체육Gymnastics for Youth》(1800)이라는 제목으로 영어로 번역되었는데, 한 장을 통째로 수영과 목욕에 할애하고 있다. 1798년에 무츠는 수영 교육을 주제로 한 두 번째 책, 《독학을 위한 수영의 기술에 관한 소연구집Kleines Lehrbuch der Schwimmkunst zum Selbstunterricht》을 냈다. 어떤 종류의 체육 수업도 거의 하지 않던 시기에 그는 이렇게 썼다. "내 입장에서는 훌륭한 체육 교육을 위해서 찬물 목욕이 필수적이라고 생각한다. 그리고 공립학교에서 필수 시설로 목욕탕이 있어야 한다."32

구츠 무츠는 목욕과 수영을 하나로 연관 지었다. 그래서 수영은 처음에는 몸을 깨끗하게 하는 수단으로, 두 번째로는 물에 빠진 본인과 다른 사람의 목숨을 구하는 용도로, 세 번째로는 고대에서 부활한 체육 수업과 함께 건강을 위한 운동의 하나로 여겼다. 디그비처럼 그 역시 고인 물보다는 강에서 수영하는 것을 추천했고, 벌거벗고 하는 것보다는 '허벅지 중간까지 내려오는 면 속바지'를 입을 것을 제안했다. 아마 이것은 남자들이 19세기 말까지 벌거벗고 목욕을 했던 유럽과 북아메리카에서 수영복에 대해 언급한 첫 사례일 것이다. 이 의상에 관한 조언과 수영하는 사람들이 외모에 과하게 신경을 쓸 필요는 없다는 메모("머리 모양이 흐트러질까 봐 걱정할 필요는 없다. 그냥 간단한 방법으로 다시 빗으면 되기 때문이다.")33를 제외하면 그는 수영의 기능이나 기술에 관해서 디그비가 제시했던 것 이상을 이야기하지 않았고, 학습자들을 도와줄 보조 기구와 평영과 배영을 설명하고 물에 안전하게 들어가는 방법과 구명법, 쥐가 났을 때 어떻게 해야 하는지 조언했다.34 구츠 무츠는 그리스-로마의 사례를 바탕으로 육상에서 하는 체육 교육에 관한 아이디어를 제시했지만, 고대의 전례가 없는 수영의 경우에는 당대인이었던 미국의 박식가이자 의원, 외교관, 뛰어난 수영선수였던 벤저민 프랭클린Benjamin Franklin(1706-1790)을 따랐다.

자서전에 따르면 프랭클린은 어린 시절 수영을 독학했고 테베노의《유용한 목욕법에 대한 조언을 곁들인 그림으로 설명한 수영 기술》을 보며 더 깊은 지식을 쌓았던 모양이다. 하지만 이 프랑스인이 디그비의 저서를 참고했다는 건 몰랐던 것 같다. 1724년에 18세의 프랭클린은 런던으로 가서 스미스필드에 위치한 인쇄소에서 식자공 일을 시작했다. 그는 와이게이트라는 젊은 동료 한 명과 또 다른 지인에게 수영을 가르쳤고, 이것이 대단히 성공적이라서 수영하는 법을 아는 사람이 거의 없는 영국의 수도에 수영 학교를 열면 큰돈을 벌 수 있을 거라고 생각할 정도였다. 미래의 아메리카 합중국 역사에서는 다행스럽게도 프랭클린은 그 생각을 접고 필라델피아로 돌아갔다.

1726년에 런던을 떠나기 전 프랭클린은 배를 타고 첼시로 함께 온 와이게이트의 친구 몇 명에게 그의 수영 실력을 보여달라는 제안을 받았다. 그들이 프랭클린을 크게 부추길 필요도 없었던 듯하다.

옷을 벗고 강으로 뛰어들어 첼시 근처에서 블랙프라이어스까지 헤엄쳐서 가면서 물속과 물 위에서 온갖 재주를 보여주었고, 이런 것을 처음 보는 사람들을 놀라고 즐겁게 만들었다.[35]

이 이야기는 프랭클린이 런던에게 사귀었던 교육받은 젊은이 중에 수영을 할 줄 아는 사람이 얼마나 적었는지를 보여주는 한편 그들이 수영에 관심과 열정을 가졌다는 사실도 보여준다.

프랭클린과 구츠 무츠 같은 사람들은 계몽주의 시대 체육 교육의 부활의 선봉에 있었다. 하지만 19세기 초에 유럽 대륙 전역에서 온갖 종류의 운동이 인기를 끌었던 이유는 구츠 무츠와 프랭클린 같은 사람들의 평화로운 실험 때문이 아니라 1789년 프랑스 혁명으로 시작된 전쟁의 발발 때문이었다. 황제 나폴레옹 1세가 1806년 예나-아우어슈테트 전투에서 프로이센군을 무찔렀을 때 그는 농민 징집병 군대로 세계 최고의 직업 군대를 물리쳐서 유럽을 충격에 빠뜨렸다. 이에 대한 대응으로 독일의 민족주의자 프리드리히 얀Friedrich Jahn(1778-1852)은 1811년 베를린 외곽의 하센하이데에 최초의 야외 투른플라츠Turnplatz(훈련장)를 열어 게르만족을 튼튼하게 만들어 자국의 징집군이 프랑스의 군사적 우세에 도전할 수 있도록 만들려 했다.[36] 얀의 투르넨(체육)이 지상에서의 활동을 바탕으로 하고는 있지만, 그것은 당시 주요 지정학적 싸움에서 이기는 데 사용할 새로운 무기로서 수영을 포함하여 여러 종류의 체육 교육을 재정립하는 훨씬 더 큰 움직임의 일환이었다.

군용 기술로서 수영에 대한 관심은 나폴레옹 시대를 앞선다. 프랑스 혁명이 일어나기 3년 전인 1786년경에 프랑스의 수영 교사 바르텔르미 투르킨Barthélemy Turquin은 5구의 투르넬 다리 근처의 센강에 수영장을 만들고 수영 학교École de Natation를 열었다. 18세기의 수영장은 개조 바지선이나 강을 나무로 둘러싸고 바닥은 나무판으로 막고 옆은 수영 공간으로 물이 자유롭게 들어올 수 있게 열어놓는 형태로 만들어졌다. 물 위에 떠다니는 쓰레기와 다른 커다란 오염물을 거르기 위해서 그물망을 쳤다. 투르킨의 학교는 1815년 프랑스 왕정이 복고된 후 왕가의 후원을 받으면서 뱅 들리니Bains Deligny라는 이름의 수영장이 되면서 더 유명해졌다. 수영장 크기가 106×30미터였던 들리니의 명백한 목적 중 하나는 해군과 해병대 간부 후보생에게 수영하는 법을 가르치는 것이었다. 평시에 프랑스 해군 군함이 침몰하면서 수많은 사람이 비극적으로 익사하고 수영을 할 줄 아는 사람이 극소수라는 사실이 밝혀졌기 때문이다.

나폴레옹이 유럽의 주요 열강을 물리친 이후 비슷한 군용 수영장이 오스트리아와 독일 제후국들에도 생기기 시작했다. 1813년 빈에 황립군사수영학교Kaiserliche und Königliche Militärschwimmschule가 문을 열었고, 1817년에는 베를린, 포츠담, 함부르크, 마그데부르크에도 비슷한 기관들이 생겼다. 군용 수영장은 가끔 여성에게도 개방되었고 수상전 훈련을 해야 하는 말들을 위해서도 사용되었다. 인도주의적인 목적으로 수영을 배우던 전통이 1767년 익사 방지를 위한 네덜란드 협회의 건립까지 거슬러 올라가는 네덜란드에서는 최초의 독일식 군용 수영장을 1844년에 열었다. 수영장 역사가 토마스 A. P. 판 레이우언Thomas A. P. van Leeuwen에 따르면, 우리의 수영장 대다수가 사각형인 이유가 바로 이런 기관들의 군사적 특성 때문이다. 연병장을 모형으로 한 곳에서 수영 교습과 군사적 형태의 수영 연습을 시키고자 했기 때문이다.[37]

해로의 '오리 웅덩이'

/

구츠 무츠가 강에서의 수영에 관해 도맡았다면, 해로Harrow 와 이튼 같은 영국의 주요 공립학교들은 학생들에게 익사를 막기 위한 예방법으로 수영을 배울 것을 권장했다. 특히 이튼 칼리지는 근처의 템스강에서 조정을 하는 강한 전통이 있어서 더욱 우려했다. 학교는 1727년부터 강에 공식적으로 지정한 목욕 위치가 여러 개 있었지만 모든 학생이 다 수영을 배웠던 것은 아니며, 수많은 학생이 익사하자 그에 대한 대응으로 1836년 학교에서 최초의 수영 시험을 시작하게 되었다. 1780년대와 1790년대에 (강가에 위치하지 않은) 해로에서는 학생들을 '오리 웅덩이'로 데려가서 수영을 가르쳤다. 오리 웅덩이는 학교 운동장에 생긴 천연 연못이었다. 1810년이나 1811년쯤 두 번째인 인공 '오리 웅덩이'로 대체되었는데, 이 웅덩이는 땅을 파서 만든 커다란 수영장으로 줄을 치지 않아서 학생들이 물고기, 개구리, 물새와 함께 쓸 수 있었다. 아마도 영국이나 심지어 유럽의 학교들 사이에서 최초로 의도적으로 만들어진 수영 시설이었을 것이다. 이 수영장의 주요 목적 또한 목숨을 부지하는 것이었다.[38]

다른 공립학교들처럼 해로도 개인 및 팀 경기 스포츠의 초기에 앞장섰지만, 수영 경기는 1857년이 되어서야 학교에서 나타나기 시작했다. 1870년 초등교육법으로 생긴 공교육 위원회의 수영 교습은 훨씬 나중에야 시작되었다. 1890년까지 런던의 주립학교들은 수영을 가르치는 데에 공금을 사용하는 것이 금지되었고, 1870년 법안으로 설립된 국가적인 교육과정의 일부로 받아들여지지 않았다. 주립 학교들이 자원봉사 단체를 활용해서 금지 규율을 에둘러 보려고 노력은 했지만 이걸로는 간간이 해결되었을 뿐이고 상황은 나아지지 않다가 1893년 런던에서, 그 후에 수도 외곽에서 달라지기 시작했다.39 미국 교육체계의 상황도 19세기 영국과 명백하게 유사했지만, 프랑스에서는 주립 학교에서의 수영 교육이 20세기에 들어와서야 이루어질 정도로 상황이 훨씬 나빴다.40

영국에서 수영 교육의 공식적인 도입이 느리긴 했지만, 19세기에 이런 상황을 개선하려던 자선단체들의 사적인 노력은 많았다. 1860년에서 1900년 사이에 매년 익사 사고가 2,264건에서 3,659건이 일어나고 물에 뛰어들어 자살하는 사례까지 포함하면 4,000건이 넘었기 때문에 더욱 시급했다. 1837년에 설립된 전국수영협회National Swimming Society는 수영을 목숨을 지키는 인도주의적 기술로 홍보했다. 전국수영협회가 수영을 배우고 싶어 하는 소년들에게 교육을 시키는 동안 대중에 대한 수영 교습은 19세기 마지막 수십 년 동안 겨우 진정한 발전을 하기 시작했다. 1873년 영국수난水難구조회에서는 물에 빠진 사람을 구해준 사람에게 수여하는 스탠호프 훈장을 도입했다. 훈장의 첫 수상자는 1875년 영국 해협을 헤엄쳐서 건넌 첫 번째 사람으로 유명한 매슈 웨브_{Matthew} Webb(1848-1883) 선장이었다. 1891년에는 수영선수의 인명구조협회가 설립되었고, 1904년 영국 인명구조협회라는 이름으로 왕실의 후원을 받게 되었다.41

수영을 인도주의적 기술로 홍보한 또 다른 영향력 있는 단체는 로버트 베이든-파월_{Robert Baden-Powell(1857-1941)}의 스카우트 연맹이었다. 베이든-파월은 수영과 인명구조를 스카우트에게 꼭 필요한 위업으로 여겼고, 소년들, 이후에 걸스카우트가 설립되며 소녀들을 위한 수영 배지를 만들었다. 스카우트 연맹을 위한 지침서《소년들을 위한 스카우트 활동_{Scouting for Boys}》을 보면 이렇게 쓰여 있다.

> 스카우트는 꼭 수영을 할 줄 알아야 한다. 언제 강을 건너야 할지, 목숨을 구하기 위해 수영을 해야 할지, 또는 물에 빠진 사람을 구하러 들어가야 할지 모르기 때문에 수영을 할 줄 모르는 사람은 지금 즉시 배우기 시작해야 할 것이다.42

인용한 내용은 이 장 앞머리에 인용한 베게티우스의 말을 떠올리게 만든다. 군용 기술에 대한 내용은 없지만 말이다. 20세기 처음 수십 년이 되기 전까지 수영은 인도주의적인 구명 기술이라는 다른 차원에 존재하며 스포츠와 운동계에서 예외적인 지위를 유지했다. 그 자체로서는 부정적인 일은 아니지만, 다른 운동들과는 달리 수영은 물에 빠져 죽는 사람과 뗄 수 없는 관계를 맺었다.

분실물을 찾는 수영

도시 문화의 발달에 중심 역할을 했던 수영은 인구가 해안과 강가에서 더 크고 사람 많고 오염이 심한 도시로 옮겨가면서 점차 억압을 받게 되었다. 동시에 다리 같은 수송 기반시설이 발전하며 사람들, 특히 한때는 군사 원정 때 수영 기술에 의존했던 군대에서 수영은 점점 더 필요가 없어졌다. 중세 교회 또한 수영을 도덕적으로 의심스러운 행위로 치부해 수영에서 등을 돌리는 데 한 몫을 했다. 물론 중세에도 수생환경에서 일하는 사람들은 여전히 수영을 했지만, 더 이상 교육받은 상류층에게 적절한 취미 활동으로 여겨지지 않았다. 사실 학생들과 대학생들 사이에서 익사 사고가 늘어나자 16세기에 이에 대한 대처법은 수영을 아예 금지하는 것이었다.

유럽 사회 상류층에서 수영이 완전히 없어지기 직전에 수영은 건강 증진과 인명 구조를 내세운 르네상스 시대 학자들의 지지를 다시 얻기 시작했다. 그들은 재발견된 고전 작가들의 저서를 바탕으로 삼아 종교적 편견과 수영에 대한 사회적 금지령에 맞서 싸웠다. 수영은 지적인 신뢰성을 되찾았지만, 그래도 오락이나 스포츠보다는 주로 유용한 기능적 기술로 여겨졌다. 어쨌든 수영에 관해 되살아난 관심은 인간의 몸과 그 노출에 대한 태도, 그리고 낯설고 위험하고 괴물과 인어가 사는 반# 악마적 공간이라는 중세 기독교적 수생환경 개념이 바뀌었다는 증거였다.

르네상스 시대에 수영에 대한 태도가 바뀌기 시작했지만,

상류층이나 대중 전반의 습관은 거의 바뀌지 않았다. 수영이 고대의 인기를 다시 얻기까지의 길은 길고 험난했다. 18세기 말과 19세기 초의 교육 개혁가들은 수영을 팀 스포츠와 체육과 함께 꼭 필요한 기술이자 즐거운 취미 활동으로 추천했지만, 유럽 전역에 퍼지던 체육 교육에 어울리는 수영장 시설이 제한적이었기 때문에 수영은 물가나 강가 목욕탕, 대도시에 만든 수영 학교가 가까이 있는 사람만이 할 수 있었다. 물론 수영 교습에 참여하는 사람도 수영을 배울 용의가 있고 시간과 자원이 있는 사람으로 한정되었다. 땅 위에서 하는 체육 교육의 도입과 함께 수영 교습은 19세기 말 유럽과 북아메리카의 학생들에게 널리 퍼지게 되었다.

5

순수하고
깨끗하고 건강한

수많은 땅 여기저기에서 자비로운 물이 솟구쳐 나온다. 이쪽에서는 찬물, 저쪽에서는 뜨거운 물, 저쪽에서는 둘 다 (…) 병자들에게 고통을 덜어주려 한다. (…) 이제 물의 종류에 대해서 말해보자. 물에도 종류가 있다. 어떤 물은 힘줄이나 발, 또는 좌골신경통에 좋다. 어떤 물은 탈구와 골절에 좋다. 변비를 없애주고, 상처를 고쳐주는 것도 있다. 머리나 귀에 특히 좋은 것도 있다.

__대 플리니우스Gaius Plinius Secundus, 《자연사》, 서기 77-79년[1]

앞에서 비기독교의 물의 신과 초자연적인 존재에 관한 신화가 어떻게 수영과 인간 문명의 발달 사이의 친밀한 관계에 대한 증거가 되는지를 설명했다. 하지만 문명이 성숙하면서 종교의 형태와 기능도 진화했다. 수메르 신화에서 압주/'압주'는 시간이 흐르며 여러 모습으로 현현했다. 물리적인 장소, 에리두의 담수 석호, 엔키 신의 신화 속의 거주지, 바빌로니아 신전 복합체에 있는 인공 수영장에 재현된 간략한 신 조각상 등등이다. 물리적인 물 그 자체도 수많은 세계의 위대한 종교에서 비슷한 변화를 보인다. 신성한 강이나 호수, 석호가 물과 관련된 의식을 치르는 장소로 바뀌는 것이다. 힌두교, 기독교, 신도神道, 유대교처럼 다양한 종교에서 인공 수영장이나 천연 수원에 몸을 푹 담그는 것은 몸 표면에 묻은 먼지를 씻어내는 것을 넘어서서 영혼에서 죄와 다른 영적인 부정한 것들을 씻어내는 수단이 되었다.

정화 의식에 관한 오래된 관점 중 하나는 이것이 질병을 전파하는 병원체를 없애서 건강을 지켜주는 원시적인 위생법이었다는 것이다. 하지만 이것은 우리 조상들이 세균설을 알고 있었을 때에만 말이 된다. 과학적 의료 체계 이전 시대에 질병은 '체액'이나 기, 프라나prana(정기) 같은 내적 에너지의 불균형, 또는 나쁜 공기 '미아즈마miasma(독기)'를 접촉해서 생기는 것으로 규정했고, 몸의 겉면을 씻는 것은 별로 직접적인 효과가 없다고 생각했다. 이런 의료 전통에서 목욕과 수영은 몸이 원래의 균형을 되찾는 걸 도와주어 질병에 간접적인 효과를 미치는 걸로 여겼다.

순수함의 보호

세계에서 가장 오래된 특정 목적을 가진 폐쇄형 지상 수영장은 인더스 밸리 문명의 가장 큰 도시 중 하나인 모헨조다로(기원전 2500~기원전 1800년)의 '대욕탕'이다. 이 큰 복합시설의 일부인 수영장은 12×7미터 너비에 가장 깊은 곳은 2.4미터에 이른다. 꼭 맞는 벽돌을 짜 맞추어 석고 반죽으로 붙인 이 뛰어난 구조물은 천연 타르를 발라서 완벽하게 방수 처리를 했다. 사람들은 양쪽 끝에 있는 두 개의 널찍한 계단으로 물에 들어갔다. 수영장이 수영을 할 만큼 긴 데다가 다이빙대에서 다이빙을 하거나 수구나 싱크로나이즈드 스위밍을 할 수 있을 만큼 깊긴 했어도 도시의 중년 부인들이 여기서 '중년용 평영'이나 다른 취미 수영 활동을 하지는 않았을 것이다. 이후의 인도 종교의식을 바탕으로 한 어느 가설에서는 수영장이 있는 복합시설이 도시의 사제들을 위한 대학이었고 대욕탕은 그들

의 정화 의식 용도로만 사용되었을 것이라고 추측한다.2

　　유라시아에서 가장 오래된 도시 문화권치고는 독특하게도 인더스 밸리 문명은 대량의 문서를 남기지 않았다. 인더스 밸리에서 발견된 명문銘文들은 너무 짧아서 해독이 불가능했고, 그래서 이집트의 로제타석처럼 언어학자들이 암호를 해독하는 데 필요한 기반이 될 다언어 글이 없다. 그 결과 우리는 모헨조다로 같은 인더스 밸리 문명 도시 거주민의 일상생활, 사회적·정치적 조직, 관습이나 믿음에 관해서 거의 아는 바가 없고, 그들이 대욕장을 어떤 식으로 사용했는지에 관한 고고학자들의 추리는 이후 힌두교

■ 세계 최초의 폐쇄형 지상 수영장인 모헨조다로의 대욕장. 기원전 3000년대. 그렇게 길지는 않지만 최고 2.4미터라는 깊이는 실력 있는 수영선수들만이 사용했을 것임을 암시한다. 누가 어떻게 이 수영장을 사용했는지 직접적인 증거는 없지만, 나중에 인도의 종교의식에 비추어볼 때 도시의 사제 계급이 정화 의식에 사용했을 것으로 보인다.

의 풍습을 바탕으로 하고 있다. 수영장이 도시 중심부의 중요한 복합건물의 일부였기 때문에 상류층, 아마도 사제 계급이 사용했을 것이라고 추정했다. 하지만 웬디 도니거Wendy Doniger가 자신의 힌두교 대체 역사책에서 상기하듯이 이런 추정은 완전히 착각일 수도 있다. 그녀는 약간 빈정거리는 어조로 수영장이 있는 건물이 사제용 대학이 아니라 기숙사나 호텔, 심지어는 윤락업소였을 수도 있다고 말한다.₃ 수영선수로서 이 수영장에서 내가 가장 놀란 부분은 비교적 짧은 길이(많은 소규모 호텔 수영장들도 이 정도이다)는 둘째 치고 그 상당한 깊이이다. 누가 이곳을 사용했든 물속에서 아주 수영을 잘해야 했을 것이다.

물에서의 정화 의식은 힌두교에서도 중요한 역할을 계속해서 맡았다. 23,000개의 힌두교와 자이나교 신전 및 사원이 있는 것으로 유명한 성스러운 도시 바라나시(베나레스)에서 숙박하던 둘째 날 새벽에 나는 이 도시에서 가장 대단한 볼거리라고 할 수 있는 가트Ghat로 향했다. 가트는 성스러운 갠지스강 옆에 나란히 있는 돌로 된 계단식 둑이다. 가트는 인도에서 가장 중요한 장례 장소 중 하나이다. 화장되어 갠지스강에 그 재가 뿌려지는 것은 예수 재림 때 가장 앞자리에 있기 위해서 예루살렘에 묻히는 것에 준하는 힌두교판 의례이기 때문이다.

강가로 이어지는 돌계단을 내려가서 나는 끔찍한 유기농 에어매트리스처럼 죽은 소가 뒤집힌 채 몸이 부푼 상태로 둥둥 떠가는 모습을 보았다. 이는 이미 강둑에 빽빽하게 서서 물속으로 들어가고 있는 순례자들과 사두(힌두교 성자)들 틈에 끼겠다는 생각을 곧

■ 바라나시의 갠지스강에서 하는 목욕 의례. 19세기 말. 순례자들은 가트로 와서 성스러운 강물 속으로 걸어 들어간다. 오염되어서 건강상의 문제를 일으킬 수 있음에도 불구하고 갠지스강은 영적인 정화를 해주는 것으로 여겨진다. 이런 종류의 목욕 의식은 물리적 위생과 영적 정화라는 개념 사이의 차이를 강조한다.

장 접게 만들었다. 수영을 하는 대신에 그들은 몸이 완전히 잠길 만큼 깊은 곳까지 몇 미터를 걸어 들어갔다. 50미터를 빨리 가겠다고 잠수를 하는 사람은 아무도 없었다. 돌이켜보면 그들 중 수영을 할 줄 아는 사람이 있었을까 의문이다. 독자들은 예식의 실질적 기능이 아침 샤워처럼 몸에 묻은 먼지와 땀을 씻어내는 거라고 생각할 수도 있지만, 진짜 목적은 종교적인 것이고 더 나아가 사회적인 것이다. 더 넓은 사회적 관계를 맺는 것을 제한하는 종교적인 부정함, 예를 들어 월경을 하거나 출산한 여자, 시체와 접촉했던 사람들의 부정을 씻어내기 위한 것이다.

정통파 유대교에도 비슷한 규범이 있다. 특히 하시드파와 하레디파 사회에서는 샘물이나 바닷물이 흘러와서 생긴 천연수에서 목욕을 해야 한다. 텔아비브 방문객들은 도시의 올드노스 지역의 가장 좋은 자리에 위치한 힐튼 호텔 아래에 세 개의 해변이 나란히 분리되어 있는 묘한 광경을 볼 수 있다. 호텔 바로 아래 있는 해변은 도시에서 가장 크고 번성하는 성소수자 집단에서 사용하고, 그 옆의 해변은 비슷하게 큰 개를 소유한 사람들 집단에서 그들의 충실한 반려견들과 함께 사용하고, 단단하게 울타리를 두른 세 번째 해변은 엄격한 정통파 집단이 남녀로 날을 나누어 사용한다. 이론상 목욕 의례는 몸을 정화하기 위해서 물에 완전히 담가야 하지만 공기 튜브를 갖고 해변으로 와서 특히 여름 시즌에 신나게 물에 뛰어드는 사람들은 진지한 종교의식을 치르는 것이 아니라 해변에서 즐거운 시간을 보내러 온 사람들일 뿐이다. 이스라엘에서 바닷가에 살지 않는 불운한 사람들은 조그만 샘물을 채운 목욕탕 미크바mikveh를 사용해야 한다. 이것은 한 명이 들어갈 정도의 크기에 푹 잠길 수 있을 만큼 깊어야 한다. 기독교의 세례 전통, 특히 요단강에서 성 요한이 예수에게 세례를 해주었던 것을 따라서 몸을 완전히 담그는 종류는 이런 초기 유대교 관습을 바탕으로 한다. 하지만 기독교에서 물로 하는 정화는 딱 한 번만 한다. 초기 기독교 관습에서는 세례가 모든 죄를 면해주고 자동적으로 천국에 들어가게 해주기 때문에 개종자들은 영혼이 다시 더럽혀질 위험을 없애기 위해 최후의 순간까지 세례를 미루었다. 그래서 많은 사람이 죽기 직전에 세례를 받았다.

■ 그리스의 로도스섬에 있는 카할 샬롬 시나고그 박물관에 있는 미크바. 올바른 정화를 하기 위해서 미크바는 천연 샘물로 채워야 한다. 다만 빗물이나 수돗물, 눈 녹은 물로 보충할 수는 있다.

　　물에 몸을 담그는 것과 고대인들이 가졌던 몸의 청결, 영적 정화, 육체적 건강에 관한 개념 사이의 관계를 이해하는 데에는 그리 엄청난 상상력이 필요하지 않다. 인류학자이자 종교 연구가인 제임스 프레이저James Frazer가 《황금가지The Golden Bough》(1890)에서 지적했듯이 마법과 종교의식의 세계에서 인간이 마법-종교적 의식을 만들 때에는 은유적으로 생각해서 어떤 행동이나 생각을 하나의 맥락에서 다른 것으로 뒤바꾼다. 예를 들어 피부에서 먼지를 씻어낸다는 발상과 영혼에서 죄를 씻어내는 개념을 서로 치환하는 것이다. 내가 학생이었을 때 인류학에서 가장 큰 논쟁은 인류학적 기능주의와 구조주의 사이에서 일어났다. 전자는 문화의 모든 측면을 실용적인 기능 면에서 분석할 수 있다고 주장했고, 후자는 신화와 의례가 인간의 의식에서 보편적인 구조의 표현이라고 버텼다.

정화 의식에 관한 가장 설득력 있는 설명은 인류학자 메리 더글러스Mary Douglas(1921-2007)가 인간 문화의 오염과 금기에 관한 연구집《순수와 위험Purity and Danger》(1966)에서 제시한 것이다. 더글러스는 오염과 정화에 관한 규칙이 위생이나 신체의 청결과는 아무 관계도 없다고 생각한다. 이것은 특정한 문화권에서 사회적으로 '정상'이 무엇인지를 규정하는 것이다. 그녀의 이론은 종종 '오물은 잘못된 장소에 있는 물질이다'라는 말로 요약된다. 그러니까 정화 목적으로 물에 몸을 완전히 담그는 것은 인간의 영혼과 수생환경 사이에 또 다른 연결고리를 만들어준다. 이런 의식들이 물과 가깝고 긍정적인 관계를 유지하는 사회에서는 그리 중요하지 않은 반면, 인어 신화처럼 이 의식들은 유대교와 기독교같이 육지를 기반으로 한 종교와 수영 사이에 마법-종교적 연결고리를 만든다.

자비로운 물

고대에 종교 단체와 온천은 친밀한 관계를 맺었다. 고대 문화권에서는 성스러운 샘에서의 목욕과 수영을 초자연적인 치유와 관련지었다. 그래서 영적 정화라는 종교적 개념과 한편으로는 마법-종교적 의식이, 다른 한편으로는 육체적 건강과 의학적 개입이라는 연결 관계가 생성되었다. 로마제국은 고대세계에서 아쿠아에aquae(스파)와 테르마에thermae(공중목욕탕)로 이루어진 가장 세련된 수영 및 목욕 시설을 갖고 있었다. 제국 시대에 목욕은 광장이나 바실리카라는 형식적인 것 없이 로마 사회의 모든 계층이 긴장을 풀고 오락과 사회적 교류를 즐길 수 있는 필수적인 공공장소였다.5

　　이 장 앞머리에 있는 대 플리니우스Gaius Plinius Secundus(서기 23-79년)의 인용문은 서기 1세기에 목욕이 얼마나 인기였으며 의약과 얼마나 밀접한 관계가 있었는지를 보여주는 증거이다.6 로마의 의술은 고대 그리스의 의술을 고스란히 따랐고, 그 최고의 권위자 히포크라테스는 체액론이라는 전근대 의학 이론의 주창자였다. 체액론은 네 종류의 체액(피, 황담즙, 흑담즙, 가래)이 불균형해지는 것이 질병의 주된 원인이라는 가설이다. 그는 체액을 통제할 수 있는 치료적 특성이 있기 때문에 목욕을 추천했다. 뜨거운 물이나 찬물 목욕은 몸을 데우거나 식히거나 습하게 만들어서 체액의 균형을 바꾸어준다는 것이다.

　　인간의 신체 구조와 생리 및 질병의 원인에 대해서 착각하기는 했지만, 히포크라테스는 병이 신이 내린 형벌이나 마술사나 사악한 정령의 저주처럼 초자연적인 이유에서 생긴다는 발상을 거부해서 현대 의학의 아버지로 여겨진다. 신이 기적적으로 병을 치료해준다는 생각은 사라지지 않았지만, 병을 치료해준다고 여겼던 마법 의식에 종종 더 실용적인 의학적 치료가 동반되게 되었다. 약전藥典이 거의 없었던 그리스-로마 시대 의사들은 해줄 수 있는 게 별로 없어서 식생활이나 운동, 천연 샘물에서의 목욕 같은 치료법을 조언하는 정도였다. 로마 시대에는 각기 다른 질병에 추천하는 약 100여 개의 아쿠아에(문자 그대로의 뜻은 '물'이지만, 스파를 의미한다)가 있었다. 가장 유명한 곳 중 하나가 나폴리만 북쪽에 위치한 바이아에 스파였다. 황제와 로마의 최고 부자들이 이곳으로 몰려왔고, 그들은 오늘날 해안가 리조트에서 하는 것처럼 의학적 치료와 사교생활을 동시에 즐길 수 있는 목욕 시설 근처에 사치스러운 자기 빌라를 지었다.

로마인들은 제국 전역의 광천온천 지역에 스파 시설을 지었다. 아쿠아에 헬베티카에(스위스 바덴), 아쿠아에 스파다나에(벨기에 스파), 아쿠아에 그란니(독일 아헨), 아쿠아에 칼리다에(알제리 함맘 리가) 등이 있었고, 천연 온천이 없는 지역에는 인공적으로 물을 데우는 똑같이 사치스러운 테르마에를 지었다. 아쿠아에는 종종 천연 샘과 로마 신을 연결 짓던 그 이전의 종교와 연관된다. 고대 영국에서 로마인들은 켈트 여신 술리스를 모시던 자리에 아쿠아에 술리스(현재의 바스)를 만들었고, 술리스를 미네르바 여신과 연관 지었다. 온천 위에 지은 시설에는 너비 24.5×11.5미터에 깊이는 1.5미터에 달하는 커다란 지상 수영장인 '대욕장'이 있었다.[7] 현대의 단거리 수영장(25미터)과 같은 크기이기는 하지만 이 수영장은 오락이나 경기 수영에 사용되지는 않았다.

로마의 아쿠아에나 대형 도시형 테르마에에서 목욕하는 기분이 어떤지 느껴보고 싶은 사람은 부다페스트의 호화로운 세체니나 겔레르트에 가면 된다. 각각 1913년과 1918년에 문을 연 이 대형 스파 복합시설은 천연 온천으로 물을 공급하고 여러 종류의 실내 및 야외 수영장, 사우나, 월풀, 증기 욕실을 구비하고 있으며 다양한 의료 및 스파 서비스와 오락 시설까지 제공한다. 수영하는 사람들이 왕복 운동을 하는 전통적인 수영장과 달리 여기서의 하

■ 물이 찬 에코 신전. 바이아에의 로마 리조트에 있던 호화로운 아쿠아에 복합시설의 일부였다. 기원전 1세기의 돔은 로마의 판테온이 건설되기 전까지 고대 세계에서 가장 큰 것이었다. 로마의 아쿠아에는 부유한 고객들에게 의료 치료를 제공했고, 현대의 해변 리조트를 연상시키는 수많은 즐길 거리도 제공했다.

■ 부다페스트의 네오바로크식 세체니 온천의 야외 수영장은 로마의 목욕 문화를 재현했다. 여러 개의 큰 수영장을 구비하고 있지만, 이 온천은 건강이나 경기 수영을 위해서 설계된 것이 아니라 스파와 의료 치료, 오락 활동을 제공한다.

루는 편안하고 사교적이다.[8]

　역설적이게도, 그리고 대형 수영장이 있음에도 불구하고 로마의 아쿠아에와 테르마에 시설은 제국의 수영 문화에 부정적인 영향을 미쳤다. 베게티우스가 공화정의 병사들에게 "티베르강이 그들의 유일한 욕탕이었다"[9]라고 향수를 담아 회상했던 것처럼, 제국 시대에는 테르마에가 로마 도시의 사교적 거점이 되었고 군 시설과 소도시, 마을에까지 건설되었기 때문에 목욕탕에 갈 돈이 있는 사람은 수영을 할 필요가 없었다. 기원전 33년에 로마에는 170개의 테르마에가 있었지만 서기 4세기 말에 그 숫자는 856개까지 늘어났다. 로마의 관습이 목욕과 수영, 의학 사이의 연결 관계를 공고하게 만들긴 했지만, 그 사치스러운 목욕 시설이 결국에는 로마 사회에서 인기 있는 취미였던 수영의 존재를 몰락시키고 사라지게 만들었다. 앞 장에서 보았듯이 율리우스 카이사르 같은 상류층은 자신만의 개인 수영장을 만들 여유가 있고 바이아에를 정기적으로 방문했기 때문에 실력 있는 수영선수였다. 그보다 좀 가난한 사람들은 테르마에에 갔고, 각각 1,600명과 3,000명의 사람들을 수용할 수 있는 나타티오natatio(수영장)가 있었던 로마의 카라칼라 목욕탕(서기 217년)이나 디오클레티아누스 목욕탕(서기 306년)처럼 이 테르마에들도 대단히 큰 건물들이었지만, 욕조가 얕아서 수영보다는 앉아서 몸을 적시고 이야기를 나누는 데 더 적합했다.[10] 고전 문화의 다른 많은 측면처럼 수영과 목욕은 고대 후반에 점차 몰락하게 되었고, 1862년 프랑스 역사가 쥘 미슐레Jules Michelet의 말을 빌리자면 '목욕탕 없는 천 년간mille ans sans bain'[11]이 시작되었다.

물의 힘

르네상스는 군사적 용도와 인명구조용으로만이 아니라 의료 행위의 일환으로 수영과 목욕 개념을 되살렸다. 하지만 수영의 사상적·실질적 장애를 고려할 때 빈만이나 디그비 같은 학자들의 찬사와 실제적 조언이 사회적·지적 상류층이나 당시 일반 대중의 습관에 즉각적인 영향을 미쳤을 가능성은 희박하다. 상류층은 익사 사고에 대해 수영을 아예 금지시키는 방법으로 대처했고, 대중은 교회의 편견에 영향을 받아 계속해서 수영을 위험하고 도덕적으로 의심스러운 행동으로 여겼다. 그래도 어쨌든 물은 거기 산다고 여겨진 인어와 마찬가지로 남자들과 소년들에게 치명적인 매력을 갖고 있었다. 이들은 더운 날씨에 열기와 흙먼지를 피할 수 있는 장소로 여겨 물에 뛰어들곤 했다. 모든 천연 수원은 바다의 보이지 않는 해류와 조수, 장애물, 조류, 소용돌이, 진흙과 사람 많은 도시의 강에 있는 모래톱 등으로 인해 위험하다.

어릴 때 영국으로 이민을 온 프랑스 가정의 자녀로서 나는 어린 시절 여름은 친가와 외가 조부모님이 사시는 구 오를레앙에서 지냈다. 도시는 르네상스식 성으로 유명하고, 수 세기 동안 빠져 죽은 희생자의 수로 악명이 높은 루아르강을 끼고 있다. 도시를 가로지르는 상당히 넓은 강은, 몇 달 동안 유지되며 식물까지 자라는 단단하고 영구적인 섬처럼 보이는 커다란 모래톱을 형성하지만, 이것은 빠른 저류로 계속해서 약화되고 있다. 모래톱이 갑자기 액화되면 아무리 실력 있는 수영선수라 해도 죽을 수 있다. 위험천

■ 루아르의 모래톱은 굉장히 단단하고 안정적으로 보이며 식물도 자라긴 하지만, 파도에 계속해서 약화되고 있다. 금방이라도 액화되어 무너져서 방심하고 있던 사람들을 익사시키거나 질식시킬 수 있다.

만한 루아르에서 수영을 하기보다 나의 아버지와 삼촌은 가족을 데리고 좀 작은 지류인 루아레로 갔다. 그림자가 드리운 강둑과 느리고 얕은 물줄기 덕에 여기는 안전하게 물놀이를 즐길 수 있는 목가적인 장소였다.

이 여름 나들이에 대한 나의 오랜 추억 속에는 아버지와 삼촌이 처음에는 어린 우리에게, 나중에 우리의 머리가 굵어지자 근처에 있는 순진한 물놀이 온 사람들에게 자주 쳤던 장난이 있다. 마다가스카르의 식민지 행정부에서 2년간 일하셨던 나의 증조할아버지는 머리와 팔다리, 꼬리까지 있는 완전한 악어가죽을 하나 얻으셨다. 잘 말린 가죽은 빳빳하고 방수가 되었으며, 흘깃 보면 꼭 살아 있는 것 같았다. 악어의 아래쪽은 없어서 한두 명이 물 아래 숨어서 수면 위로 움직이며 돌아다닐 수 있었다. 아버지와 삼촌은 남들 몰래 방수포 아래 숨겨두었던 '악어 아저씨'를 차 지붕의 선반에서 내려서 남의 눈에 띄지 않게 물에 들어갈 수 있는 강둑 구석진 곳에 놔두었다.

머리만 수면 바로 위로 내놓은 채 가죽 아래 숨어서 아버지와 삼촌은 강 한가운데로 휘적휘적 걸어 나와 가족들이 모여 노는 곳으로 헤엄을 쳐서 다가왔다. 어떤 종류의 악어든 거의 살지 않는 북부 프랑스에서 살아 있는 것 같은 파충류가 하류를 향해 헤엄쳐서 내려오면 소풍 나온 사람들과 수영하는 사람들 사이에서 난리가 났다. 갑자기 강변으로 똑바로 향하면서 이 괴물은 부모들이 걱정과 놀라움이 뒤섞인 얼굴로 보는 앞에서 비명을 지르는 아이들을 흩어놓았다. 이 무렵이면 장난의 당사자들이 일어나서 악어를 머리 위로 들어 올리곤 했다. 몇 번이나 이런 장난을 쳤는지 잘 기억은 안 나지만, 이것은 가족 모임마다 회자되는 일종의 전설이 되었다.

원천으로 돌아가기

온천을 치료용으로 사용하는 광천요법은 서기 5세기에 서로마제국이 멸망한 후에도 멈추지 않았다. 중세에도 새로운 온천이 발견되고 옛날 온천들도 계속 사용되거나 재발견되며 비기독교의 신 대신에 성자들이 내려주는 치료법으로 이용되었다. 로마인들에게 아쿠아에 스파다나에(현대의 벨기에 스파)라고 알려졌던 차가운 광천온천은 14세기에 재발견되었다. 마을에서 목욕 서비스를 제공하지는 않았지만 그 이래로 그 이름은 차갑거나 뜨거운 광천수를 치료용으로 목욕과 음용에 사용하는 장소를 나타내는 뜻으로 사용되었고, 현대에 와서는 다양한 미용과 대체 치료를 제공하는 시설에 대한 이름으로 쓰인다. 중세 스파의 흥망은 종교 당국의 태도 변화에 따라서, 그리고 가끔은 공중목욕이 그 원인으로 지목되었던, 유럽을 휩쓴 정기적인 전염병에 따라서 오갔다.[12]

　　의료 행위와 운동, 체육 교육의 모든 측면과 함께 물 치료법과 목욕 역시 르네상스 학자들과 의사들에게 재검토되었다. 1571년 자연철학자이자 교황의 담당의였던 안드레아 바치Andrea Bacci는 베스트셀러인《목욕De thermis》을 출간했다. 고대 그리스-로마의 목욕법과 물 치료법을 재평가하고 여러 종류의 병에 이 방법을 추천하며, 이 방법에 과학적 근거를 제시하고 초기 중세 마술-종교적 정화 의식과 떼어놓으려 하는 책이 많이 출간되었는데《목욕》도 그중 하나였다. 마스트리히트 대학병원 의사였던 A. 판 튀베르헌A. van Tubergen과 S. 판 데르 린던S. van der Linden의 말에 따르면 이 이탈리아의 초기 발전에 이어 17세기에는 알프스 북부에서 두 종류의 스파가 발달했다. 음용과 목욕용의 뜨거운 온천과 음용 전용의 차가운 온천이었다. 프랑스에서는 물에 들어가는 게 의학적 치료용 시설에서만 행해지는 심각하고 진지한 일이었던 반면 독일과 영국 같은 유럽 다른 나라들에서 스파는 금세 다양한 사교적·오락적 활동을 제공하는 최신 유행의 리조트가 되었다.[13] 예를 들어 독일의 스파 마을

■ 1682년 독일의 도시 아헨의 스파. 로마 시대에 처음 이용되었던 광물이 풍부한 온천수에서 공중 목욕을 하고 있는 모습을 보여준다. 스파는 고급 매매춘으로 악명이 높았고 그 물은 고객들이 방문 기간 동안 걸리곤 했던 성병 치료에 추천되었다.

아헨(엑스-라-샤펠)은 고급 매매춘 지역으로 악명 높았지만, 동시에 그 물은 매독 치료용으로 추천되었다.

물 치료법 면에서 의학적 가치는 미심쩍지만 유럽 대륙에서 발달한 또 한 가지 방법은 후에 뱅 들리니를 연 바르텔르미 투르킨이 시행한 '부유 목욕bains flottant'이었다. 이 방법은 18세기 말에 파리에서 의사인 푸아트뱅Poitevin도 시행했다. 푸아트뱅은 바지선을 수상 목욕탕으로 개조해서 튀일리 궁전 근처의 퐁 루아얄에 정박해두고 부유한 파리인들에게 뜨거운 물 목욕과 찬물 목욕, 샤워를 제공했다. 차가운 물 목욕은 센강에 걸어놓은 여러 개의 물통으로 붓는 거였기 때문에 고객들은 정수하지 않은 강물로 목욕을 하게 되었고, 그래서 들어갈 때에 비해 딱히 더 깨끗해지지 않은 상태로 나왔을 것이다. 게다가 파리의 주요 하수도에 있을 수많은 수인성 질병과 기생충에 감염될 위험이 높았다. 그래도 푸아트뱅과 투르킨의 목욕탕bains은 대단한 성공을 거뒀고 유럽의 다른 도시들에서도 따라 하는 사람들이 생겼다.14

영국 스파의 대유행은 1620년대에 패러Farrer, 혹은 패로Farrow 부인이 스카버러에서 천연 광천온천을 발견하면서 시작되었다. 노스요크셔 마을은 해안가에 있으면서 광천온천까지 있는 독특한 마을이었다. 1660년대에 《스카버러 스파Scarborough Spa》를 쓴 로버트 위티Robert Wittie 박사는 다양한 종류의 질병에 물에 몸을 담그는 요

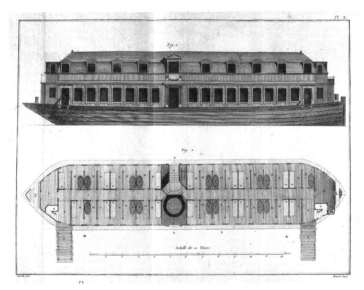

■ 뱅 푸아트뱅Bains Poitevin은 앙시앵 레짐 시대 파리의 중심부 퐁 루아얄에 정박해놓은 개조한 바지선에 자리하고 있었다. 뱅은 부유한 파리인들에게 뜨거운 물 목욕과 찬물 목욕, 샤워를 제공했다. 하지만 물을 센강에서 바로 끌어왔기 때문에 목욕하는 사람들의 건강이 좋아지기는커녕 정수, 정화가 되지 않은 강물로 인해 수많은 수인성 질병에 걸릴 위험이 높았다.

법을 추천했고, 이 책의 1667년판에서는 통풍 환자들이 상태를 완화시키기 위해서 바닷물에 목욕을 해야 한다는 혁명적인 제안을 했다. 마을 웹사이트에서는 이곳이 온천물을 마시고 바닷물에 목욕을 하러 온 방문객을 위한 사치스러운 시설이 딸린 영국 최초의 해변 리조트였다고 자랑하고 있다.15 의학 역사가인 로이 포터Roy Porter 박사에 따르면 대륙에는 비시Vichy, 아헨, 바덴바덴 같은 사치스러운 스파들이 있었지만, 유럽 최초의 '소비 사회'였던 영국에서 스파가 처음으로 주요 영리기업이 되어서 레밍턴 스파, 턴브리지 웰스, 벅스턴, 스카버러, 첼튼엄 같은 리조트들이 들어섰다. 여기서는 "호텔업자와 의사들에게 우아한 치유 의식, 사교적 만남, 사업적 가능성을 제공했다". 하지만 이 특별한 업계 최고의 보석은 바스시(로만 아쿠아에 술리스)였다. 이곳은 앤 여왕Queen Anne(1665-1714)이 도시에 와서 목욕을 하고서 1702년 처음으로 왕실의 후원을 해주었던 곳이다. 비공식적인 '예식의 달인'이자 훌륭한 취향의 결정권자 보 내시Beau Nash(1674-1761)의 지시에 따라 도시는 18세기 말과 19세기 초에 탁월한 사교의 중심지가 되었고, 1801년에는 '의료와 즐거움을 혼합하여' 영국에서 일곱 번째로 큰 도시가 되었다.16

바스에는 특히 로마인이 만들었던 대욕탕이 있었지만, 스파의 17세기와 18세기 고객은 따뜻한 물에서 수영을 하지 않고 그저 몸만 담갔다. 17세기 목욕 손님들이 공중예절을 지키고 단정함을 보장하기 위해서 남녀 모두 뻣뻣한 캔버스 천으로 만들어져서 물에 젖어도 몸에 달라붙거나 투명해지지 않는 당시 유행하던 옷을 입어야 했다. 18세기에도 같은 목적을 수행하는 리넨으로 된 비슷

■ 1799년에 문을 연 바스의 그랜드 펌프룸은 이웃한 로만 바스에도 공급되는 온천수를 체험해보기 위한 곳으로 만들어졌지만, 주로 사교 시즌에 이 도시로 몰려드는 영국 상류층이 모이는 장소로 사용되었다. 19세기 초기 사회의 우아한 의식을 보여주는 이 건물과 풍경은 제인 오스틴의 두 소설《노생거 사원》과《설득》에 등장한다.

한 옷을 입었다. 잠옷을 입고 수영장을 한 바퀴 돌아야 하는 학교 수영 시험을 기억하는 사람이라면 캔버스 천이나 리넨으로 만들어진 데다가 퍼프소매에 바닥까지 오는 원피스를 입고 가발과 챙 넓은 모자를 쓰고 수영을 한다는 게 불가능하다는 걸 인정할 것이다.[17] 최소한의 수영복만 입고 목욕이나 수영을 하는 자유로운 기분을 맛보는 대신에 물에 젖어 무거운 천을 걸치고 꼼짝 못한 채 질식하는 기분을 느꼈을 스파 이용객들은 물에 몸을 담그는 게 의학적 이점이 있다는 사실만으로 참아내야 하는 육체적 고난으로 여겼을 것이다.

대륙의 온천 치료 시설과 다르게 영국의 온천 치료 유행은 오래 지속되지 않았다. 워릭서의 왕립 레밍턴 스파는 19세기에 영국의 스파 마을의 궤적을 잘 보여준다. 1780년대에 마을 물의 의료적 특성이 인정받고 널리 광고가 되면서부터 주요 개발이 시작되었다. 1811년 새로운 온천의 발견으로 바스의 복합시설에 필적하는 거대한 신고전주의 스타일의 로열 펌프룸 앤드 배스 건설이 시작되었다. 1813년에 완공되고 1816년에 확장된 이 건물에는 17개의 뜨거운 물 욕조와 3개의 찬물 욕조가 있었다. 1840년대 말에 레밍턴은 대륙의 스파와 철도 활황기 초기에 개발된 새로운 해변 리조트들과의 경쟁으로 고비를 겪기 시작했다. 펌프룸의 고객은 꾸준히 줄어서 1860년에는 땅을 팔기 위해 건물을 허물자는 계획이 나왔다. 이후 세대에게는 다행스럽게도 1861년에 지역 사업가 연합이 펌프룸을 구해서 터키식 욕탕과 커다란 수영장을 더해 재단장했다.[18]

판 튀베르헌과 판 데르 린던에 따르면 온천 치료가 영국에서 19세기 말과 20세기 초에 계속해서 줄어든 또 다른 이유가 있다. 영국의 스파 리조트는 다른 나라들과 같은 수준의 물 치료를 제공하지 않았고, 오락 활동에만 과하게 의존해서 다른 종류의 리조트와의 경쟁에 취약해졌다는 것이다. 1948년에 새로 건립된 국민의료보험이 온천 치료를 지원하지 않은 것이 최후의 타격이 되었다. 대륙에서는 전후 건강 및 사회보장 체제에서 물 치료에 계속 기금을 대고 보상해주었기 때문에 상황이 달랐다.

20세기 후반부에 '스파'라는 단어는 온천이 있고 의학적 치료를 제공하는 오래된 리조트들을 가리키는 데 쓰였을 뿐만 아니라 도시나 교외에 있으면서 온천이 없는 새로운 종류의 '데이 스파'에도 사용되었다. 이 전통적인 스파의 현대적 재발상 시설에는 수영장, 사우나, 증기탕, 자쿠지, 일광욕실 같은 설비가 있었으며 특정한 의학적 상태를 치료하기보다는 나이, 몸무게, 스트레스 통제를 목적으로 하는 다양한 미용 처치, 대체의학 치료, 운동 활동 등을 제공했다.

증기와 얼음

서구 세계만이 의학적·사교적 목욕을 독점했던 것은 아니다. 하지만 서양과 비서양 세계의 전통 간 가장 큰 차이는 수영에 적합한 시설이 있었는가 하는 것이다. 많은 이슬람 국가에 만들어졌던 하맘 증기탕은 테르마에의 건축적·사회적 후손이었으므로 로마 목욕탕의 많은 특성을 유지하고 있었으나 대체로 커다란 수영장은 없었다. 이스탄불을 방문했을 때 나는 중세 슐레이마니예 하맘을 가보았다. 이곳은 콘스탄티노플의 기독교 로마-비잔틴 목욕탕을 오토만-이슬람이 점령한 것이다. 따뜻한 물로 몸을 씻고 나면 목욕탕 직원들이 피부가 벗겨져 나갈 정도의 비누 마사지를 벅벅 해줘서 머리가 멍해질 것이다. 그러고 나면 이제 따뜻한 대리석 판에 누워 둥근 오토만-비잔틴 돔을 올려다보며 완전히 긴장을 풀 준비가 된다.[19]

핀란드의 사우나와 러시아의 바냐는 물에 몸을 완전히 담글 필요가 없는 대단히 유사한 증기탕 형태이다. 교외에서 적당한

■ 몸을 씻고, 정화 의식과 의학적 치료를 하기 위해 물에 몸을 담그는 대신에 콜럼버스 이전 시대 아메리카 전역에서는 땀움막이 사용되었다. 아메리카 원주민의 땀움막이나 구세계의 유사체인 스칸디나비아 사우나와 러시아 바냐, 오토만의 하맘을 사용할 때 사용자들은 물에 몸을 담그거나 수영을 할 필요가 없었다.

수원이 근처에 있으면 증기탕 옆에 겨울에 얼음에 구멍을 뚫고 몸을 식힐 냉수탕을 함께 만들었다.[20] 사우나와 설계상 비슷한 것이 아메리카 원주민의 땀움막과 콜럼버스 이전 아즈텍의 테마스칼이다. 이것들은 정화 의식과 의학적 치료에 사용되었다. 사우나와 함께 콜럼버스 이전 시대 증기탕의 기능은 땀을 흘려서 몸을 정화하고 치유하는 것이었다. 물에 몸을 담그는 것은 이 과정에 꼭 필요한 일부로 여겨지지 않았다.[21] 증기탕의 활기 증진 및 정화 효과는 수영처럼 몸의 근육계를 활성화하는 데에서 나오는 것이 아니라 혈행을 통제해서 땀을 흘리는 데에서 나오는 것이었다.

서양의 '물에 들어간다'는 발상에 가장 가까운 비서구권의 전통은 일본의 온천 문화에서 여전히 번성 중이다. 하지만 일본에서 자연적으로 뜨거운 온천의 물은 마시지 않는다. 온천 리조트는 화산 활동이 활발한 일본 군도에 많다. 일본에 살 때 나는 겨울철에 온천 리조트에 머무는 일본의 전통을 금방 따랐다. 내가 방문해본 가장 기본적인 온천은 고립된 산지의 절이었고 무료였다. 본관 옆의 화려하게 장식된 나무 창고 안에 지키는 사람 없는 욕탕은 조그만 욕조 크기에 단순한 나무판으로 덮여 있었다. 가장 세련되고 사치스러운 온천은 여러 개의 큰 실내 및 야외 수영장이 있고, 각기 다른 온도로 유지되고, 고객에게 다양한 사교 활동을 제공하는 현대적인 시설이었다.[22] 많은 온천에 큰 욕탕이 있긴 하지만 전통적인 일본 스파 문화에 수영은 포함되지 않는다.

　　비서구권의 의료 및 사교적 목욕에 관한 이 짧은 조사 내용은 유럽의 스파 문화의 독특함을 강조한다. 여기에는 설령 처음에는 수영을 할 목적으로 사용되지 않았다고는 해도 수영에 적합한 로마의 테르마에로부터 전해 내려온 수영장이 포함되어 있기 때문이다. 육지의 스파들이 부유층이 광천온천에 들어가고 목욕을 하는 화려한 리조트의 형태로 발전하는 동안 의사들은 18세기에 흔했던 질병에 대해 새로운 종류의 치료를 추천하기 시작했다. 수영에 훨씬 더 큰 영향을 미치게 되는 이 치료법은 바닷물 치료였다.

다시 바다로

　　18세기 영국의 운동에 관해 조사하면서 줄리아 앨런Julia Allen은 수영에 대한 지배적인 태도를 대변하는 주요 인물로 당대의 유명인 두 명을 꼽았다. 사전편찬자인 새뮤얼 존슨Samuel Johnson(1709~1784)과 일기작가 헤스터 스레일Hester Thrale(1741~1821)이다. 이 연구는 디그비의《수영의 기술》이 출간되었을 때부터 18세기 중반 사이에 영국이 얼마나 크게 바뀌었는지를 보여준다. 존슨은 현재《영국어 사전》(1755)을 만든 것으로 가장 유명하지만, 앨런은 살아생전 그가 운동을 좋아했던 것으로 유명했으며 "브라이턴 바다에 벌거벗고 들어갔을 때 다른 사람들의 감탄사를 자아냈다"23고 이야기한다. 하지만《사전》에서 존슨의 '운동'에 관한 정의는 그가 여전히 수영을 의료 행위와 연관 짓고 있음을 보여준다. 책에서는 "운동: 신체의 활동. 질병의 치료나 예방에 도움이 되는 활동."24이라고 하고 있다. 운동과 수영은 남자들에게만 국한된 것은 아니었다. 브라이턴에서 존슨 박사와 함께 헤엄을 친 스레일 부인 역시 물속에서 두려움이 없었다.25 스레일의 바다에서의 위업은 분명히 기묘하게 여겨졌겠지만 그 이전 세기에 일어났을 법한 도덕적 분노와 비난을 불러오지는 않았다. 그들의 모험이 벌어진 곳은 런던에서 123킬로미터 남쪽에 있는 브라이턴이었다.

1730년대에 브라이턴은 프랑스인의 습격과 대형 폭풍우로 인한 피해, 다른 서식스 마을들과의 경쟁으로 인해서 심각하게 몰락 중인 마을이었다. 우아한 조지 시대 주택이 줄줄이 서 있고 많은 대형 호텔, 컨퍼런스 센터, 로열 파빌리온과 두 개의 부두를 갖춘 오늘날의 브라이턴을 보면 이 마을이 영국 남부 해안의 수많은 작은 촌락처럼 완전히 잊히기 직전이었다는 사실을 상상하기가 꽤 어렵다. 이 마을이 그렇게 되지 않은 이유 중 하나는 런던과 비교적 가깝다는 데에 있었다. 하지만 영국의 상류층을 해안가로 끌어들인 것은 조약돌 해변이나 그림 같은 서식스의 풍경만이 아니었다. 1750년에 이웃 마을 루이스 출신 의사 리처드 러셀Richard Russell(1687-1759)이 《De tabe glandulari, sive de usu aquae marinae in morbis glandularum dissertatio》라는 책을 출간했다. 이것은 1752년에 《분비선 질병, 또는 분비선 보호에 바닷물을 사용하는 것에 관한 논문》이라는 제목으로 영어로 번역되어 나왔고, 여기서 그는 특정한 분비선 질환을 치료하기 위해서 바닷물을 마시고 바닷물로 목욕할 것을 추천했다. 바닷물을 의학적으로 사용하고 마시는 것을 해수요법이라고 하며 이것이 바스 같은 내륙 스파에서 제공하는 광천요법보다 특정한 분비선 질환을 치료하는 데 훨씬 더 낫다고 그는 주장했다.

　　러셀의 책은 그 재미없는 제목에도 불구하고 18세기의 베스트셀러가 되었고 1769년에 6판을 찍었다. 1753년 러셀은 브라이턴 해안가로 자신의 진료소를 옮겼다. 그의 성공에 환자들과 다른 의사들도 브라이턴으로 몰려왔고, 그 뒤를 이어 개발업자들도 와서 새로운 거주지와 호텔, 해수요법 시설을 짓기 시작했다. 존슨은 1775년 통풍 치료를 위해 수영을 하라는 조언을 받았고, 다음 해에 마침내 해안으로 와서 수영을 시작했다. 그리고 위에서 언급한 것처럼 알몸으로 바다에 뛰어들어 사람들에게 감탄의 눈길을 받았다. 스레일 부부는 브라이턴에 집을 사고 정기적으로 방문했으며, 튼튼한 헤스터 스레일은 거친 바다에서 존슨과 함께 헤엄을 쳤다.26 헤스터가 문제의 여성인지 입증할 수는 없지만, 1805년 9월

■ 분비선 질병을 치료하는 데 바닷물이 좋다는 18세기의 베스트셀러를 쓴 리처드 러셀 박사는 브라이턴을 영국 최고의 해안가 리조트로 변모시키기 시작했다. 스카버러가 영국 최초의 해변 스파라는 칭호는 가져갈 수 있겠지만, 브라이턴이 런던에서 더 가깝고 섭정 왕자의 후원을 받았기 때문에 훨씬 더 번창하게 되었다.

판《스포팅 매거진Sporting Magazine》에 이런 기사가 실렸다.

> 최근에 우리의 인기 있는 물놀이 장소 한 곳에 나이아스(그리스 신화의 물의 님프°) 같은 모습으로 어느 여성이 나타나고 있다. 수영 분야에서 그녀의 기술은 굉장한 찬사를 얻었고, 그녀는 '물에 뛰어드는 미녀'라는 우아한 별명을 얻었다.27

하지만 대부분의 경우에 당시의 풍조는 여전히 조신함이었다. 여자들은 수영을 방해할 만한 긴 플란넬 원피스를 입고 바다에 들어갔다. 존슨과 스레일처럼 몇몇 사람에게는 바다 수영이 새로운 스포츠가 되었지만, 대다수에게 물에 몸을 담그는 것은 여전히 질병의 치료나 예방을 위한 것이었다. 무거운 옷을 입고 남녀를 분리하는 것뿐만 아니라 물에 몸을 담그는 것은 따뜻한 여름철이 아니라 한겨울에 권장되었다. 바다에서 목욕하는 것은 다시금 긍정적인 경험이기는 해도 꼭 즐거운 일은 아닌 것으로 여겨졌다. 1787년에 미래의 조지 4세George IV(1762-1830)인 섭정 왕자가 이 마을에 환상적인 인도-아랍식 저택을 짓기 시작하면서 마을에 왕가의 승인을 내려주었고, 덕분에 영국 최고의 해안가 리조트로서 브라이턴의 미래가 1780년대에 보장되었다. 왕자의 아버지였던 조지 3세George III(1738-1820) 역시 해수요법에 호의적이었지만 본인은 1788년에 포르피린증이 처음 발병해서 요양할 때 도싯주 웨이머스에서 목욕하는 것을 더 선호했다. 아마도 대단히 혐오했던 방탕한 아들과 최대한 멀리 떨어지고 싶었던 게 분명하다.

　서부 유럽에서도 비슷한 발전이 일어나기 시작했다. 19세기 라로셸에 관한 니콜라 메넨Nicolas Meynen의 사례 연구는 해수요법과 초기 해안가 리조트 개발 사이의 관계를 명백하게 보여준다. 프랑스 대서양 연안의 마을 라로셸은 프랑스의 영국해협 연안 도시 디에프의 성공을 모방하려 했다. 1824년 베리 공작부인 카롤린Caroline이 시아버지인 나이 많은 왕 찰스 10세Charles X(1757-1836)의 궁정의 지루함에서 벗어나고자 대규모 수행단을 데리고 디에프를 방문했다. 우아한 신고전주의 스타일의 건물에 흠뻑 빠진 그녀는 6주 동안 머물렀고 이후 5년 동안 계속해서 방문했다. 그녀를 기려 마을은 디에프 바다목욕탕 익명협회Societe anonyme des bains de mer de Dieppe를 카롤린 목욕협회La Societe des bains de Caroline라고 개명했다.

　　1827년, 새로운 바다 목욕이라는 유행에 합류하기 위해서 라로셸은 상류층과 중산층을 상대로 뜨거운 바닷물과 찬 바닷물 목욕 및 사교 활동과 게임을 제공하는 마리테레즈 목욕탕Bains Marie-Thérèse을 지었다. 이 웅장한 신고전주의 스타일 건물에는 남녀 시설이 분리되어 있고, 회의실과 무도회장, 남녀를 칸막이로 나누어놓은 인공해변이 있었다. 19세기 후반에 두 개의 목욕탕bains이 더 문을 열었다. 리조트의 부유한 고객을 상대로 하는 커다란 콘크리트 수영장 두 개가 있었던 자그노 목욕탕Bains Jaguenaud과 노동계층을 위한 좀 더 소박한 시설이었던 루이즈 목욕탕Bains Louise이었다. 브라이턴이나 디에프와 달리 라로셸은 해수요법 센터를 오락용 해안가 리조트로 하나도 바꾸지 않았다. 메넹이 언급한 가장 중요한 요인은 이 도시에 19세기 말에 사람들이 기대하고 올 만한 해변이 전혀 없었다는 점이다.28

　　19세기 말 떠오르는 해안가 리조트가 될 지역들의 궤적이 시작되었다. 가장 성공한 곳은 해수요법과 모래사장, 그림 같은 풍경과 상쾌한 바닷바람, 거기에 유행하는 스파와 오락 시설, 사치스러운 숙박 시설이 모두 합쳐진 데다가 브라이턴과 디에프처럼 자동차나 기차로 대부분의 사람들이 쉽게 갈 수 있는 곳이어야 했다.

위생과 도덕성의 결합

서부 유럽과 북아메리카의 상류층이 18세기에 광천요법과 해수요법을 통해서 수생환경과의 관계를 되살렸다고는 하지만, 수영은 여전히 특정한 장소에서만 할 수 있는 인기 없는 취미이자 아주 특정한 의학적 기능만을 가진 활동으로 남았고, 점점 더 새로운 산업 및 상업 도시로 몰려드는 대부분의 대중에게서 유리되어 있었다. 19세기의 빠른 산업화와 도시화로 인한 예기치 않았던 결과는 도시 노동계층의 육체적 건강 상태가 빠르게 나빠졌다는 것이다. 이는 비위생적이고 사람이 너무 붐비는 생활 환경과 긴 노동시간, 형편없는 식생활 탓이었다. 높은 인구밀도로 인해서 전염병도 빠르게 퍼졌는데, 19세기에 유럽과 미국 양쪽에서 끔찍한 콜레라가 몇 번이나 번졌다. 콜레라, 결핵, 티푸스, 장티푸스 같은 전염병의 원인인 세균과 그 생리에 대해서 이해하지 못했던 유럽과 아메리카의 의사들은 대중에게 운이 좋으면 나을 수도 있지만 대체로 전혀 효과가 없고 가끔은 의도치 않게 유해한 처방만을 내렸다.

19세기에 과학적 의학이 발전하면서 체액설과 질병이 오염된 독기로 인해 전파된다는 가설은 완전히 사라졌지만, 유럽과 북아메리카의 중류층과 상류층의 머릿속에는 노동계층의 육체적인 더러움이 그들의 타락한 도덕성을 보여준다는 생각이 있었다. 1854년, 영국 성공회의 주교는 위생과 도덕성을 직접적으로 연결 지었다. "신체의 목욕과 영혼의 정화 사이에는 자연스러운 유사성이 있다."[29] 이것은 내가 이 장의 시작 부분에서 살펴본 마술-종교적 정화 의식과 똑같이 비현실적인 은유적 도약이다. 물론 여기서는 영적인 것보다 도덕적인 부분에 중점을 두고 있지만 말이다. 하지만 사실 가난한 사람들은 씻을 만한 시설이 없고 사설 목욕탕에 갈 돈이 없기 때문에 더러운 것이었다. 의료용 광천요법과 해수요법을 직접 경험해본 부유층과 선량한 사람들은 하층민의 육체적 건강과 도덕적 안녕을 증진하기 위해서는 몸과 옷을 씻을 시설을 마련해주어야 한다는 결론을 내렸다.

그렇다고 해서 유럽과 아메리카의 노동계급 남자와 소년이 목욕이나 수영을 하지 않았다는 이야기는 아니다. 제프 윌체Jeff Wiltse의 미국 수영장에 대한 뛰어난 연구와 수영장이 생기기 이전 노동계급의 수영 문화를 묘사한 크리스토퍼 러브Christopher Love의 유용한 영국 수영의 사회사 같은 책들이 있다. 윌체는 벌거벗은 남자와 소년, 그리고 종종 여자와 소녀가 반복된 금지령과 벌금에도 불구하고 도시의 강과 호수에 뛰어들어 노는 18세기와 19세기 아메리카의 시끌벅적하고 신나는 수영 문화에 대해서 특히 선명하게 묘사한다. 이런 문화가 없어지게 된 이유 중 하나는 중산층의 도덕적 분노나 당국의 엄격한 처벌 때문이 아니라 가정 및 산업 오염이 더 심해져서 많은 도시의 물이 개방 하수로 변질되었기 때문이다. 두 번째는 가난한 도시 외곽지역에 수영장이 생기기 시작했기 때문이다.[30]

영국의 '대중탕'

18세기에 한창 산업혁명을 겪고 있던 영국은 19세기에 사회·경제적 발전의 선두에 서 있었다. 찰스 디킨스Charles Dickens의 소설들은 빅토리아 시대 영국 도시 생활의 불결함과 절망을 잘 보여주는 반면 카를 마르크스Karl Marx와 프리드리히 엥겔스Friedrich Engels의 이론은 경제적인 원인과 사회·정치적 결과를 설명하려고 했다. 가난한 사람들의 고난은 더 심해졌는데, 현대의 관찰자 시선에서 보면 대영제국이 점점 번창하면서 중산층과 상류층이 그 어느 때보다도 부유해졌기 때문이라는 것을 알 수 있다. 사회개혁가들은 사리사욕에 대해 가르치려고 했다. 전염병은 지위고하를 가리지 않았고 점진적인 개혁이 피투성이 혁명보다 훨씬 선호되었다. 자선단체들은 가난한 사람들의 생활 환경이 나아지도록 로비를 했고, 결국에 정부가 새로운 노동법을 통과시키고 도심지역 슬럼가에 건강과 위생을 증진시키도록 설득했다. 특히 자선단체와 시 당국 양쪽 모두가 관심을 보인 분야는 노동계층이 사는 지역에 목욕탕과 세탁소를 짓는 것이었다.

가난한 사람들의 위생 상태를 개선하기 위해서 만들어진 최초의 실내탕은 리버풀시의 사설 시설이었다. 세인트조지 배스는 1824년에 문을 열었다. 하지만 머지강에서 물을 바로 공급했기 때문에 강물보다 아주 약간 깨끗할 뿐이었다. 시작은 느렸지만 1846년 목욕 및 세탁소법이 통과된 후 목욕 및 수영시설 건설 붐이 일었다.[31] 이 법안은 각 지방관청이 지방세로 목욕 및 세탁 시설을 지

■ 1854년에 처음 지어지고 1897년에 광범위하게 재건축, 혹은 개조한 램버스 공중목욕탕은 1등급 과 2등급 남자용, 여자용 탕이 있으며 개인 목욕통과 빨래 시설까지 있었다. 시 정부는 땅 위에 커다 란 '대중탕'을 만들면 한꺼번에 수백 명을 수용할 수 있고, 물 사용량을 크게 아낄 수 있으며 개인 목 욕 시설과 비교할 때 감독하는 데 더 적은 수의 직원만이 필요하다고 정당화했다.

원하는 것을 허락하는(의무는 아니었다) 관대한 법안이었지만, 여기에는 명확하게 수영장 건물 제공에 관한 내용은 없었다. 리버풀과 여러 런던 자치구와 같은 지방관청들은 사설 수영장이나 건물을 사들 이고 싶어서 큰 수영장을 '몸 담그는 탕'이라고 설명하는 방식으로 법안의 한계를 피해가는 한편, 경제적인 이유로 자신들의 사용을 정당화했다. 1854년 런던 램버스 목욕탕 및 세탁소 회사의 비서였 던 조지 A. 케이프George A. Cape는 다음의 말로 수영하는 탕을 만드 는 것을 지지했다.

이윤 면에서 수영하는 탕을 사용하는 것을 장려해야 한다. 여

러 사람이 탕을 쓴다면 같은 수의 사람이 개인 욕탕을 쓸 때
보다 훨씬 경비가 적어질 것이다. 사용하고 낭비되는 물의 양
역시 적을 것이고, 이에 더해 한 번에 삼사백 명씩 들어갈 수
있는 수영하는 탕을 관리하는 데 직원 한 명이면 될 것이다.
반면 열 개에서 열두 개의 개인 욕탕을 계속 사용할 때에는 직
원 한 명이 모두 관리하기 벅차다.32

대부분의 영국 시립 시설들은 1850년대에서 1870년대 사이
에 만들어졌다. 1861년 런던의 공설 및 사설 수영장 조사에는 6개
의 야외 지역(서펜타인 호수와 템스강을 포함하여)과 9개의 덮개 달린 수영장이
올라 있었다. 1870년 무렵에 이것은 큰 목욕탕부터 오늘날의 표준
25미터 단거리 수영장과 같은 크기의 수영장에 이르기까지 다양
한 크기의 22개소로 늘어났다. 1897년에 연 램버스 공공 목욕탕
은 세 개의 수영장이 있었다. 두 개는 남성용(1등급 수영장은 40×12미터였고, 더
싼 2등급 탕은 27×9미터였다)이고 하나는 여성용(17×7.5미터)이었다. 하지만 수영
장은 겨울철에는 돈을 절약하기 위해서 문을 닫았다.

1878년 목욕 및 세탁소법은 지방관청이 지역 소유의 수영
장을 짓거나 살 수 있는 기반을 마련해서 이전 법안에서 부족했던
부분을 수정했다. 또한 문을 닫을 수 있는 최대 기간을 규정해서
건물과 입장료를 다른 곳에 쓸 수 있게 했다. 런던 외곽의 주요 도
심지에서도 비슷한 개발이 일어났다. 공공 수영 및 목욕 시설이 거
의 없었던 맨체스터에는 1876년에 목욕 및 세탁소 위원회가 창립
되었다. 위원회는 맨체스터에 네 개의 시립 목욕탕이 필요하고, 대

중탕과 개인탕을 모두 제공해야 한다는 결론을 내렸다. 늦게 시작되었으나 이 도시는 런던 외에 가장 수영장에 공적으로 기금을 많이 댄 곳이 되었다. 1878년에서 1913년 사이에 총 33개의 수영장이 있는 14개의 시설을 사들이거나 건축했다. 하지만 이 모든 시설의 문제는 물의 깨끗함이었다. 맨체스터는 1908년에 정화 시스템을 도입했다. 이 말은 탕의 물을 일주일에 한 번씩만 비우고 채웠기 때문에 물이 '깨끗하고', '더러운' 날이 있었다는 뜻이다. 공급되는 물의 염소 처리는 질병의 세균원이 파악되고 수십 년이 지난 1920년에 영국에 도입되었다.33

영국과 다른 수많은 유럽 국가에서 공공 수영장 건설 초기 단계였던 이때의 목표는 오락이나 건강, 인명구조를 위한 수영이 아니라 우선은 의료 및 도덕성을 위한 것이었다. 노동계층에게 중산층의 가치를 심어주려는 것이었다. 1891년까지 학생들은 수영교육을 위한 입장이 거부되었다. 이런 식의 사용은 의회에서 정한 목욕의 목적에 반한다고 여겼기 때문이다. 하지만 세기말쯤 되자 영국에서 시립 목욕탕의 기능이 남녀 학생 모두와 성인에게 수영교육을 제공하고, 오락 수영을 장려하고, 남녀가 섞여 목욕하는 것을 실험해보고, 전문 수영선수를 동원해 다수의 관중을 끌어오고 수영을 오락 활동으로 홍보하는 '오락적 기능'을 제공하는 것으로 완전히 바뀌었다.34

문화의 충돌

노동계층의 청결과 도덕적 안녕에 대한 염려는 19세기 중반 미국에서도 똑같이 나타났지만 미국 남북전쟁(1861-1865)의 발발로 시립 수영장 건설은 지연되었고, 그 후 전후 도시들에 전염병이 퍼지면서 수영장의 건설은 다급하게 되었다.[35] 미국은 20세기 말과 21세기의 '문화 전쟁'으로 유명하지만 역사학자 제프 윌체는 19세기와 20세기 수영장의 사용을 중심으로 벌어진 더 이른 여러 번의 충돌을 밝혀냈다. 이는 미국이 산업사회에서 현대사회로 변화하며 생긴 계층, 성별, 인종 간의 분열을 강조한다. 이 장에서 우리가 관심을 갖는 부분은 미국 북부에서 최초의 시립 수영장 건립에 대해 다루는 윌체의 이야기 앞부분이다.

수십 년 전 영국에서 그랬듯이 1830년부터 1860년 사이에 산업화로 아메리카 북부의 도시들이 빠르게 성장하자 아일랜드와 남부 유럽에서 이민자들이 몰려들어 사회적, 건강 관련 기반시설에 과부하가 걸리고 질병과 궁핍, 사회적 배척, 범죄 같은 문제를 안은 도심 슬럼이 생겨났다. 1840년대에 사회개혁가들이 슬럼의 비위생적인 상태와 이것이 어떻게 비도덕적인 행동을 늘리고 도심의 불결함을 피해 새로운 교외 거주지로 이주한 시민들에게까지 위협이 될 만한 전염병의 위험을 높이는지에 관한 보고서를 만들었다. 사설 자선단체와 시 당국의 대응은 이 세기 전반에 영국의 대형 산업화 도시권들에서 나타난 것과 비슷하게 질병과 비도덕성을 상대로 한 전쟁의 주요 무기로 목욕과 세탁시설 설치를 강조하는 것이었다.

월체는 18세기 말부터 남성 노동계층에서 천연 수원에서 수영하는 문화가 생겼음을 설명했는데, 천연 도심 수원에서 알몸으로 목욕하는 것이 엄격하게 금지되었고 나라가 산업화되면서 오염도가 높아졌기 때문에 이는 위험한 일이었다. 매사추세츠주 보스턴이 모든 시민을 위한 무료 공중목욕탕이 설치된 최초의 미국 도시였다. 1866년 보스턴에는 여섯 개의 수영장이 문을 열었는데 다섯 곳은 찰스 강변의 강물 목욕탕이고, 하나는 도체스터만의 해수 목욕탕이었다. 도시는 비용 문제로 지상 수영장은 배제했다. 강물 목욕탕은 강 수면 아래로 7.5×4.5미터 크기에 1.2미터 깊이의 네모난 나무 욕조를 설치하는 방식이었지만, 정화 시설이 전혀 없어서 목욕탕의 물은 그 욕조가 설치된 강물보다 별로 깨끗하지 않았다. 어쨌든 수영장은 여름철에만 열긴 하지만 무료였기 때문에 보스턴의 모든 사회계층에 대단히 인기가 있었다. 남녀의 사용시간이 나누어져 있었고, 여러 종류의 목욕탕이 계층별로도 나누어졌다. 중류층과 상류층, 특히 여성은 해수 목욕을 선호했다. 전차가 연결되지 않은 도시 외곽에 있기 때문에 노동계층이 오기가 훨씬 어려웠기 때문이다. 1868년 도시는 미국 최초의 지상 시립 수영장인 캐벗 스트리트 목욕탕을 열었다. 목욕탕은 전혀 화려하지 않았다. 서른 명이 들어갈 수 있는 소박한 나무로 된 24×12미터 크기의 수영장 두 개뿐이었다. 하나는 남성용, 하나는 여성용이었다.[36]

필라델피아시는 또 다른 다수의 시립 목욕탕 건립지였다. 1898년에 강물 목욕탕까지 포함해서 총 아홉 개의 목욕탕이 있었고, 강이 가까이 없는 지역에는 지상 욕탕을 만들었다. 21×12미터 크기에 아주 단순한 아스팔트 통으로 된 여섯 개의 지상 욕탕이 슬럼 지역에 만들어졌는데, '무료로 시민들의 청결을 유지하기 위한' 용도였다. 1898년에 출간된 보고서에서는 물이 얼마나 더러운지 충격을 받았다는 내용이 있고, 백인과 흑인 모두에서 '하류층이나 거리의 부랑자'가 사용했다고 나온다.37 1880년대와 1890년대의 욕탕은 질병의 세균설이 보편적으로 인정되기 전에 지어진 것들이었다. 그래서 욕탕 자체가 '씻는 도구'라고 여겨져서 샤워 시설이 따로 없었다.38 그렇기 때문에 욕탕은 수인성 질병을 통제하는 게 아니라 퍼뜨리는 도구가 되었다. 하지만 윌체는 이런 슬럼가의 욕탕에서 주요 전염병이 시작되었다는 이야기는 전혀 하지 않는다. 아마도 세기 초반에 미국의 도시들에서 위생과 생활 환경을 개선하는 다른 방법들이 나와서 심각한 건강 문제 대부분이 완화되었기 때문일 것이다.

수영의 금지와 재도입

약 5500년이 넘게 인류는 육체적 청결과 영적인 순수함, 도덕적 청렴과 육체적 건강 사이에 복잡다단한 관계를 만들어왔고, 물에 몸을 담그는 것과 수영 사이에도 가끔 관계를 만들곤 했다. 아주 고대부터, 가끔은 수생환경과 별다른 관계가 없는 육상 문화권에서도 수영을 할 만큼 큰 욕탕이 영적 정화 의식을 위해서 만들어졌다. 이런 연결 관계는 특정한 의학적 상태에 목욕을 처방했던 그리스인에 의해 더 강화되고 확대되었으며, 제국 전역에 큰 아쿠아에와 테르마에 같은 시설을 만든 로마인에게도 이어졌다. 역설적이게도 사람들을 천연 수원과 바다에서 하던 수영과 거리가 멀어지게 만든 것도 테르마에였다. 사람들이 따뜻한 목욕탕의 편안함과 안전을 더 선호하게 되었기 때문이다.

서구 사회에서 수영 역사의 최저점은 중세였다. 로마의 테르마에는 파괴되거나 사용하지 않게 되었고, 교회는 공중목욕과 수영에 대해서 강한 도덕적 반대 입장을 보였다. 목욕이 전염병을 퍼뜨린다는 두려움에서 생긴 편견 때문이었다. 이 시기 대부분의 기간 동안 세례와 미크바에서 물에 몸을 담그는 의식 같은 종교적 관례가 물에 몸을 완전히 담그는 것에 관한 긍정적인 관계를 유지시켜주었다. 14세기에는 유럽에서 스파 문화가 되살아나기 시작했고, 르네상스기에 학자들과 의사들이 고대 세계의 광천요법을 재발견하며 이런 움직임에 박차를 가했다. 18세기에 유럽의 상류층은 의학적 치료와 사교 활동이 혼합된 스파로 몰려들었다. 19세기에는 광천요법과 해수요법이 일부 국가에서는 인기를 잃었고 일부에서는 여전히 번창했지만, 양쪽 모두 오락 수영에서 두 가지 큰 발전을 이루게 되었다. 해안가 리조트의 탄생과 유럽과 미국의 대형 산업도시들에서 노동계층을 위한 목욕과 세탁시설로 처음 생겨난 수영장의 발달이었다.

6

수영하는 미녀들

Strokes of Genius
a History of Swimming

바다는 피신처이자 희망의 원천이 되었다. 두려움을 불러일으키기 때문이다. 바닷가에서 보내는 휴일을 위한 새로운 계획은 바다를 즐기고 바다가 불러일으키는 공포를 경험하면서 개인적인 괴로움을 극복하는 것이었다. 그 이후로 바다는 상류층의 불안을 달래주고, 몸과 영혼의 조화를 되찾아주고, 아들딸, 아내, 사상가들을 통해서 특히 약해진 것 같은 사회 계층들의 활력의 소실을 막아줄 것으로 기대되었다. 바다는 도시문명의 사악함을 치료해주고 부유한 생활의 부작용을 바로잡아주면서 사생활을 존중해줄 거라고 여겨졌다.

_알랭 코르뱅Alain Corbin, 《바다의 유혹》1

오락 활동으로서의 수영은 서구 문명에 비교적 최근에 다시 나타난 것이다. 수 세기 동안의 두려움, 종교적 불신, 사회적 금지령과 불쾌한 의료행위와의 관계를 고려해볼 때 유럽인이 수영을 그저 해도 되는 활동 정도가 아니라 적극적으로 즐길 만한 활동으로 생각하게 된 계기는 무엇일까? 대중적인 오락 수영이 가능해진 원인은 사람들이 수영할 수 있는 적당한 수원이 있었다는 정도를 넘어선다. 수영을 하기 위해서는 여유 시간과 자원이 있어야 하고, 당연히 수영을 할 줄 알고 물속에서 안전하게 있을 수 있는 능력도 갖추고 있어야 한다. 수영을 하는 개개인에게 상당한 여유 시간과 에너지, 돈이 있어야 하고, 그뿐만 아니라 사설단체와 국가에서 교육 및 안전 조치, 수영 시설을 보급해주어야 한다. 하지만 무엇보다도 가장 필요한 것은 18세기의 의학적·군사적 용도를 넘어서서 수영이 긍정적이고 즐거운 활동이라는 생각의 변화였다.

상류층은 수영이 아니긴 했지만 스파와 해안가 리조트에서 다시 목욕을 하기 시작했고, 이런 리조트들은 상류층의 모임 장소가 되었다가 점차 사회적으로 더 많은 사람을 수용하게 되었다. 제인 오스틴Jane Austen이 바스를 배경으로 쓴 두 권의 소설《노생거 사원Northanger Abbey》과 《설득Persuasion》(둘 다 1817년 출간)에서 귀족 고객들은 좀 더 낮은 출신의 사람들과 도시의 신고전주의 스타일의 펌프룸을 함께 사용한다. 중산층과 노동계층이 여가 활동에 쓸 수 있는 시간과 돈이 생긴 빅토리아 시대의 대규모 사회적 현상을 암시하는 조지 시대의 전조이다. '중간' 계급에 속했다고 생각하는 많은 사람에게 육상 스파나 해안가 리조트에 가는 것은 조상들의 취미 활동을 등지고 '더 나은 사람들'을 따라 하는 것이었다.

유혹적인 바다

내가 기억하는 최초의 바닷가 휴가는 일곱 살이나 여덟 살 때쯤 알리칸테와 발렌시아 사이에 있는 스페인의 코스타 블랑카의 데니아 리조트에서 지낸 것이다. 그 전에도 해변에 가보았을 것이다. 이미 수영을 할 줄 알았고 마스크와 스노클을 끼고 잠수도 할 수 있었기 때문이다. 하지만 그런 더 오래된 일들이나 배울 때 얼마나 어렵고 무서웠는지는 잘 기억이 나지 않는다. 우리는 사람 많고 시끄러운 일행이었다. 어머니는 리조트 외곽에 오래되고 허름한 평지붕 빌라를 빌리셨고, 어머니의 동생들과 그들의 남자친구나 여자친구, 거기에 잡다한 다른 친구들까지 의심 많은 부모에게서 벗어나 똑같이 의심 많은 누나에게 끼어 값싸게 태양과 바다, 섹스와 상그리아(포도주에 과즙과 소다수를 섞은 파티 음료°)를 즐기러 왔다.

수백만 년 동안 비바람에 시달렸음에도 불구하고 이 스페인 해안가의 검은 바위들은 그 날카로운 균열과 비탈지고 울통불퉁한 모양새를 유지하고 있었으나 다행히 선견지명을 가진 누군가가 우리 일행 전부가 누울 수 있을 정도로 길고 너른 콘크리트 방파제를 만들어놓았다. 우리가 거기 먼저 가면 늦게 도착한 사람은 주변의 바위 위에 위태롭게 걸터앉아야 했다. 건강과 안전 문제 때문에 이제는 사용이 금지된 부서지고 녹슨 금속 사다리가 물까지 이어져 있었다. 어머니의 마음에 들게 모든 것이 다 준비되고 나면, 그리고 아침으로 먹은 핫초콜릿을 찍은 판 둘세pan dulce(달콤한 멕시코 빵°)가 소화될 만큼의 시간이 지나고 나면, 우리는 마침내 지난 여름 휴가로부터 12개월의 시간 동안 수영하는 법을 잊어버리진 않았는지 감독할 외삼촌과 이모들을 동반해서 처음으로 물에 몸을 담글 수 있었다.

바위가 많은 해저는 해양생물의 보고이다. 검은색과 보라색 성게, 밝은 오렌지색 이끼를 여기저기 두르고 있는 돌, 절대로 건드리면 안 된다는 경고를 받은 눈에 확 띄는 빨간색과 노란색의 반투명한 젤리 같은 말미잘, 그리고 내가 수영하는 동안 주위에서 아무 때고 튀어나와 지나가는 조그만 무지갯빛 물고기까지. 20년 후에 내가 방문한 그레이트배리어리프처럼 다채로운 색과 이국적인 생명체가 가득한 건 아니지만, 마스크와 스노클을 낀 모험심 넘치는 어린 소년에게는 마술 같은 곳이었다. 나는 해안에서 겨우

■ 여름휴가의 전형적인 모습. 어른들과 아이들이 서 있거나 보트를 타거나 물에 몸을 담그고 있는 사람 많은 해변이다. 이 코트다쥐르주 니스의 전형적인 지중해 해안가 모습에서 실제로 수영을 하는 사람은 몇 명 없다. 어쨌든 유럽과 북아메리카 사람들은 조상들 대부분이 놀라고 충격을 받을 만한 방식으로 바다에 몰려든다.

몇 미터 떨어진 곳에 수천 명의 휴가 온 다른 사람들은 알아채지 못한 가라앉은 아틀란티스 신전이나 난파한 갤리언선 유적을 발견할 수도 있다는 상상에 빠져 돌아다니곤 했다.

휴가 기간 중 초반 어느 날 오후에 나는 방파제에서 멀지 않은 물속에 있다가 무언가에 깜짝 놀랐다. 안전한 사다리 쪽으로 차분하게 헤엄을 치는 대신에 나는 미친 듯이 퍼덕거리고 물을 삼키면서 물에 빠져 파도에 휩쓸려가는 아이 흉내를 냈다. 열아홉 살인 외삼촌의 여자친구였던 코린은 굉장히 아름답고 운동을 잘하는 아마존 타입이었는데, 나를 구하기 위해 방파제에서 물에 뛰어들었다. 나 혼자였고 해안에서 보이지 않는 곳이었다면 정말 큰 일이 났을지도 모르지만, 워낙 사람들 가까이 있어서 진짜로 위험한 건 아니었다. 이것이 평생 내가 천연 수원이나 인공 수영장에서 진짜로 공황 발작을 일으켰던 유일한 때였다. 아마 그래서 수십 년이 지나도록 그 일을 이렇게 생생하게 기억하고 있는 것이리라. 아무도 그 사고를 심각하게 여기지 않았다. 어머니는 나에게 '쇼'를 한다고 야단을 쳤고, 형은 10분 동안 나를 놀려대다가 그다음에는 완전히 잊어버렸다. 외삼촌은 내가 자기 여자친구의 관심을 끌려고 했다고 농담을 했다. 하지만 수년이 지나고도 나는 겨우 몇 초였지만 물에 빠질지도 모른다고 생각했던 것을 떠올릴 수 있었다. 아무리 능력 있고 자신감 넘치는 야외 수영선수라고 해도 무의식 아주 깊은 곳에는 굉장한 즐거움을 주는 이 깊고 어두운 심해의 물이 자신을 집어삼킬 수도 있다는 원초적인 두려움을 갖고 있을 거라고 생각한다.

데니아에서의 내 경험은 지나치게 자신만만하던 어린아이에게 좋은 교훈이 되었다. 그 전까지 나는 우리의 먼 조상부터 비교적 최근의 조상들까지 그들이 처음으로 바다에 들어갔을 때 느꼈을 원초적인 공포를 한 번도 느낀 적이 없었다. 그들처럼 나에게도 두려워하거나 심지어는 겁을 먹을 만한 이유가 있었다. 지중해가 비교적 잔잔한 바다이긴 하지만 방심한 사람을 육지에서 휩쓸어가거나 집어삼킬 수 있는 위험한 해류와 독을 쏘는 해파리, 숨은 붕장어 등이 있기 때문이다. 심지어 아주 드물기는 해도 상어가 공격하는 경우도 있다. 하지만 공포를 상쇄하는 여러 종류의 즐거움도 준다. 첫째로 자신의 두려움을 극복하는 즐거움이다. 내 경우에는 겁을 먹어 조금 약해졌지만 말이다. 하지만 자기 극복이라는 이 사소한 승리의 뒤를 금세 따라오는 것이 물속에서 누리는 육체적인 즐거움이다. 뜨겁고 땀이 흐르고 텁텁한 스페인의 공기가 갑작스러운 물의 차가움으로 바뀐다. 그 뒤를 이어 금세 느껴지는 것은 공리주의의 아버지 제러미 벤담Jeremy Bentham(1748-1832)의 표현에 따르면 다음과 같다.

> 특히 적당한 신체적 노동으로 느낄 수 있는 건강의 즐거움, 또는 건강과 정력이 가득한 상태에서 오는 영적인 흐름이나 느낌이 주는 내적 즐거움.2

그리고 이것은 다른 형태의 즐거움을 느끼는 관문이 된다. 신체적·미적·창의적 즐거움을 느낄 수 있기 때문에 수영은 그 자체가 보상이 되었고, 몹시 무서웠기 때문에 잠시 불쾌했던 활동은 내가 이후 수년 동안 갈망하면서 기회만 되면 하려고 나서는 감각적인 즐거움으로 변화했다. 우리의 조상은 처음에는 필요에 의해, 나중에는 의학적인 이유 때문에 물에 들어가게 되었지만, 많은 사람이 수영을 한다는 사실은 내가 스페인에서 그날 느꼈던 것처럼 두려움이 즐거움으로 변했음을 보여준다.

나의 태도는 18세기와 19세기 조상들의 태도와 완벽하게 대조적이다. 소작농이나 채소 경작인, 가게 주인이었던 그들에게는 여가시간이 거의 없었고, 18세기 이전에 살았던 유럽인 다수가 그랬다. 소중한 휴일이 생기더라도 그들이 바다에 가는 건 고사하고 해변에 갈 생각을 조금이라도 했을 리 만무하다. 부득이한 사정으로 꼭 그래야만 하는 경우가 아니라면 말이다. 하지만 그사이의 세기에 바다와 해안가에 대한 서구의 태도는 완전히 달라졌고, 해안은 21세기에 최고의 휴양지가 되었다. 세계의 개발도상국에서는 이제 수백만 명의 소비자가 바닷가로 몰려든다.

하지만 왜 이렇게 된 걸까? 경비도 그렇거니와 최근에는 성수기에 사람 많은 공항을 통과해서 해외의 리조트로 가는 고생은 둘째 치고도 북부 기후권에 사는 우리 하얀 피부의 후손들은 피부가 타서 피부암에 걸리거나 이른 노화를 겪지 않으려면 차단지수 30-50의 자외선 차단제를 온몸에 발라야 한다. 또한 서글프게도 매년 여름마다 볼 수 있는 수많은 익사 사건의 수치가 증명하듯 우리 대부분은 물에서 별로 능숙하지 않다. 유능한 수영선수라고 해도 천연 수원은 수영장에 비해서 훨씬 변덕스럽다. 누군가는 해변 휴가가 사교 활동이나 기분 전환, 스포츠 면에서 해변에 누워 있거나 차가운 바닷물에 들어가는 것 이상을 제공한다고 주장할 수도 있다. 그게 사실이긴 하지만, 여름휴가의 전형적인 이미지는 여전히 아이들과 어른들이 물에 들어가고, 보트를 타고, 물을 튀기는 사람 많은 해안가의 모습이다.

깊은 물에 대한 공포 극복하기

《바다의 유혹》에서 프랑스 역사학자 알랭 코르뱅은 해변이 언제 어떻게 세계 최고의 여름휴가지가 되었는지에 관해 설명하는 복잡하고 다층적인 논지를 전개했다. 그는 바다와 해안이 17세기 이전까지 불러일으킨 '공포'와 '혐오'를 살펴보는 것으로 이야기를 시작한다. 나도 똑같은 영역을 탐색 중이고 인류 역사의 어느 지점에서 특정한 장소에서 바다가 알 수 없고 낯설고 괴물로 가득한 '다른 세상'이 되었다는 데에 동의하지만, 이것이 보편적인 관점은 아니었다. 앞에서 나는 인어 신화가 인류가 선사시대와 고대에 바다와 수영에 대해 가졌던 친밀하고 긍정적인 관계가 살아남았다는 증거일 수 있다고 말했다. 그리고 중세와 근대 초기에 바다가 두려운 존재로 여겨지긴 했어도, 인류가 담수 및 해수의 모든 것과 멀어졌다는 코르뱅의 말은 그가 현대성이 시작되는 표지로 여기는 17세기와 18세기의 태도 변화를 강조하기 위한 과장일 수 있다.3

유럽인이 바다와 해안가를 두려워했을 뿐만 아니라 혐오했다고 가정하며 코르뱅은 이 부정적인 태도가 좀 더 긍정적인 것으로 바뀌는 과정을 재구성한다. 바다가 불러일으키던 공포는 "도시 문명의 사악함을 치유하고 부유한 삶의 부작용을 바로잡는" 카타르시스의 원천이 되었다. 그는 시인들과 예술가들의 작품에 새로운 숭고한 미가 나타난 것과 자연계를 과학적으로 관찰하고 분류해서 신의 존재를 증명하려는 자연신학 교리를 연관 짓는다. 차난하고 두려워해야 하는 대상이 아니라 자연은 연구하고 목록화하고 점차 직접 관찰해야 하는 존재가 되었다. 이것은 18세기 이명법二名法의 창시자이자 현대 분류학의 아버지인 칼 폰 린네Carl von Linné의 작업에서 정점을 찍은 움직임이다. 코르뱅은 이 일이 일어난 유럽의 정반대편 끝의 해안가 도시 두 곳을 언급한다. 네덜란드의 스헤베닝언과 이탈리아 나폴리만의 작은 어촌 마을이다.4

17세기에 저지대(현재의 네덜란드)는 바다의 존재에도 불구하고 잘 유지되고 바다 덕택에 번성했다. 나라 대부분의 지역이 해수면 정도이거나 해수면 아래 있는 네덜란드는 땅을 보존하고 복구하기 위해서 정교한 물 관리기술을 발전시켰고, 지리적 위치와 뛰어난 배 건조 기술로 국제적인 장거리 무역에 큰 이점을 갖고 있었다. 초기 네덜란드 그림 대다수는 바다 위의 배와 해전을 주제로 하고 있었으나 1600년 중반 네덜란드 황금기의 그림은 더 이상 코르뱅이 '인간과 광포한 바다와의 투쟁'이라고 부르는 주제에만 한정되지 않고 평화로운 해안을 묘사하는 데에까지 발전했다.5 그는 보는 사람에게 해안으로 직접 가서 보라고 부추기는 듯한 근사하고 장엄한 해안가 그림으로 유명한 17세기 화가 얀 판 호이언Jan van Goyen 같은 화가들의 작품을 언급한다. 1663년, 헤이그와 당시 어촌 마을이었던 스헤베닝언 사이에 포장도로가 깔렸다.

스헤베닝언에 오는 관광객은 점점 늘어났고, 이들은 끝없는 바다를 바라보는 더없이 숭고한 경험과 함께 마을에서 낚시를 하는 그림에 나올 것 같은 일을 즐겼다.

스헤베닝언은 나중에 북부 유럽 전역에서 관광객을 끌 정도의 호텔과 목욕시설로 나라 제일의 해안가 리조트가 되었다.

1904년 무렵에는 항구이자 어촌 마을로서의 기능이 완전히 뒤로 밀려날 정도였다.6

대부분의 역사학자들은 현대의 대중적인 여행과 관광산업의 근간을 17세기 말과 18세기의 그랜드 투어Grand Tour에서 찾는다. 이것은 젊은 영국 신사들이 학교 및 대학 교육의 기반을 이루는 고전 문화를 찾아보기 위해서 유럽에 가는 일이었다. 그들이 건넌 바다와 지나친 해변은 별로 눈길을 끄는 것이 없었지만, 대체로 여행 일정의 마지막에 나폴리만에 도착하면 상황이 달라졌다. 이 아름다운 풍경에 대한 그들의 감탄은 나폴리의 바이아가 로마 시대

■ 얀 판 호이언이 그린 〈스헤베닝언 부근의 해변〉(1648)은 17세기에 나타나기 시작한 새로운 바다와 해안가의 미를 잘 보여준다. 이 풍경화는 헤이그 부근 작은 어촌 마을 스헤베닝언의 해변에 있는 그 지역 어부들과 관광객들을 보여주고 있다. 17세기에 어떤 편의시설 없이도 마을은 넓고 광포한 바다의 아름다운 풍경을 즐기는 동시에 조그만 어촌 마을의 그림 같은 모습을 보고 싶은 헤이그 시민들이 아주 좋아하는 여행지였다.

이탈리아의 리조트 수도였던 고전기에 칭송받은 것을 바탕으로 한다. 스헤베닝언과 마찬가지로 나폴리 해안에 대한 감탄은 문학과 미술에 영향을 주었다.7

뛰어난 수영선수였던 바이런George Gordon Byron(1788-1824) 경 같은 젊은 세대를 제외하면, 스헤베닝언에 간 시민들이나 나폴리의 풍경에 감탄한 수많은 영국 신사 중 수영을 하기 위해 바다에 뛰어든 사람이 하나라도 있었을지 의심스럽다. 바다에 들어가는 것은 여전히 불쾌한 의료 행위와 연관되어 있을 뿐만 아니라 주로 그들 모두가 수영을 배울 일이 없었기 때문이다. 하지만 해안은 방문하고 경험하고 감탄할 만한 곳이 되었다. 자연계가 숭고하고 고통받는 시인과 화가의 영혼의 반영이라고 여기는 낭만주의가 신고전주의의 자리를 차지하면서 이런 감탄의 경향은 더욱 강해졌다. 관광역사학자 존 어리John Urry의 말을 인용하자면, 숭고하고 자연적이고 그림 같고 고전적인 것을 찾으면서도 서양인들은 훨씬 따분한 '관광객의 시선'을 발전시켰고, 이는 수백 가지 그림엽서와 이제 수십억이 넘는 셀카 사진을 탄생시켰다.

멋진 파도와 디퍼들

영국의 상류층은 의학적인 이유로 수영을 시작했고, 이것은 그리 즐거운 경험은 아니었던 것 같다. 바다에 몸을 담그는 것은 대체로 가장 추운 계절에 했고(사실 영국에서는 가장 더운 계절과 온도 차가 별로 나지 않는다), 수영 자체는 별로 하지 않았다. 목적이 오락이 아니라 다양한 육체적·정신적 질병을 치료하기 위해 해수 목욕을 하고 해수를 마시는 것이었기 때문이다. 신사들(그들의 남자 하인들은 제외하고)은 19세기 말까지 계속해서 벌거벗고 목욕을 했던 반면 여자들은 훨씬 무거운 도구로 정숙함을 지켜야 했다. 당시의 가벼운 천들은 젖으면 즉시 투명해지고 몸에 달라붙었기 때문에 여자들은 굵고 짙은 색의 천으로 된 펑퍼짐한 옷을 입었고, 이것은 수영하는 것을 불가능하게 만들었다. 남들이 보지 못하게 옷을 갈아입고 물에 들어가기 위해서 여자들은 1735년 스카버러에 처음 등장한 후 몇 년 뒤 마게이트에 처음 나온 '정숙함 덮개'라는 것으로 개조된 목욕 기계를 이용했다.

　　목욕 기계는 박공지붕이 덮인 바퀴 달린 작은 오두막으로, 말이 끌었다. 양쪽 끝에는 각각 문과 계단이 있는 형태인 목욕 기계를 바닷속으로 조금 끌고 들어갔다. 기계 안쪽은 몹시 좁고 하루가 지나는 동안 엄청나게 냄새가 나고 모래투성이가 되었을 것이다. 게다가 하녀가 옷을 입히고 벗겨주는 데에 익숙하던 여자들이 커다란 치마와 코르셋을 갈아입기에는 아주 힘든 장소였을 것이다. 적당한 수영복으로 갈아입고 나면 풍경화가 존 컨스터블John Constable이 '끔찍한 양서류 동물'[8]이라고 부른 여성 도우미 겸 안내원인 '디퍼'가 물로 끌고 들어갔다. 그들은 꺼리는 고객을 강제로 바닷속에 '집어넣어야dipped' 했기 때문에 이런 악명을 얻게 되었다. 디퍼의 폭압은 1860년대까지 계속되었으나 목욕과 수영이 건강을 위해 참아야 하는 고난에서 즐거운 일로 바뀌면서 1870년 무렵에

For Bathing in the SEA at Margate in the Isle of Thanet KENT.

■ 말이 끄는 바퀴 달린 오두막이었던 목욕 기계가 18세기 여성들이 펑퍼짐한 옷을 벗고 알몸이나 속옷 차림으로 남들의 눈에 띄지 않게 물에 들어가는 문제를 해결해주었다. 말이 기계를 끌고 바닷속으로 조금 들어갔고, 목욕하는 사람 본인이나 '디퍼'가 해안에서 눈에 보이지 않는 물에 계단을 내렸다. 정숙함 덮개가 부착된 목욕 기계가 마게이트에 처음 등장하면서 좀 더 사생활을 지킬 수 있게 되었다.

는 이 직업이 사라지게 되었다.[9]

영국에서 1840년대에 철로의 발달로 시작되어 빠르게 전 세계로 퍼진 대중교통의 시대에 런던, 맨체스터, 파리, 뉴욕, 로스앤젤레스 같은 대도시들은 해안 마을 및 리조트와 연결되어 있었다. 이런 리조트들은 영국의 브라이턴처럼 이미 확실히 자리를 잡은 곳도 있고, 1905년에 리조트가 건립된 캘리포니아의 베니스처럼 이제 막 시작하는 곳도 있었다. 영국과 미국의 노동개혁으로 많은 노동자와 사무직 종사자가 처음으로 유급휴가를 갖게 되고 영국에서는 독일 태생의 유진 샌도Eugen Sandow(1867-1925), 미국에서는 버나르 맥패든Bernarr MacFadden(1868-1955), 그리고 '근육적 기독교'라는 상

■ 〈비너스의 목욕〉, 1800년경. 토머스 롤런드슨Thomas Rowlandson이 19세기 초 바다 수영의 인기와 외설스러움을 동시에 잡아낸 여러 개의 만화 중 하나이다. 켄트주 마게이트의 리조트에 있는 이 인쇄본은 상류층 여성이 알몸으로 바다에 들어가는 모습을 묘사하고 있다. 정숙함 덮개가 달린 목욕 기계를 사용하고는 있지만 절벽과 해안가의 구경꾼 무리에게 보일 수 있기 때문에 눈을 피하기 위해서 목욕 기계 계단에서 머리부터 거꾸로 들어간다.

표로 건강과 신앙을 일치화한 YMCA 같은 단체들이 장려한 체육 활동과 스포츠에 관심이 커지면서 새로운 종류의 체력단련과 여가 시설에 대한 요구가 커졌다. 철로로 도심지와 연결된 해안가 리조트들은 그런 요구에 부응할 최적의 위치였기 때문에 한 세기 전 육상 스파에 그랬던 것처럼 개발업자와 사업가가 몰려들었다.

이전까지 상류층의 전유물이었던 곳에 몰려드는 중산층과 노동계층 휴가자와 당일치기 여행객을 피하기 위해서 영국의 상류층은 비교적 가까운 프랑스령 영국해협 해안에 있는 디에프를 시작으로 대륙의 리조트로 향했다. 디에프는 이미 카롤린 공주가 19세기 초반에 후원을 하며 인기를 얻었다. 하지만 프랑스의 철도가 영국인으로 가득 찬 후 프랑스인 관광객과 당일치기 여행객은 프랑스와 이탈리아 지중해 연안에 있는 더 멀고 사람이 적은 리조트를 찾아 나섰다. 하지만 부유층이 가는 곳이면 사람들이 으레 따라가게 마련이라 자신들만의 배타적인 분위기를 유지하기 위해서 그들은 계속해서 더 먼 곳으로 가거나 또는 사유시설의 벽 뒤로 숨어야 했다.

지중해는 세계에서 가장 사람이 많이 몰리는 관광 명소였고 지금까지도 그 인기를 유지하고 있다. 매년 춥고 부유한 북쪽 산업지대에서 따뜻하고 가난한 남쪽 농경지대로 사람들이 몰려들곤 한다. 2009년에는 세계 관광 소비금액의 약 3분의 1인 1,340억 달러가 이곳에서 소비되었다. 물론 이것은 현재 발칸, 터키, 중동, 북아프리카와 좀 더 자리 잡은 스페인, 포르투갈, 이탈리아, 프랑스 같은 지역을 모두 포함한 지중해 지역 전체를 아우른 것이다. 북아메리카에는 남부 캘리포니아와 플로리다 같은 해안가 도시와 중앙아메리카와 카리브해의 리조트처럼 국내의 관광지가 있다. 해변 리조트에서는 당연히 사람들이 즐기기 위해 수영을 하지만, 내 경험상 많은 사람에게 바닷가 휴가 때 '수영'은 일광욕을 하는 사이사이 몸을 식히기 위해 물에 들어가거나 친구나 형제와 물속에서 장난을 치는 정도로 한정되어 있다.

서양인들이 점점 더 바다와 다시 연결되고 있기는 했지만, 리조트의 존재와 개발이 바다에서 오락 수영을 하는 사람의 숫자가 늘어난다는 것과 같은 말은 아니었다. 제1차 세계대전 이전 리조트 사진을 보면 여름의 해안에 사람은 많지만, 여자들은 바닥까지 닿는 긴 치마를 입고 남자들은 정장을 입고 머리부터 발끝까지 가리고 있다. 대부분의 사람들에게 해변에 가는 것은 옷을 다 입고 해변에 앉아 노는 것이고, 바다에 들어간다는 것은 문자 그대로 수영복을 입고, 특히 여자들은 당시의 무겁고 풍성한 수영복을 입고 몸을 '담그는' 것이었다. 이런 수영복 차림으로는 얕은 물에서 몸을 적시는 정도 이상은 할 수 없었을 것이다. 빅토리아 시대 말과 에드워드 시대 남자들은 훨씬 더 운이 좋았다. 그들은 팔과 다리 아랫부분이 드러나는 한 벌로 된 옷을 입을 수 있었기 때문이다. 천은 젖으면 물을 먹어 무거워졌겠지만, 그래도 물속에서 움직일 수는 있었다. 얼마나 많은 남자들이 실제로 몸을 담그는 것 이상을 했는지는 확실하지 않다. 이 시기에 지금은 흔한 수중 묘기를 보이는 프로 수영선수들이 엄청난 운동선수로 찬사를 받고 수영 '쇼'에 수많은 군중을 불러 모았기 때문이다.

비치웨어에서 수영복으로

이 장에 관한 연구를 하면서 대영도서관의 온라인 카탈로그에서 1976년에 출간된 '수영하는 미녀들: 여성 수영복의 놀라운 역사'[10]라는 제목의 잡지 기사를 발견하게 되었다. 온라인 주문을 하려고 하자 대영도서관의 희귀본 및 음악 열람실에서 기사를 찾아야 한다는 답을 받았다. 문제의 기사는 1976년에 출간된 것으로 '오래된' 것도 아니고 '희귀한' 것도 아니었지만, 도서관에서 구입했을 때 내용물이 몹시 충격적이라 대영도서관 열람실을 이용하는 고상한 학자들의 도덕성까지 더럽힐 수 있다고 여겨져서 사서의 계속되는 감시를 받으며 특별 책상에서만 읽을 수 있다는 뜻이다.

나는 이 분류가 1976년 이후로 한 번도 재검토된 적이 없다고 추측했는데, 실제로 기사에서 대중적 품위를 손상시키는 유일한 부분은 요즘 여성 잡지나 영국 타블로이드지에 실렸다면 아무도 뭐라 하지 않았을 상반신 노출 모델 사진 두세 장뿐이었다. 본문은 차분하고 사려 깊게 주제를 상세히 조사해서 쓰였다. 이 기사에 관한 대영도서관의 구식 분류는 지난 40년간 미디어에서 인간의 나체를 공공연하게 묘사하는 것이 얼마나 진화했는지, 그리고 지난 2백 년간 여성에게 적절하다고 여겨지는 해변 옷차림이 얼마나 크게 바뀌었는지를 보여준다. 다음 장의 삽화를 보면 여성이 해변에서, 그리고 바다에 들어갈 때 얼마나 많은 옷을 입어야 한다고 여겨졌는지 알 수 있다. 이런 옷은 수영을 전혀 할 수 없게 만들었을 것이다. 그러니까 수영복의 진화는 단순히 공공장소에서 어떤 것이 적절한지에 대한 도덕적 기준이 진화했다는 것뿐만 아니라 여성이 얼마나 많은 신체 활동을 할 수 있으며 얼마나 많이 참여하기를 바라는지에 관한 기준도 바뀌었음을 증명한다.

최초의 여성용 수영복은, 이 경우에는 '목욕복'이라는 말이 더 어울리긴 하지만, 영국의 스파 마을 바스의 고객들이 입던 옷이었다. 17세기 말의 고객이었던 셀리아 파인스Celia Fiennes는 이렇게 적었다.

여성들은 질 좋은 노란색 캔버스 천에 교구 목사의 옷처럼 커

■ 1870년경 미국의 해변 패션. 여성들은 수영 드레스를 입고 스타킹을 신고 슬리퍼에 목욕용 모자까지 써야 했다. 젖어도 투명해지거나 몸에 달라붙지 않는 종류의 천이라 능력 있는 여성 수영선수라고 해도 이런 옷차림으로 수영을 하기는 아마 어려웠을 것이다. 거의 그 세기 내내 알몸으로 수영을 해도 괜찮았던 남성들은 이제 속옷이나 상체와 허벅지를 가리고 팔과 다리 아랫부분만 드러내는 의상을 입게 되었지만, 그래도 물속에서 훨씬 큰 자유를 누릴 수 있었다.

다란 소매가 달린 의상을 입고 욕탕에 들어간다. 물이 옷 안에 가득 찬다. (…) 그래서 몸매가 드러나지 않고 다른 안감처럼 달라붙지 않는다.

한 세기 후에 토비아스 스몰렛Tobias Smollett은 이렇게 묘사했다. "여성들은 갈색 리넨으로 된 재킷과 페티코트를 입고 납작한 밀짚모자를 쓰고 손수건으로 장식을 했다."11 18세기 영국과 프랑스에서 해안가 리조트에 점점 사람이 몰리면서 여자들도 남자들처럼 동성 해안에서 벌거벗고 수영을 하거나 바다에 몸을 담그기 위해 길고 헐렁한 원피스 같은 의상을 입었다. 빅토리아 시대에 이 것은 더 이상 충분히 정숙한 옷차림으로 여겨지지 않았고, 여자들의 목욕 의상은 바지 위에 발목까지 오는 폭 넓은 치마를 입고 타이츠와 슬리퍼, 보닛까지 완전히 차려입는 것이 되었다. 1886년, 주바르 바다수영 의상전문점의 영국 광고에서는 이렇게 자랑한다. "몸통과 바지가 하나로 되어서 완벽한 활동의 자유를 보장하면서 몸매가 드러나지 않습니다."[12] 대조적으로 영국 남자들은 1860년 대까지 알몸으로 목욕을 할 수 있었고, 그 뒤로는 상체는 가리지만 팔다리는 자유로운 수영복이나 속옷을 입어야 했다.

변화는 아주 느리게 진행되었다. 1900년경 혼성 목욕이 받아들여지기 시작했지만, 영국 패션지는 여전히 이렇게 추천했다. "빨간색과 남색 서지 천으로 된 목욕 가운에 무릎까지 오는 짧은 치마, 몇몇 사람은 속바지와 무릎까지 오는 아주 짧은 치마, 또 몇 몇 사람은 두 가지가 혼합된 옷차림이었다." 여자들은 최소한 대중의 도덕적 분노를 불러일으키지 않고서 무릎과 발목을 드러낼 수 있게 되었다. 보수적인 태도는 미국에서까지 여전히 지배적이었다. 1907년 호주의 수영과 다이빙 분야 우승자 아네트 켈러먼Annette Kellerman(1887-1975)은 할리우드 영화에 출연하러 갔다가 매사추세츠주 리비어의 공공해변에서 자신의 트레이드마크인 원피스 다이빙복을 입었다가 풍기문란으로 체포되었다. 옷이 그녀의 온몸을 덮긴 했지만, 풍만한 몸매를 그대로 드러냈기 때문이다.[13] 그녀의 체포는 사실 지역 놀이공원에서 그녀의 수영과 다이빙 공연을 홍보하기 위해 훌륭하게 계획하고 진행한 선전 활동이었다. 그녀는 나중

■ 호주의 수영선수이자 다이빙 선수였던 아네트 켈러먼이 1907년 미국 해변에서 풍기 문란으로 체포되어 재판에 회부되게 만든 원피스 수영복을 입고 있다. 켈러먼의 의상은 팔을 드러내고 목선이 깊이 파였을 뿐만 아니라 몸매를 드러내기 때문에 충격적으로 여겨졌다. 기소되었지만 무죄 방면된 켈러먼은 유럽과 미국에서 여성의 해변 의상을 바꾸어 놓을 다양한 수영복을 출시하기 시작했다.

에 유명세를 이용해 자신의 대담한 원피스형 의상을 모델로 한 아네트 켈러먼 수영복을 출시했다.

여성 수영복의 혁명은 두 세계대전 사이 기간에 여성해방운동의 하나로 빠르게 진행되었다. 여성해방운동으로 많은 서양 민주 국가에서 여성의 투표권이 확보되고 두 세계대전으로 인한 노동력 부족 때문에 더 많은 여성이 일을 하러 나갈 수 있게 되었다. 새틴과 태피터처럼 더 편안하고 가볍고 더 밝은 색깔의 천이 도입되었고, 동시에 감추는 피부 면적도 줄었다. 1930년대에는 다리와 등이 드러나게 되었고, 좀 더 대담한 사람들은 몸통 가운데도 드러냈다. 하지만 배꼽을 드러내는 것은 상반신을 그대로 노출하는 것만큼 충격적이라 가렸다. 제프 윌체는 수영복이 전쟁 사이 기간에 더 많이 노출하는 스타일로 바뀌었고, 수영장과 크게는 해변까지 남자들과 여자들이 자신의 몸매를 자랑하고 다른 사람의 몸매를 비난받지 않고 관찰할 수 있는 에로틱한 공공장소가 되었다고 말한다. 그는 현재 미국과 나머지 선진국 세계에서 위세를 떨치는 '여성의 나체와 공공연한 성적 대상화'라는 만연한 문화의 원인 중 하나로 작아진 수영복을 든다.[14]

　　종종 그렇지만 적절한 여성 의상 분야에서 사회적 변화 과정에 박차를 가하게 만든 것은 전쟁이었다. 어느 정도는 필요에 의해서였고 어느 정도는 국가적 긴급 상황에서 사회적 예의라는 규범이 완화되었기 때문이었다. 제2차 세계대전 기간에 여자들은 공장과 군대, 농장에서 보통 남자들이 하던 일을 하면서 마침내 '바지를 입을' 만한 권한이 생겼다고 결정했다. 하지만 최소한 유럽 리조트에서 수영복 규칙이 완전히 완화된 구실은 전후 프랑스에서 천이 부족하다는 이유였다. 1946년 자크 에임Jacques Heim(1899-1967)과 루이 레아르Louis Réard(1897-1984)라는 두 디자이너가 가장 작은 여성 수영복을 만드는 경쟁을 했다. 거기서 탄생한 것이 막 핵실험을 했던 태평양의 환초 이름을 딴 '비키니'였다. 왜냐하면 제조사에서는 대중에게 새로운 수영복이 원자폭탄만큼 '충격적'이기 때문이라고 말했다. 전문 패션모델이 대중 앞에서 입으려 하지 않았기 때문에 스트리퍼가 모델이 되었던 투피스 수영복은 1946년에 처음 파리의 야외 수영장에서 선을 보였는데, 여성의 배꼽을 대중 앞에 내보이도록 디자인된 최초의 의상이었다. 남녀 모두에게 현재의 수영복을 갖게 만들어준 마지막 기술적 발전은 1958년 라이크라(스판덱스라고도 알려져 있다)의 발명이었다. 몸매에 완전히 달라붙고 물에 젖어도 부풀거나 투명해지지 않는 합성섬유는 수영복과 다른 스포츠 분야에 이상적이었다.

　남자들에게 이 여정은 훨씬 짧았다. 그들은 한 번도 여자들만큼 몸을 많이 가릴 필요가 없었고, 그래서 금세 수영반바지 스타일을 받아들였다. 남성 수영복은 계속해서 더 많이 노출하는 방향으로 변화해서 이제는 우리가 패션 센스와 취향에 대한 공격으로 여기는 '삼각팬티'와 '남성용 비키니'까지 나왔다. 하지만 남성용 수영복에서도 몇몇 나라에서는 역설적인 '가리기'를 하는 경우도 있다. 남자들과 소년들이 반바지와 팬티 스타일 대신 더 정숙한 5부 바지와 보드용 반바지 스타일을 입는다. 좀 더 정숙한 옷차림이 비슷하게 대세인 헬스장을 살펴보며 나는 일부 이성애자 남성들이 점점 더 자랑스럽게 나서는 동성애자 남성들과 자신을 구분하기 위해서 몸을 훨씬 더 많이 가리는 스타일의 옷을 고른다는 가설을 세웠다.[15]

　해변에 가는 남자와 여자는 이제 원하면 홀가분한 차림으로 마음대로 수영을 할 수 있지만, 그렇다고 해서 조지 시대와 빅토리아 시대 조상들보다 딱히 더 많이 수영한다는 뜻은 아니다. 현대의 수영복은 의상 규범이 완화되었고 공개적인 장소에서 인간의 몸과 그 성적 의미에 관해 객관적인 시선을 갖게 되었다는 뜻이지, 수중 운동이 인기를 얻게 되었다는 이야기는 아니다.

마음은 야생에

천연 수원에서 수영에 대한 연구는 오픈 워터 수영open-water swimming(바다, 강, 호수 등 자연의 물에서 하는 장거리 수영°)을 빼놓고는 제대로 이야기 할 수가 없다. 영국의 열렬한 지지자 케이트 류Kate Rew(1970-)와 로저 디킨Roger Deakin(1943-2006)이 이 주제에 대해 내놓은 책이 성공을 거둔 것으로 볼 때 현재 이 취미가 인기가 있다는 사실은 선진국의 수영선수 다수가 인공 해변과 수영장에 등을 돌리고 호수와 강, 강어귀, 또는 바다에서 자유롭게 수영을 하는 즐거움을 되찾으려 하고 있다는 증거이다.16

자연 수영Wild swimming은 넓은 면에서 '오픈 워터 수영'의 범주에 들어가지만, 1991년 세계수영선수권대회와 2008년 하계올림픽에 오픈 워터 수영 종목이 포함되면서 이 단어는 자연 수원에서 수영의 경쟁적·지구력적 측면과 좀 더 밀접하게 연관되게 되었다. 반면 자연 수영은 그 이름이 암시하는 것처럼 경치 좋은 곳에서 수영하는 즐거움이 목적인 비경쟁적이고 자유로운 취미 활동이다. 다시 말해, 시골 동네 하이킹이나 트레킹의 수상 버전인 셈으로 수생환경에 일종의 '관광객의 시선'을 적용하는 것이다.

로저 디킨의《물에 젖기waterlog》를 읽어보면 자연 수영을 하는 사람들에게 이것은 여름날의 즐거운 놀이나 건강을 유지하기 위한 활동 이상이라는 사실을 쉽게 알 수 있다. 그는 이렇게 적었다.

생각하면 할수록 나는 수영 여행이라는 아이디어에 점점 너

■ 자연 수영은 수생환경을 또 다른 위생 소비재로 재포장하는 것을 거부하는 개인적인 여정과 자연계의 가장 그림 같은 모습을 재발견하는 두 가지 역할을 합쳐놓은 활동이다.

집착하게 되었다. 심지어 물이 나오는 꿈까지 꾸기 시작했다. 수영과 꿈은 점점 경계가 모호해졌다. 나는 점차 물을 따라가면, 그 흐름에 몸을 맡기면 문제의 핵심을 해결하고 새로운 것을 배울 수 있을 거라는 확신을 갖게 되었다.[17]

영국 제도 전역을 아우르는 그의 수상 여행은 그 자신과 진짜 영국을 찾는 영적인 탐색일 뿐만 아니라 영국에서 가장 훌륭한 자연 수영지를 찾는 물리적 여행이기도 했다. 그는 세상에 대한 우리의 경험이 가상의 활동으로 변화하고 있다고 규탄한다. 어디에나 존재하는 인터넷 때문만이 아니라 이정표, 관광 안내소, 설명용 게시판 등을 통해서 풍경과 주요 지형지물을 공식적으로 해석해놓는 방식 때문이다. 그는 이렇게 설명한다.

> 이것이 산책, 자전거 타기, 수영이 항상 체제 전복적인 활동이
> 되는 이유이다. 이런 활동들은 우리에게 낡은 길을 벗어나서
> 공식적인 버전을 뿌리치고 이 섬의 오래되고 야생적인 것들에
> 관한 느낌을 되찾게 만들어주기 때문이다.[18]

고귀한 수영선수

인공 수영장이 만들어지기 전에 모든 수영은 천연 수원에
서 했었고, 그래서 의미상 전부 자연 수영이나 오픈 워터 수영이었
다. 앞 장에서 나는 전쟁, 종교적 의식, 인명구조 및 수산자원의 이
용 같은 다양한 용도의 기능적 수영에 대해서 설명했고, 재미도 느
끼긴 했겠지만 이는 활동의 주요 목적에 수반되는 부차적인 것이
었다. 하지만 어떤 문화권에서 기능적 수영과 오락 수영은 조화를
이루며 공존했다. 폴리네시아 역사에 관해 설명하며 더글러스 올
리버Douglas Oliver는 이 문화권에서 "아이들이 물에서 수영이나 다이
빙, 잡기놀이를 하며 많은 시간을 보내고, 덕택에 최고의 수중 기
술을 익히게 된다"고 설명한다.[19]

　　제임스 쿡 선장 같은 유럽 탐험가들이 18세기에 폴리네시
아 열도에 도착했다. 쿡과 그의 선원들이 원주민들이 수영을 하고
파도를 타는 수상 기술에 대해 보인 반응은 다른 당대의 유럽 방

문자들의 전형적인 태도였다. 올리버는 이렇게 썼다.

> 서양인들의 수많은 초기 기록에서 폴리네시아의 남녀노소가
> 가진 수영 능력과 그 인내력에 경이를 표한다. 아이들은 아주
> 어린 나이에 이런 능력을 얻는다. 어떤 사회에서는 하루 대부
> 분의 시간을 물속에서 보낸다.[20]

이런 경이감은 서양인들이 특정한 문명 모형을 추구하면서
얼마나 기본적인 인간의 기술과 자연환경에서 멀어졌는지를 보여
주는 증거이다.

비서구권의 수영은 유럽의 수영에 큰 영향을 미쳤다. 물로
돌아가는 본보기가 되었다는 부분이 아니라 횡영과 크롤영을 도입
하게 해주었기 때문이다. 1844년 아메리카 원주민인 오지브와족
의 '하늘을 나는 갈매기(웨니시카웬비)'와 '담배(사마)'가 런던의 수영 박
람회에서 팔을 어깨 위로 들어 올려 휘젓는 영법과 번갈아 발차기
법을 보여주었다. 그들은 평영을 하는 영국 수영선수들을 쉽게 제
쳤지만, 아메리카 원주민의 영법은 '신사답지 못하고', '유럽인답지
않다'고 여겨졌다. 그 영법이 도입이 되지는 않았지만 영국인들이
더 빠른 평영의 횡영 스타일 영법을 개발하게 만들었다.[21]

30년 후에 아르헨티나 여행을 하면서 팔을 어깨 위로 들어
올려 휘젓는 영법을 배운 존 트러젠John Trudgen(1852-1902)이 1875년 지
방 경기에서 '트러젠 영법'이라고 알려진 방법을 처음으로 보여주
었다. 이 영법은 크롤영의 팔 동작과 좌우로 몸을 돌리는 방식을

사용하지만, 좀 더 능률적인 번갈아 발차기 대신에 가위 모양이나 평영 발차기를 했다. 번갈아 발차기는 20세기에 크롤영의 표준 발 장구법이 된다.[22]

궁극적인 자연 수영

앵글로-색슨인에게는 새로운 취미나 스포츠, 여가 활동이 인기를 얻으면 누군가가 이것을 참을성 테스트로 바꾸고 누가 가 장 멀리 가는지, 어떤 것에 가장 많은 사람이 참여하는지, 혹은 누 가 가장 많이 지루한 반복을 하는지 기록을 세우려고 하는 경향 이 있다. 예를 들어 안전 자전거가 발명이 되자마자 열렬한 지지자 들이 나라 전역과 대륙을 구석구석 자전거로 누볐고, 애니 런던데 리Annie Londonderry라고 더 잘 알려진 애니 코프초브스키Annie Kopchovsky 의 경우에는 최초의 안전 자전거가 제작소에서 나오고 겨우 10년 후인 1895년에 전 세계를 자전거로 돌았다.

9장에서 보겠지만 경기 수영에서는 종종 수영 속도나 인내 력을 놓고 내기나 상금 같은 경제적인 동기가 유발된다. 하지만 다 른 경우에 이런 경쟁을 하는 이유는 오로지 오랜 탐험가의 상투적 인 '거기에 있으니까'라는 말로밖에 설명할 수가 없다. 아마도 이것 은 종목보다는 자기 자신에 대한 테스트에 더 가까울 것이다. 이런 정신을 이어 오늘날에는 크리스마스나 새해 수영에 전 세계에서 수천 명의 사람이 참여한다. 지구온난화가 일어나는 요즘에는 좀 덜하지만 가끔은 얼음을 깨고 들어갈 때도 있다. 이런 행사 중 가장 오래된 것은 브라이턴 수영클럽에서 주최하는 크리스마스 수영이다. 이 행사에는 2004년에 450명의 수영선수와 4천 명의 관중이 몰렸다.[23]

세계에서 가장 오래된 바다 수영 오래 하기는 역시나 영국의 협회가 주최하는 것으로 영국해협을 수영하는 것이다. 이것은 1875년 매슈 웨브 선장이 최초로 해냈다. 그는 피로와 해파리, 불리한 조류와 싸우며 영국에서 프랑스까지 21시간 45분 동안 수영을 했다. 웨브 이후로 811명의 수영선수가 도와주는 사람 없는 이 단독 횡단에 성공했지만, 이 수영은 따뜻한 아열대 물속에서 느긋하게 팔다리를 움직이는 것이 아니다. 여름철에도 영국해협의 수온은 10도가량이고, 조류에 휩쓸리거나 해파리와 미처리 하수, 기름막, 변덕스러운 날씨, 영국과 유럽 대륙을 가르는 이 좁은 물길을 이쪽저쪽으로 정기적으로 다니는 탱크선, 페리, 유람선을 만날 짜릿한 위험을 안고서 수영을 해야 한다.[24]

다시 태어난 수영선수

지금까지 바다와 다른 천연 수원에서의 수영이 20세기에 대중이 참여하는 오락 활동이 된 길고 복잡한 과정에 대해 설명했다. 바다로 돌아오기 위해서는 수 세기 동안의 종교적 편견과 도시의 금지령을 넘어서야 했고, 바다와 해안이 직업상, 혹은 거리상 익숙하지 않은 사람들에게 불러일으키는 두려움과 혐오를 극복해야만 했다. 수영이 의학적으로 이용되면서 해안가 리조트 시설이 생기긴 했지만, 해수요법과 수영의 연계는 수영을 즐거운 취미로 여기는 데 별로 도움이 되지 않았다. 그 후로 수영은 그 후로 수영은 우선 예술과 문학을 통해서 재해석되어야 했고, 이는 세상을 보는 새로운 방식의 바탕이 되었다. 바로 관광객의 시선이다.

17세기에 해변은 관광객들의 목적지가 되었고 18세기에 아주 대담한 사람들이 오락 수영을 시험했다. 한 세기 후, 해변으로의 당일치기 여행이 시작되었고, 20세기에는 대중을 상대로 하는 패키지 휴일 상품으로 발전했다. 21세기에 오픈 워터 수영과 자연 수영의 인기가 높아지며 우리는 더 순수하면서도 위험한 바다와 천연 수원에서 감독 없이 수영하는 시대로 빙 돌아 제자리로 왔다.

21세기에 우리는 모두 국내에서나 해외에서나 해변에 얼마든지 갈 수 있다. 여름휴가와 연관되어 더욱 강해지는 수영이라는 활동에서 우리가 느끼는 육체적 즐거움은 현대 수영의 인기에 중요한 역할을 한다. 하지만 이 관계는 더욱 깊은 곳까지 이른다. 우리 삶의 어느 지점에서, 우리가 방파제나 해변의 완만한 모래 경사에서 물에 뛰어드는 것에 기쁨을 느끼기 전에, 우선 낯선 심해와 가능성 낮은 백상아리나 쥐라기 파충류에 대한 공포를 극복하고, 둘째로 수많은 무모한 수영선수의 목숨을 앗아간 지나친 자신감을 억누르기 위해서 육체적·정신적 세례라는 형태로 종교 개종과 비슷한 경험을 해야만 한다. 우리 대부분은 안락하고 안전한 실내 수영장에서 수영 기술을 배우지만, 우리의 능력 범위를 벗어난 바다에 나갔을 때에야 우리가 수영선수가 될 자질을 갖고 있는지 없는지를 깨닫게 될 것이다.

Strokes of Genius
a History of Swimming

넵투누스의 신전

가장자리에는 방문자들을 태양의 열기에서 가려줄 나무가 충분하게 있었다. 여름날 저녁에 목욕하는 사람들의 행동을 관찰하는 것은 유쾌하다. 어떤 사람들은 대담하게 물에 다이빙을 하고, 어떤 사람들은 소심하게 서 있다가 마지못해 천천히 계단을 하나하나 내려간다. 능력 있는 수영선수들은 다이빙과 공중제비를 하며 사람들의 시선을 끌고, 가끔씩은 물 전체가 유쾌하게 원형으로 흔들린다.

__윌리엄 혼William Hone, 런던의 피어리스 풀Peerless Pool을 묘사한 글, 1826년[1]

바다와 천연 수원에서의 수영은 오락 수영 이야기의 절반밖에 되지 않는다. 천연 수원을 이용하는 것은 일 년 중 오로지 여름철에만 가능하고, 보통 사람 많은 내륙 중심부에서 한참 떨어져 있다. 그 결과 18세기까지 일 년 내내 수영을 한다는 것은 따뜻한 기후 지역에서, 적당한 물가 옆에 사는 사람이나 그런 곳으로 여행을 갈 여가시간과 경제적 자원이 있는 사람에게만 가능한 일이었다. 하지만 수영이 대중이 참여하는 연중 활동이 되기 위해서는 로마 시대에 나라가 엄청난 돈을 써서 제국의 주요 도시에 보조금으로 대형 목욕탕을 지었던 것처럼 수영하는 사람들에게 물을 가져와야 했다.

서부 유럽에서 오랫동안 쓰이지 않은 로마의 아쿠아에와 테르마에 같은 시설의 일부로 만들어졌던 수영장들은 16세기와 17세기에 스파 형태로 되살아났고, 18세기에 유럽에 최초의 오락 수영장이 등장하게 되는 기반이 되었다. 19세기에는 유럽과 북아메리카의 대형 산업도시에 수영장을 만드는 새로운 계획이 수립되었다. 이것은 도시빈민에게 육체적 청결과 도덕적 정직성이라는 빅토리아 시대의 미덕을 가르치기 위한 것이었지만, 가장 초기부터 도시의 물은 오락용으로도 사용되었다. 사설 운동 클럽에 있는 훨씬 사치스러운 사설 수영장이라는 동시대 문화에 늘 오락적인 요소가 들어가 있었다. 물론 이것은 이런 기관들의 스포츠와 건강, 체력단련이라는 기풍 아래 고도로 조직화되어 포함된 것이긴 했지만 말이다.

한때는 땅에 파놓은 흙탕물 구덩이나 강에 담가놓은 나무통에 청결이 의심되는 물이 들어 있는 것에 불과했지만, 이후 오락 수영장은 두 가지 방향으로 진화했다. 작고 사적인 주택 뒷마당의 수영장과 레인 수영장 및 유아용 얕은 수영장, 워터 슬라이드와 폭포, 파도 기계가 있는 인공 석호로 이루어진 거대한 '아쿠아파크'이다. 물론 실내 수영장에서 수영을 하는 현대의 수영 활동 대부분에서 오락을 위한 수영과 건강과 체력단련을 위한 수영의 경계는 흐릿하다. 하지만 이 책의 목적을 고려하여 둘 사이에 인위적인 경계를 긋도록 하겠다. 앞 장에서 목욕의 의학적 측면을 다루었고 9장에서는 경기 측면을 다룰 예정이니 이 장에서는 순수하게 오락 관점에서 수영장 수영을 살펴보겠다.

고전기의 물

고대 그리스인 사이에서 수영은 모든 교육받은 남자가 익혀야 하는 필수 능력이었고, 글을 읽지 못하거나 수영을 못하는 사람은 멍청이라는 말도 있었다. 하지만 수영이나 다이빙에 관한 묘사는 그리스-로마 예술에서 육상 운동과 스포츠를 묘사한 도자기 그림이나 육상 운동선수들의 수많은 조각상과 비교할 때 몹시 드물다. 달리기, 원반던지기, 멀리뛰기, 레슬링 등과 다르게 수영과 다이빙은 고대 그리스에서 흔한 기술이자 여가 활동이었음이 분명한데도 경기 스포츠는 아니었다. 그래서 공공미술이나 가정용 장식 미술품에서 묘사하거나 찬양할 이유가 없었다. 남부 이탈리아에 있었던 그리스 식민지 파에스툼의 무덤에서 드문 예외가 발견된다. 기원전 5세기 다이빙 선수의 무덤 벽화에서는 벌거벗은 젊은 남자가 높은 다이빙대에서 아마도 천연 수원인 것 같지만 인공 수영장일 수도 있는 곳으로 다이빙을 한다. 이 장면은 수영하는 병사들이 있는 아시리아 궁전의 돋을새김 조각처럼 군사 용도가 아니고, 죽은 사람이 지하세계로 들어가는 것을 상징하는 것일 수도 있지만 또한 당시의 진짜 여가 활동을 표현하고 있기도 하다. 사다리 같은 단이 딸린 높은 다이빙대는 편리한 바위 노두 같은 것이 아니라 분명히 사람이 만든 것이고, 수영 선생이라면 남자의 머리 위치가 잘못되었다고 지적하겠지만, 그 외에 다이빙 선수는 올바른 다이빙 자세를 보여준다.

4세기 후에 로마의 역사가 카시우스 디오Cassius Dio(서기 155-235)의 저서에서 부유한 예술 후원자이자 아우구스투스Augustus 황제의 조언자였던 마에케나스Maecenas(기원전 68-서기 8)가 최초로 로마에 온수탕을 지었다는 언급이 나온다.[2] 마에케나스가 개인적으로 사용하려

■ 남부 이탈리아의 그리스 식민지 파에스툼에 있는 기원전 470년경 다이빙 선수의 무덤의 벽화. 이 장면은 군사적인 것이나 상업적인 의미가 있는 것이 아니고, 젊은 남자가 높은 다이빙대에서 호수나 강, 인공 수영장에 뛰어드는 모습을 보여준다.

했던 게 분명한 이 뚜껑 있는 지상 수영장 이후로 제국의 고급 테르마에에 수많은 온수 공공탕이 생겼지만, 이 크고 얕은 욕탕은 수영보다는 목욕과 사교를 위해 설계된 것이었다. 율리우스 카이사르와 이후의 많은 황제들처럼 엄청난 부자들은 개인 용도로 수영장을 만들었고, 그렇게 수영은 상류층만의 전유물이 되었다. 서구 유럽에서 로마의 목욕 문화가 끝을 맞이하며 최초의 지상 수영장이 의학적 용도로, 종종 고대 로마 스파 리조트가 있던 자리에 새로 만들어지기까지 천 년이 더 걸렸다.

고전기 이후의 물

근대 초기에 최초의 목적성 지상 야외 오락용 수영장이 언제 어디에 만들어졌는지 명확하게 말하기는 어렵지만, 영국에서 이 상은 케임브리지 이매뉴얼 칼리지의 펠로스 풀에 주어야 할 것이다. 1690년경에 처음 사용되었던 이 수영장은 칼리지의 교수와 학생에게 계속해서 사용되었다.[3] 영국의 지상 수영장에 대해 내가 찾은 최초의 기록은 왕정복고시대 런던(1660년대)까지 거슬러 올라간다. 터키 목욕탕 하맘을 영국에서 차용한 배니오bagnio(대중목욕탕*)의 일부로 몇 군데에는 대중탕이 있었다. 예를 들어 런던 화이트채플의 레먼 스트리트 배니오의 광고에서는 13미터 길이의 수영장이 있다고 자랑하고 있다. 19세기까지 살아남기는 했지만, 배니오는 매음굴 역할도 했기 때문에 수영장에서 왕복 수영을 하는 건 고객들의 할 일 목록에서 별로 위에 있지 않았을 것이고, 배니오가 도심의 지상 수영장 시설의 기본이 되지도 않았을 것이다.[4] 어쨌든 런던의 배니오에 수영장이 있었다는 사실은 수영이 인명구조와 군사훈련, 위생과 의료 행위에만 관련되어 있다는 생각을 완전히 넘어서서 육체적 관능과 즐거움을 쉽게 얻는 방법이었음을 알려준다.

자연을 개조하기

수영장을 문화적 공간으로 보는 계몽적인 연구집 《연못의 다이빙대The Springboard in the Pond》에서 건축역사학자 토마스 판 레이우언은 현대 수영장 설계의 역사를 르네상스 시대까지 거슬러 올라간다. 대부분의 수영장이 사각형인 것에 관해 이야기하며 그는 그 기원이 18세기 유럽에서 군사훈련시설을 만들 때였다고 주장한다. 수영장은 전부 직각에 직선으로 이루어진 연병장의 수중 판이고 수영은 행군훈련의 수중 판이었던 셈이다. 이것이 비군사적 건강 및 체력단련을 위한 수영장에도 도입되었고, 다른 경기 스포츠의 경기장, 운동장, 경기 코스처럼 표준 치수가 필요했던 경기 수영장에까지 활용되게 되었다. 이런 면에서 볼 때 수영장의 기능이 그 형태를 결정했고, 거기서 할 수 있는 수영의 종류까지 규정하게 되었다.

오락용 수영장 설계의 또 다른 전통의 기원은 로마 시대에 여름의 열기를 피하는 장소로 처음 만들어졌고 때로 수영할 연못도 있었던 장식 정원 그로토grotto까지 거슬러 올라간다. 그로토는 르네상스 시대에 부활했고 그 이래로 정원 설계의 핵심 부분으로 남아 있다. 초기 그로토는 자연계의 환상적인 재현이었다. 바위와 석순이 여기저기 있고 관목 사이로 내다보거나 수영을 하려고 옷을 벗는 도중인 님프와 판Pan(목신牧神)의 조각상이 가득한 인공 동굴이었다. 하지만 자연을 고스란히 따라 하려고 하기보다는 '야만적인 부분을 개선해서 개조된 자연미belle nature를 만들기 위해' 설계되었다. 그로토 건축에서 찾아볼 수 있는 환상이 현대의 수영장 디자인에도 다시 나타난다. 판 레이우언은 인공 폭포와 워터 슈트, 구불구불한 강과 파도 기계가 있는 아쿠아파크를 예로 든다.[5]

2012년 런던 올림픽을 위해서 아쿠아틱 센터에 만들어진 대단히 기능적인 경기 수영장은 건축가 자하 하디드Zaha Hadid의 뛰어난 물결 모양(고형화된 파도나 사구 같은 모양) 지붕으로 덮여 있다. 이 엄격한 현대성은 바로크 시대 그로토가 곧장 떠오르게 만든다.6

피어리스 풀

런던 최초의 목적성 야외 지상 수영장은 런던의 경제 구역 바로 북쪽 시티 로드 근처의 볼드윈 스트리트에 있었던 피어리스 풀Peerless Pool이다. 피어리스는 그저 수영장이 아니라 수도 최초의 다용도 도심 리조트였다. 여기에는 돌계단에 바닥에는 작은 자갈이 깔린 52×33×1.5미터 크기의 대형 야외 수영장 플레저 배스Pleasure Bath가 있었고, 더 작은 지상 수영장(11×5.5미터)과 낚시를 하고 모형 배를 띄우고 겨울에 물이 얼면 스케이트를 타는 대형 연못, 잔디 볼링장, 신고전주의 스타일의 대리석 현관 안으로 탈의실과 도서관이 있었다. 피어리스 풀은 반은 천연이고 반은 인공이었다. 수량이 워낙 많아서 연못을 이룰 만큼 지하수가 샘솟는 자리에 만들어졌기 때문이다. 이 연못은 수영하다 방심한 사람들의 목숨을 여럿 앗아가서 위험한 연못Perilous Pond라는 이름이 붙었다. 이 복합시설은 시립 시설이 아니라 연못물에 몸을 담가서 '격렬한 두통'을 치료했던 보석상 윌리엄 켐프William Kemp의 지원을 받은 자선사업이었다.

나무로 가리고 그림자가 드리운 수영장은 1743년에 문을 열었고 1850년 이 지역이 재개발될 때까지 영업을 계속했다. 1년 회원권은 1기니(1파운드 1실링)였고, 실내 수영장을 사용하는 데 추가로 9실링, 또는 한 번 수영하는 데 1실링을 매겼다. 현대의 가격으로 환산하면 이것은 도시에서 가장 비싼 운동 클럽과 수영장에 1년 회원권을 끊거나 하루 입장권을 사는 것과 똑같았기 때문에 전적으로 도시의 부유한 시민만이 수영장을 사용했다.[7] 낚시 연못은 1805년 볼드윈 스트리트를 내느라 메워졌지만, 1826년에 쓰인 이 장 앞머리에 인용한 윌리엄 혼의 묘사를 보면 수영장이 사람들에게, 특히 근처 블루코트 학교의 학생들에게 전혀 그 매력을 잃지 않았음을 알 수 있다.

> 여름의 날씨 좋은 목요일과 토요일 오후마다 각각 스무 명이 넘는 블루코트의 남학생 무리들이 보호자를 앞세워서 도착한다. 몇 명은 목적지에 도착하기도 전에 이미 반쯤 옷을 벗고 있다. 수영장에 재빨리 뛰어드는 모습이나 탕 안에서 그들의 웃음소리로 보아 그들이 미지근한 물을 즐겼음을 알 수 있다.[8]

런던 바깥의 브리스틀과 버밍엄, 리버풀에도 비슷한 사설 시설들이 있었다. 런던 바깥에서 가장 큰 곳은 버밍엄의 레이디웰 목욕탕이었다. 여기에는 개인 욕탕과 그 지역 유대인 여성들을 위한 미크바(의식 목욕), 33.5×16미터 크기의 야외 수영장이 있었다. 1831년에 수영 한 번 하는 금액은 6펜스(2016년 기준으로 약 2.50파운드)였다.[9] 이런 수영장들의 존재는 18세기 중반 영국에 해수목욕 스파와 해안가 리조트, 군사훈련 및 인명구조 목적의 수영과 함께 오락 수영 문화가 있었다는 증거이다. 피어리스 풀이 문을 열기 전에 여름에 더위를 식히고 싶은 런던 사람들은 템스강에서 수영을 할 수 있었다. 하지만 급류와 지나가는 보트들, 높아진 오염도 때문에 위험한 생각이었다. 그 외에도 다양한 천연 및 인공 호수와 연못이 수도 안이나 주위에 있었지만 역시나 안전과 건강 문제가 있었고 편의 시설도 없었다. 이런 수영장들이 오래간 것은 19세기 중반까지 도시 거주자들에게 확실하게 인기가 있었음을 입증하지만 그 후에는 새로운 사설 및 공공 실내 온수 수영장들이 생기면서 이런 시설들은 문을 닫게 된다.

수상궁전

파리의 뱅 들리니는 원래 군대를 위한 수영 학교로 구상되었지만 금세 프랑스 수도에서 제일가는 명소이자 부유층과 권력자, 유명인의 여름철 만남의 장소로 발전했다. 센강에 잠겨 있지만 부두나 다리에 정박시키는 대신에 강바닥에 무게추로 고정시켜놓은 수영장의 수영용 욕조와 갑판은 합쳐서 106×30미터라는 거대한 규모였다. 수영장 자체는 원래의 군사적 기능에 맞게 직사각형이었지만, 그곳은 고급 호텔 같은 시설을 자랑했다. 2층으로 되어 총 340개의 탈의실이 자리하고 있는 네 개의 부교浮橋와 여섯 개의 전용 살롱, 일곱 개의 휴게실, 개인용 로열 스위트, 카페, 레스토랑과 원형극장까지 있었다. 로열 스위트에는 샤를 10세Charles X (1757-1836)와 그의 후계자인 루이 필리프Louis Philippe(1773-1850)가 묵었다. 1937년에 욕조에 주위의 강물이 들어오지 못하게 막고 수질을 개선하기 위해서 펌프 및 정화 시스템을 설치했다. 뱅 들리니는 1953년 화재 이후 완전히 개축되어 커다란 테라스로 둘러싸인 50×15미터의 수영장이 있는 피신 들리니Piscine Deligny가 되었다. 전후 시기에도 유명인사가 계속해서 몰려들었고, 온갖 성적 취향을 가진 파리인들의 만남의 장소로 알려졌다. 파리의 성소수자 사회의 만남의 장소라는 그 명성은 1993년 들리니를 강에 가라앉게 만든 한밤의 폭탄 사건을 설명해줄 수 있을지도 모른다.10

들리니는 19세기에 파리의 대중을 상대로 열었던 여러 개의 수상 수영장 중 하나였다. 런던에도 1870년대에 워털루 다리 옆에 닻을 내린 크리스털 팰리스Crystal Palace와 똑같은 스타일의 주철과 유리로 된 지붕으로 덮인 수영장을 포함해서 비슷한 시설들이 있었다. 독일과 오스트리아인은 나폴레옹에게 패배한 후 군사훈련용 수상 수영장을 만들었고, 이것은 점차 공공 수영 시설로 변모했다. 1881년 수자원이 풍부하며 수력공학 기술로 유명한 네덜란드에서 암스테르담 항구(현재 암스테르담 중앙역 자리 근처)에 당대 최대 규모의 수상 수영장 복합시설인 Th. 판 헤임스테더 오벌트 목욕 및 수영 시설Bad-en Zweminrichting van Th. Van Heemstede Obelt을 열었다. 여기에는 남자, 여자, 아이를 위한 세 개의 수영장이 있었고, 남자를 위한 탈의실 250개와 여자용 60개, 서비스룸, 샤워실, 온탕, 레스토랑이 있었다. 수영장 바닥과 옆면은 나무판자와 큰 오물을 방지하기 위한 금속

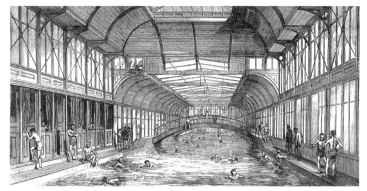

■ 런던 워털루 다리 근처에 닻을 내린 수상 목욕탕, 1870년경. 크리스털 팰리스와 많은 수도의 철도 종착역에 사용된 웅장한 주철과 유리 스타일로 만들어진 수상 목욕탕은 지상 수영장보다 만들고 유지하기가 훨씬 저렴했다. 하지만 효과적인 물 정화 시설이 없는 경우에는 사용자에게 심각한 건강상의 위험을 초래했다.

■ 1888년에 문을 연 취리히의 프라우엔바트는 도심에 만들어진 19세기 수상 수영장의 드문 생존물이다. 수상 수영장은 적당한 수원이 있으면 어디든 지을 수 있었지만, 연중 쓸 수 있고 수질을 관리할 수 있는 지상 온수 수영장과는 경쟁할 수가 없었다.

그물로 만들어졌다. 깊이가 0.6미터에서 3.5미터에 이르는 경사로 된 나무 바닥은 하얀 모래로 덮어서 손상되지 않은 열대 해변 같은 인상을 주었다.

수상 목욕탕은 도심의 강물 위에만 만들어진 것이 아니었다. 수질과 오염에 관한 우려 때문에 1858년에 문을 연 트리에스테(도시가 아직 오스트리아-헝가리제국에 속했던 시절)만의 바뇨 마리아Bagno Maria처럼 해안가에 비슷한 시설들이 지어지기 시작했다. 바뇨 마리아는 190×100미터 크기의 거대한 수영장과 데크가 있다고 자랑했다.

들리니를 제외하면 대부분의 유럽 수상 수영장은 19세기 말이 되기 전에 문을 닫았지만 취리히 중심부의 프라우엔바트(여성 목욕탕)만은 1888년까지 계속해서 영업을 했다.[11] 수상 수영장은 계속해서 탕에 물을 공급해야 하고 비싼 가열 시설 및 수질 정화 장치를 달아야 하는 당시 지상 수영장과 비교할 때 싸게 지을 수 있고 운영비도 저렴했지만 많은 단점이 있었다. 추운 북부 위도 지역에서는 일 년 중 일부 기간에만 사용할 수 있고 폭풍우나 강에서 내려오는 부유물과 충돌해서 피해를 입을 수도 있었다.

그러나 제일 큰 문제는 19세기에 도심 수로가 점점 더 심하게 오염되어 템스강이나 센강이 악취가 나는 하수로 변한 부분이었다. 하지만 이런 문제가 없었다 해도 수상 수영장은 추운 계절에도 사용 가능한 온수 지상 수영장이나, 따뜻한 계절에는 이제 철도 덕택에 대도시에서 쉽게 갈 수 있는 유럽 전역의 해안가 리조트 해변과의 경쟁에서 밀려나 사라졌을 것이다. 수상 수영장은 노동계층을 배제하는 사용료나 입장료를 받는 사설 시설이었고, 노동계층은 수영을 한다면 천연 수원으로 가야만 했다. 하지만 19세기 무렵에는 수영이 중류층과 상류층 일부에서 완전히 자리 잡은 여가 활동이 되었고, 스파 마을이나 해안가 리조트뿐만 아니라 그들이 살고 일하는 도시에서도 즐길 수 있기를 바라는 사람들이 점점 늘었다.

지상으로 올라오기

천연 수원이 점점 더 심하게 오염되고 연중 사용 가능한 목욕탕과 수영 시설에 대한 요구가 커지면서 유럽 북부의 대도시들이 취할 수 있는 유일한 방법은 지상에 온수 실내 수영장을 짓는 것이었다. 5장에서 영국의 시립 목욕탕의 발전에 대해서 설명했고, 1846년과 1878년에 통과된 목욕 및 세탁소법에 따라 지어진 수영장들의 기능과 오락 수영장의 기능이 어느 정도는 겹친다. 게다가 사설 수영장이 계속해서 지어지고 운영되었다. 종종 시에서 직접 수영장을 짓는 것보다 더 싼 대안으로 이런 수영장을 사들이기도 했다.

로마 시대 이후 최초로 공중목욕탕을 지은 영국 도시는 1794년 리버풀항이었다. 리버풀은 1756년부터 도시 내에서 영업하던 강가 목욕탕을 사들였다. 1817년 프린스 도크를 짓기 위해서 원래의 건물을 허물게 되자 도시는 그리스 부흥 스타일의 커다란 건물 세인트조지 배스St. George's Baths를 건설했다. 이 목욕탕에는 14×8미터 크기의 남성탕과 12×8미터 크기의 여성탕이 있었다. 물은 증기기관을 이용해서 강물을 저장고로 퍼 올렸고, 정화하고 데

■ 복원한 런던 필즈 리도의 50미터 온수 실외 수영장. 원래 1932년에 이스트엔드 주민을 위한 오락 시설로 문을 연 이 야외 수영장은 1988년에 문을 닫았다. 지역 사회 활동을 통해 철거를 면한 이 수영장은 2006년에 다시 문을 열었다.

위서 목욕탕으로 보냈다. 피어리스 풀과 레이디웰 배스처럼 세인트조지 배스는 6개월 이용료에 1기니라는 엄청난 금액을 매겼고 (1829년 기준) 이로 인해 도시의 노동계층은 사용할 수가 없었을 것이다. 그들은 수영을 하고 싶으면 대단히 오염되고 사람도 많은 머지강으로 가야만 했다.

1846년 법안이 시행되기 전에도 런던에는 수영 시설을 제공하는 여러 개의 사설 시설이 존재했다. 1842년 런던 동부의 혹스턴에 1급과 2급 사용자용 대형 탕이 있는 메트로폴리탄 배스가 문을 열었다. 테피드 배스는 33.5×14.5×0.9-1.5미터였고, 웬록 배스는 55×21미터로 1934년까지 도시에서 가장 큰 지붕 있는 탕이었다. 다음 해에 하이 홀본의 리틀퀸 스트리트에 내셔널 배스가 문을 열었다. 이곳도 1급과 2급 고객을 위한 두 개의 탕이 있다고 자랑했다. T자 모양의 테피드 수영장은 가장 넓은 부분이 41×21미터였다. 물은 지하수를 증기기관으로 퍼 올려서 정화하고 26.6℃로 가열했다. 이것은 오늘날의 평균 온도인 29℃보다 약간 차가웠을 것이다.[12]

　　런던에는 수많은 시립 및 사설 수영장과 지붕 있는 수영장, 지붕 없는 수영장 및 야외 수영장이 있어서 다 다루는 것은 거의 불가능하다. 그래서 나는 도시에 있는 취미용 수영장의 대표적인 예를 두 개만 골랐다. 오아시스 스포츠센터와 런던 필즈 리도이다. 나는 양쪽 모두에 수영하러 가보았고 거기서 사람들을 가르쳐보기도 했다. 코번트 가든에 있는 오아시스 스포츠센터는 18세기 이래로 런던의 지상 목욕탕과 수영장의 역사를 아우른다. 지하수를 찾기 한참 이전 시절에 이 지역에는 천연 샘이 있었기 때문에 1728년 무렵 대중목욕탕을 열 수 있었고, 1840년까지 운영이 되다가 샘이 마르면서 문을 닫았다. 그다음에 그 자리를 차지한 것은 세인트자일스 앤드 세인트조지 블룸즈버리 목욕 및 세탁소로 1852년에 문을 열고 이 동네 주민들에게 73개의 개인탕과 56개의 빨래통, 각각 12×7미터와 11×7미터 크기의 1급과 2급 대중탕을 제공했다.

　　홀번 배스라고 이름을 바꾼 이 목욕탕은 1890년대에 광범위하게 개조해서 원래의 탕을 수영에 적합한 커다란 하나의 탕으로 합치고 또 다른 수영장을 더 만들었다. 이 지역의 재개발과 두 개의 커다란 실내 수영장을 포함한 야심 찬 '스윔스태드Swimstad' 건설이 1937년에 시작되었지만 제2차 세계대전이 발발하며 중단되었다. 1946년에 마침내 27.4×10미터 크기의 실외 수영장 하나만 있는 센터가 재개장했다. 이 기묘한 수영장 크기는 이것이 전쟁 전의 계획이었다가 전쟁 기간 동안 물탱크로 전환되어 사용되었다는 사실로 설명이 가능하다. 1960년에 25×9미터 크기의 실내 수영장이 추가되었고, 지붕은 열어서 일광욕 데크처럼 사용할 수 있었다.[13]

　　내가 두 번째로 고른 런던 필즈 리도는 전쟁 사이 기간 영국 수영장 디자인의 대표적인 예이다. 이 야외 수영장은 1932년에 문을 열었고 모든 성별, 계층, 연령대의 고객을 받는 여가 시설로 특별히 설계되었다. 개인위생이나 빅토리아 시대의 가치를 중산층에게 보급하기 위한 목욕이라는 개념은 오래전에 잊혔고 이제는 대규모 관광의 시대였다. 전후 시대에 해외에 가게 되는 것과 달리 이때는 아직 국내 여행만으로 한정되어 있었지만 말이다. 런던 필즈의 수영장은 50×20미터 크기에 가장 깊은 곳이 2.3미터였다. 수영장은 콘크리트 일광용 데크와 물품보관소, 탈의실로 둘러싸여 있었다. 이 수영장은 1951년에 현대화되고 1988년까지 운영되다가 체육관과 더 신식인 온수 실내 수영장 같은 다른 여가 시설들과 경쟁이 되지 않아 문을 닫게 되었다. 1980년대에 거의 철거될 뻔했던 이 수영장은 자원봉사자들이 수차례 청소를 하는 등의 지역 사회 활동으로 구조되었다. 2006년에 런던의 몇 안 되는 온수 야외 장거리 수영장으로 문을 열었고, 곧 열기에서 벗어나고 싶거나 일광욕을 하고 싶은 도시인들이 여름철에 가장 많이 찾는 수도의 인기 장소가 되었다.

대륙에서 지상으로 올라오기

수상 수영장을 먼저 시작했음에도 불구하고 파리는 지상 시설을 건설하는 데에는 비교적 늦은 편이었다. 1884년 최초의 지상 수영장 피신 샤토-랑동Piscine Château-Landon이 제10구에서 문을 열었고, 1889년에 두 번째인 피신 루베Piscine Rouvet가 제19구에 만들어졌다. 두 수영장 모두 뱅 두쉬bains-douches(목욕과 샤워)를 제공하고 초기 영국의 목욕 및 세탁소와 똑같은 기능을 했다. 판 레이우언에 따르면 유럽 대륙에서 최초의 목적성 실내 오락 수영장은 프랑스가 아니라 오스트리아에서 만들어졌다. 빈의 디아나바트Dianabad가 1843년 원래 목욕탕이 있었던 도나우카날 강둑에 문을 열었다. 36×13미터 크기의 디아나바트는 당시 가장 큰 지붕 있는 수영장으로, 겨울에 수영장이 문을 닫으면 콘서트장 및 무도회장으로 사용되는 53×20미터 크기의 홀도 딸려 있었다.

1900년에 디아나바트는 고급 호텔의 일부로 개조되었다. 이 두 번째 탄생의 특징은 두 개의 수영장이다. 남성용의 왕복 연습용 수영장과 여성용의 파도 기계가 있는 수영장이 생겼다. 이 복합시설에는 또한 증기탕과 일광욕 데크, 요양소, 부티크, 헤어살롱, 피부관리실, 레스토랑, 세탁소, 동물병원 및 애견미용실까지 딸려 있었다. 수영장과 그 외의 시설들을 보건대 이곳은 호텔 손님과 도시의 부유한 시민만이 사용하는 사설 시설이었을 것이다. 호텔은 제2차 세계대전 때 심각하게 손상되었지만 수영장은 1946년에 새로 문을 열었고 계속 이용되다가 1974년 지역 전체가 재개발에 들어

■ 1967년 문을 연 파리의 피신 켈러Piscine Keller. 프랑스 수도의 39개의 시립 수영장 중 하나이다. 50미터 수영장과 15미터 아동용 수영장, 스파로 이루어진 켈러는 여름에 대비해서 접을 수 있는 지붕이 달려 있다. 시작은 늦었지만 파리는 이제 서구 세계에서 가장 좋은 공공 수영장을 보유하고 있다.

가서 현대적인 사무용 건물과 세 번째 디아나바트가 만들어졌다. 이 지역은 1996년에 다시 재개발되었고, 시에서는 2000년에 현재의 네 번째 디아나바트를 열었다.14

디아나바트는 1900년이라는 이른 시기에 파도 기계를 보유하고 있었고, 독일 오버바이에른 주 슈타른베르크의 호숫가 리조트 운도사 벨렌바트에도 1905년부터 1921년에 폐기될 때까지 이 도시 최고의 명물 중 하나였던 파도 기계가 있었다. 판 레이우언에 따르면 "파도를 일으키고 폭포를 만드는 것은 인공적인 환경에서 자연을 재현하는 르네상스의 전통에 따른 것이었다".15 하지만 이는 또 다른 중요한 기능을 수행했다. 질병의 세균설이 유럽에서 널리 퍼지면서 수영장 관리인과 소유주가 고객들에게 그들이 수영하는 물의 온전함을 보장하기 위해서 이런 자연적인 특성을 이용했다.

세기 초반에는 서부 유럽에서 가장 지상 시립 수영장이 없었던 파리가 이제 39개의 훌륭한 도심 수영장을 갖고 있고, 그중 다수에 50미터의 올림픽 규격 수영장이 포함되어 있다고 자랑할 수 있었다. 피신과 뱅 두쉬 건설의 제1차 열풍은 19세기 말에 시작되었고, 제2차 열풍은 세계대전 사이 기간에 일어났다. 1924년에 문을 연 제13구의 피신 드 라 뷔트-오-카유Piscine de la Butte-aux-Cailles는 위생을 위한 목욕과 오락을 위한 수영을 명백하게 구분한 최초의 수영장이었고, 이 기간에 이런 수영장이 늘어났다. 제3차 건설 열풍은 1960년대 말과 1970년대에 불었고, 접이식 지붕이 달린 50미터 수영장인 피신 켈러 같은 수영장들이 만들어졌다. 최근의 수영장으로는 2006년 '파리 플라주Paris Plages' 프로젝트의 일환으로 문을 연 제13구의 포 드 라 가르Port de la Gare에 정박해놓은 센강의 수상 수영장 피신 조세핀 베이커Piscine Joséphine Baker16 같은 곳이 있다.

유럽인들은 대륙 전역에서 비슷한 패턴으로 수영장에서 오락 수영을 하는 즐거움을 되찾게 되었다. 이 과정은 대규모 산업화와 도시화를 겪고, 이로 인해 자기 목욕탕을 갖거나 사설 목욕탕에 갈 돈이 없던 노동계층을 위한 목욕과 기초적인 수영 시설을 제공한 최초의 나라 영국에서 시작되었다. 그 세기가 지나는 동안 유럽 본토에서 목욕용 탕이 차츰 여가 및 스포츠용 시설로 바뀌었다. 20세기 전반기, 특히 대전 사이 기간에는 오로지 오락 용도의 수영장이 점점 더 크게 건설되었다. 전후 시립 수영장들은 여가와 사교 활동, 성인 및 학생을 위한 수영 교습, 건강용 수영, 수영 클럽 및 경기 수영이라는 여러 가지 기능을 한데 합치려 했고, 그래서 하루에 수영장 전체나 레인 한두 개를 각기 다른 활동용으로 지정해두었다. 이는 성공하기도 하고 실패하기도 했다. 건설 및 유지비가 대단히 높았음에도 불구하고 체육관처럼 수영장은 공공기금 긴축 및 절약 분위기를 뒤집는 오락 시설이 되었다. 영국에서 이미 문을 닫고 철거 후 재개발될 예정이었던 수많은 수영장이 복원되어 다시 문을 열었고, 버려졌던 수많은 도시와 해안가 야외 수영장도 마찬가지였다. 새로운 수영장도 계속 건설되었다. 수영은 취향 특이한 부유한 몇몇 사람의 취미에서 어떤 크기와 수준의 도시에서든 모든 시민에게 제공해야 하는 '인권'으로 변화했다.

물의 미국

미국의 오락 수영장에 관해서 따로 다루는 이유는 미국의 수영 문화가 영국과 유럽 대륙의 문화와는 현저하게 다른 모습을 보이기 때문이다.[17] 유럽에서처럼 많은 미국 도시의 행정 담당자들은 노동계층에 중산층의 청결과 근면함, 자기 수양이라는 가치를 심어주기 위한 도구로 도심 슬럼가에 공중목욕탕을 지었다. 하지만 미국에서 그 후에 일어난 일은 독특하다. 시립 목욕탕의 도입 이전에 일어난 일과 제1차 세계대전 이후에 발달한 방식 때문이다.

월체는 19세기 말 미국에 대중탕이 도입되기 전에 노동계층에 활발하게 수영 문화가 퍼졌다고 설명한다. 도시 행정관들과 수영장을 지을 돈을 낸 납세자들의 목표와는 전혀 다른 시끌벅적한 오락 문화였다.

수영은 19세기 전반에 걸쳐 노동계층 소년과 남자에게 인기 있는 활동이었다. 그들은 미국 도시 대부분을 둘러싸고 있는 호수와 강, 만에서 수영을 하고 빅토리아 시대 규범에 어긋나는 서민적이고 남성적인 수영 문화를 만들었다. 그들은 알몸으로 수영을 하고, 욕을 하고, 싸우고, 관리들을 피했다.[18]

영국에서도 노동계층 남자들과 소년들이 천연 수원에서 수영과 목욕을 했다는 건 알지만(대체로 템스강과 런던 하이드 파크의 서펜타인 호수, 위험한 연못(피어리스 풀)의 익사 사고 기록을 통해서) 19세기 목욕 및 세탁소의 대중탕에서 미국 스타일의 수영 문화가 존재했다는 기록은 찾아볼 수가 없다. 월체에 따르면 미국의 노동계층 수영 문화는 18세기 말, 신생 공화국 초기 시절까지 거슬러 올라간다. 그는 도심 수원에서 남자들과 소년들의 괴상한 행동에 대해 불평하는 신문 기사와 도시에서 그들을 통제하기 위해 만들어진 조례를 통해서 이 초기 수영 문화를 재구성했다. 1786년, 보스턴은 기독교 안식일에 수영을 금지하는 법을 통과시켰다. 수영이 즐거움과 반항, 비도덕성과 연결되어 있었기 때문에 19세기 보스턴의 청교도적 행정당국은 주일에 즐거움을 즐기는 행위를 용납하려 하지 않았고, 특히나 그들이 알

■ 미국의 사진가이자 화가, 조각가인 토머스 에이킨스Thomas Eakins의 후기 작품 〈수영 연못의 소년들Boys at the Swimming Hole〉(1884-1885)의 사진 연구. 도시의 천연 수원에서 생긴 활기찬 남성적 수영 문화는 18세기 말부터 미국에 존재했다. 도시가 시립 수영장을 열면서 노동계층 소년들과 남자들은 이런 즐겁고 떠들썩한 문화를 훨씬 고상한 도덕적 목표를 가진 시설로 옮겨가는 것을 당연하게 여겼다. 덕택에 이런 '경쟁 붙은 물'의 사용과 소유권을 두고 긴 싸움이 일어났다.

몸으로 그런 행동을 한다는 것을 받아들이려 하지 않았다. 1808년에 뉴욕은 이스트리버에서 수영하는 것을 금지했다. 이번에는 종교적인 이유 때문이 아니라 벌거벗고 물속에서 떠들썩하게 놀며 욕을 하는 소년들과 젊은 남자들의 모습에 중산층 통행자들이 불쾌해했기 때문이었다.

많은 북부 도시가 시 경계 내에서 수영하는 것을 완전히 금지했지만, 이것이 체계적으로 시행되지는 않았다. 집에 씻을 만한 시설이 없는 노동자들은 여름에 금지령을 무시하고 도심 수원에서 목욕을 할 자연권이 있다고 주장했다. 보스턴과 필라델피아에 최초의 시립 수영장이 생기자 동네 강과 호수를 주름잡던 소년들은 이 새로운 인공 수영장이 자신들의 새 놀이터가 되어야 한다고 생각했다. 흡연, 욕설, 고성방가와 시끄러운 대화를 엄격하게 금지하고 심지어 가끔은 경찰관이 감시를 했음에도 불구하고 소년들은 계속해서 수영장을 근면하고 차분한 시민을 키우는 기관이 아니라 노는 장소로 여겼다. 보스턴과 필라델피아 두 곳 모두에서 새로운 수영장이 소년들과 젊은 남자들 대부분을 끌어들였고, 그들은 수영장을 통째로 차지하고 자신들의 기준대로 소란스럽게 떠들고 놀았다.

위스콘신주 밀워키시는 19세기에 두 번째로 시립 지상 수영장이 많이 건립된 곳이었다. 1889년부터 1903년 사이에 세 개의 수영장이 문을 열었다. 첫 번째 수영장은 문을 열면서 행사를 했는데, 행정관들이 첫 번째 수영을 하도록 되어 있었다. 하지만 마지막 순간에 밀워키의 선량한 관료들은 자신들의 사회적 지위와 권력을 눈으로 볼 수 있게 해주는 의상을 벗으면 젊은 구경꾼들이 당장에 그들을 무자비하게 조롱할까 봐 이를 취소했다. 수영장이 문을 열자마자 소년들은 사용료를 내지 않는 낮 시간마다 즉시 수영장을 차지하고 자신들의 놀이터로 만들고서 밀워키강과 미시간호수에서 하던 청소년들의 의식을 시행했다. 뭘 하든 당국은 이 인공 수영장 경쟁에서 완벽한 통제권을 차지하지 못했다. 그들이 할 수 있는 일이라고는 무료 수영을 없애서 가난한 사람들을 배제하는 것뿐이었고, 이제 수영장은 행정관들이 더 건설적이고 존경할 만한 목적이라고 여기는 방식으로 사용할 수 있게 되었지만 이는 '무료로 시민들의 청결을 유지하는 것'을 돕는다는 원래의 기능까

지 없애고 중산층용 여가 시설로 탈바꿈시키는 것이었다.[19]

물의 대분열 시대

미국 최초의 시립 수영장은 성별과 계층에 따라 분리되어
있었지만 인종 분리는 없었다. 5장에서 나는 1898년에 출간된 필
라델피아의 수영장 관련 보고서에서 수영장들이 흑인과 백인 양
쪽 모두에서 부랑자들이 주로 사용한다는 사실을 지적했다고 인
용했다. 보고서의 저자가 강조한 것은 여러 인종과 민족이 뒤섞여
있다는 부분이 아니었다. 그는 이것은 딱히 주목할 만하다고 생각
하지 않았던 것 같다. 대신에 수영하는 사람 대다수가 사회적으로
낮은 출신이고 육체적으로 더러웠다는 부분에 주목한다. 미국의
진보 시대(1890년대-1920년대)에 질병의 세균설이 보편적으로 받아들여
지면서 시립 목욕시설의 형태와 기능에 대해 재고하게 되었다. 수
영장이 더 이상 '청결 도구'로 사용되지 않게 되면서 여러 북부 도
시는 수영장을 짓는 것을 아예 그만두었다. 뉴욕과 보스턴은 세탁
시설과 개인탕, 샤워실이 있는 목욕탕으로 전향했지만 다른 도시
들, 특히 시카고의 경우에는 좀 더 오락용이 된 수영장을 계속 지
었다. 하지만 수영장은 여전히 초기의 도덕적 목적을 유지했다. 새
로운 이민자들이 사교 활동을 하며 미국에서의 삶과 가치를 배우
고, 많은 도시의 노동계층을 개선시키고, 따뜻한 계절에 반사회적
이거나 범죄 행위에 연루될 수 있는 소년들과 젊은 청년들을 유료

로 붙잡아둘 수 있는 공공장소로 여겨졌기 때문이다.[20]

　월체는 1920년부터 1940년 사이의 20년을 '수영장의 시대'라고 부른다. 시가 박람회장과 공원 같은 중요한 공공장소에 리조트 수영장을 짓기 시작했기 때문이다. 이제는 더 이상 빅토리아 시대의 좁고 촌스러운 실내의 사각형 통이 아니라 인공 해변과 잔디밭, 일광욕을 하고 사교 활동을 할 콘크리트 데크에 탈의실, 샤워실, 레스토랑, 카페까지 딸려 있고 수천 명의 사람이 물에 들어갔다 나왔다 할 수 있는 여러 가지 모양의 커다란 야외 수영장이었다. 뉴욕 시티 퀸스의 애스토리아 수영장이나 웨스트버지니아의 캐머런 수영장, 샌프란시스코의 플라이시해커 수영장 같은 리조트 수영장은 많은 새로운 수영객, 특히 계층과 성별로 나누지 않았기 때문에 가족 손님들을 끌어오면서 수영을 민주화했다.[21]

　하지만 수영장의 시대는 더 많은 사람에게 수영을 알리기도 했지만 또한 시립 수영장에서 아프리카계 미국인을 배제한 때이기도 하다. 남부 주들은 인종 분리를 법으로 강제했으나 북부 주들은 인종차별주의자 백인들이 백인 전용공간이라고 여기는 곳에 들어온 아프리카계 미국인을 공격하는 폭력적인 방식으로 몰아냈다. 수영장에서 인종차별의 시작을 보여주는 초기 사례는 1913년 페어그라운드 파크에 문을 연 세인트루이스 야외 리조트 수영장이 아프리카계 미국인들의 입장을 금지한 일이었다. 흑인과 백인이 도시의 초기 시립 수영장에서 함께 수영을 했음에도 불구하고 말이다. 월체는 이런 변화가 유럽 이민자들의 유대가 점점 단단해지고 흑인과 백인이 함께 수영을 할 수 있게 해주었던 노동계층의 결속력이 인종적 편견으로 바뀌며 일어나게 된 것이라고 설명한다. 백인 남자들은 공공 수영장이라는 은밀한 환경에서 백인 여자들이 아프리카계 미국인 남자들과 교류하는 것을 원치 않았기 때문이다.[22] 이런 비공식적인 차별은 북부에서 통합 수영장을 촉구하는 초기 시위를 불러일으켰고, 당국과 경찰이 인종차별주의자들과 결탁해서 아프리카계 미국인 시위자들을 지켜주지 않았기 때문에 이들은 종종 공격을 당해서 부상을 입고 가끔은 살해되기도 했으며 시위는 실패했다.[23]

미국에서의 수영의 사유화

1990년대 초에 업무상, 그리고 친구와 가족을 보러, 또는 휴가로 미국에 정기적으로 가면서 나는 미국인 남자친구와 결혼해서 플로리다주 포트로더데일로 이사를 간 학창 시절 친구의 집에 종종 머물렀다. 그들은 그 도시의 나무가 많고 수로로 둘러싸인 교외에서 살고 있었지만, 이제 막 결혼생활을 시작했기 때문에 뒤뜰에 수영장이 없는 집에 세를 들었다. 손님용 방에 들어가 짐을 풀고 플로리다에 걸맞은 반바지와 샌들을 꺼내자마자 친구는 '클럽'에 수영하러 가자고 재촉했다. 미국 교외 어디에나 있는 이 시설은 테니스 코트와 체육관, 잔디밭과 데크로 둘러싸인 커다란 실외 수영장을 갖고 있어서 회원들은 데크에서 느긋한 점심을 즐기거나 야외에서 음료를 마시거나 또는 에어컨이 나오는 클럽하우스에서 시간을 보낼 수 있었다. 하지만 인종 통합이 이루어지고 수십 년이 지났음에도 불구하고 회원 절대 다수는 백인이었고, 아프리카계나 히스패닉계 미국인은 오로지 직원밖에는 없었다.

사설 운동 및 사교 클럽은 미국에서 오랜 역사를 가졌고 시립 수영장과 동시대에 수영 문화를 형성했다. 후대의 많은 단체에게 영향을 준 본보기는 지금은 신망 있으나 여전히 몹시 배타적인 뉴욕 운동클럽New York Athletic Club이다. 이 클럽은 1868년에 설립되었고 맨해튼 55번로와 6번가 사이에 최초의 시티 하우스를 열고 19세기 도시의 상류층 가문이 참여하는 화려한 파티 '포 헌드레드The Four Hundred'를 주최했다. 클럽의 샹들리에 불빛을 받는 대리석과 타일로 된 수영장은 당대의 검소한 나무와 아스팔트로 된 시립 수영장과는 비슷한 구석이 하나도 없을 정도였다. 뉴욕 운동클럽과 1890년에 설립된 시카고 체육협회Chicago Athletic Association 같은 회원 전용 클럽은 매우 남성 중심적인 모임이었다. 그들은 강인한 건강과 체력단련, 아마추어 운동선수 기풍을 갖고 있었고, 미국 최초의 수영 대회와 수구 경기를 주최했으며 미국 올림픽 팀의 핵심을 이루었다. 뉴욕 운동클럽과 시카고 체육협회에서 사회적 계단을 조금 내려오면 브루클린 YMCA가 1885년 처음으로 수영장을 만들었다. 비록 14×4.5미터라는 평범한 크기였지만, 점잖은 중산층 기독교도 젊은이들이 수영을 할 수 있게 해주었다. 1895년경 17개의 YMCA에 건강이나 체력단련, 스포츠 경기용 수영장이 있었으며, 세기 초반에 온 나라를 사로잡은 운동에 열광하는 데 한몫을 했다.[24]

미국 북부 주에서 시립 수영장의 인종 분리 철폐가 시민 평등권 운동이 이루려는 목표 목록에서 그리 위에 있지는 않았겠지만, 그래도 미국의 시립 수영장에 큰 영향을 미치는 달콤쌉쌀한 승리를 이루어냈다. 인종 분리 철폐는 아프리카계, 히스패닉계, 백인 미국인들이 한데 모이는 결과를 낳은 것이 아니라 백인들이 시립 수영장을 버리고 사설 클럽과 뒷마당 수영장으로 가게 만들었다. 수영장의 시대에 만들어진 대형 공공 리조트 수영장은 문을 닫았고 새로운 시설은 만들어지지 않았으며, 그 결과 많은 가난한 미국인에게 더 이상 수영을 할 만한 곳이나 운동을 하고 편히 쉬며 사회적 유대를 쌓을 만한 공공장소가 없어졌다. 1960년대에 많은 미국의 도시들을 화염에 휩싸이게 만들었던 인종 폭동에 대한 응답으로 새로운 수영장 건설 프로그램이 착수되었다. 하지만 이것은 세계대전 사이 기간에 만들어졌던 크고 각종 설비들이 있는 수영장이 아니라 윌체가 '여가용 리조트가 아니라 오락용 정신병원'이라고 말한 작고 금욕적인 시설이었다.

　　많은 공공 수영장이 문을 닫으면서 가정용 수영장의 수요가 급격히 올라갔다. 1950년에 미국에서 뒷마당 수영장은 2,500개였지만 1999년경에는 4백만 개가 되었다. 윌체는 이 엄청난 증가를 두고 교외의 그들만의 거주지로 물러난 수많은 백인 중산층 미국인의 사회 이탈 현상이라고 말했다. 자기 수영장이 없는 사람들은 더 이상 공식적으로 인종 분리는 되지 않아도 사실상 위치나 회원권 구조, 가격 면에서 더 가난한 아프리카계와 히스패닉계 미국인을 배제하는 지역 스포츠 및 사교 클럽에 가입했다.[25]

인공 수영장의 대성공

수영장은 서구 세계에서 오랜 역사를 갖고 있다. 수영장의 기원은 로마의 두 가지 혁신, 우아한 빌라 정원과 스파와 목욕탕에서 찾을 수 있었던 인공폭포와 그로토까지 거슬러 올라갈 수 있다. 근대 유럽 초반에 이 모든 고전기의 것들이 부활하면서 그로토와 스파, 이와 연관된 수영장까지 되살아나 새로운 형태를 갖추고 재해석되었다. 그 이래로 서양은, 물에 몸을 완전히 담그는 것을 목욕 문화의 핵심이라고 여기지 않는 세계의 다른 지역에는 다시 도입되지 않은, 역사적 우연의 덕택으로 잘 발달된 도시 수영장 설비를 갖게 되었다.

오락용 취미 활동으로서 수영과 관련된 최초의 탕은 18세기 영국의 배니오였다. 하지만 매음굴 역할을 겸했던 이 악명 높은 시설은 영국의 수영 문화에 아주 제한적인 영향만 미쳤을 뿐이다. 오락용 수영의 발전은 19세기에 영국의 도시들에 지어진 훨씬 가치 있는 시민 편의시설의 덕택이다. 실내 수영장이 더 이상 기본적인 위생을 보장하고 중산층의 도덕성을 고취하는 도구로 여겨지지 않게 되면서 그 주된 기능은 수영 교습, 체력단련 및 오락이 되었다. 빅토리아 시대 영국의 연철과 타일로 된 목욕탕은 20세기 초에 야외 수영장(영국)과 리조트 수영장(미국)으로 진화했고, 오늘날의 여러 종류의 수영장이 있는 아쿠아파크와 도시 전경이 내려다보이는 80층 높이의 이터너티 풀로 재탄생했다.

수영장은 그 비싼 건축비와 유지비에도 불구하고 지방단체들이 계속해서 공급하는 가장 가치 있는 공공편의시설 중 하나이다. 가까운 수영장이 문을 닫는다고 하면 지역사회 주민들이 강력하게 반발하곤 한다. 설령 많은 주민이 동네 수영장은 여름철에만 사용한다 해도 말이다. 왜 공공 수영장은 불경기에 도시 생활의 모든 측면에 영향을 미치는 경비 삭감 프로그램에서 지방정부가 제공하는 다른 시설들과 다르게 아무 문제도 생기지 않을 만큼 귀중한 걸까? 수영장은 우리 모두에게 다양한 사회적·개인적 의미를 갖기 때문이다. 어린 시절 여가 활동 및 바닷가 휴가와 관련이 있고, 우리 대부분이 수영을 배운 공공 수영장이나 학교 수영장이 불러일으키는 향수(내 경우에는 학교 수영 교습이 딱히 자유롭거나 즐거웠다는 기억은 없지만), 수영의 감각적인 즐거움과 알랭 코르뱅의 말을 인용하자면 유혹적인 바다를 재발견하고 '개인적인 위험을 극복하는' 데에서 생기는 긍정적인 기분, 수영장에서 열심히 서른 번 왕복 운동을 끝내고서 느끼는 개인적인 성취감에 이르기까지 다양한 감정을 불러일으킨다. 또한 수영의 인기에서 섹스라는 요소를 무시해서는 안 된다. 매력적인 다른 사람들과 우리 자신이 남의 시선 앞에 노출된다는 사실과 더불어 수영장은 도시 내에서 다른 사람들과 함께 풍기에 맞는 선까지 옷을 벗고 함께 노는 것이 허락되는 유일한 장소이기 때문이다. 바다에서 수영하는 것을 통해 우리의 원초적인 두려움을 극복할 수 있다면, 수영장에서의 수영이 줄 수 있는 그 비슷한 기능은 뭐가 있을까? 아마도 우리가 지위와 부, 권력이라는 숨통을 조이는 옷을 벗고 잠시나마 우리를 묶고 규정하는 모든 것에서 벗어날 수 있는 유일한 공공장소라는 사실일 것이다.

8

침묵의 세계

Strokes of Genius
a History of Swimming

우리는 알람시계 크기의 공기 조절기에 연결된 세 개의 중간 크기의 압축공기 실린더 세트를 찾았다. 조절기에서 두 개의 튜브가 뻗어 나와 마우스피스에 연결되었다. 이 장치를 등에 메고 눈과 코 위로 방수 유리 마스크를 쓰고 고무 오리발을 끼고 우리는 바다 깊은 곳으로 홀가분하게 여행을 떠날 예정이었다.

__**자크 쿠스토**Jacques Cousteau, 《**침묵의 세계**》(1988)[1]

근대 초기에 많은 서양인이 바다와 소
원하면서도 동시에 실제와 환상 속 바다의 경이와 풍요로움에 매
료되었다. 선원이나 어부, 잠수부에게도 해안가 바로 앞의 비교적
얕은 물을 넘어가면 완전히 미스터리, 마레 인코그니타_{mare incognita(미}
_{지의 바다)}였다. 중세의 마파 문디 제작자들에게 바다는 거의 보이지
않을 만큼 작게 압축된 중요하지 않은 개울이거나 중앙의 육괴 주
위를 둘러싸고 바깥쪽 한계선을 알리는 가느다란 파란색 띠에 불
과했다.

모험과 발견의 시대에 여행을 떠나며 바다는 그 정당한 크
기로 되돌아왔지만 여전히 그 비밀은 거의 풀리지 않았다. 반대로
선원들은 거대한 바다뱀과 인어 이야기를 갖고 돌아와서 사람들
에게 가라앉은 대륙과 물 밖 세계의 좀 더 완벽하거나 기괴한 거
울상인 비늘이 있는 인어 왕, 기사, 평민이 사는 해저 왕국 같은 상
상을 하게 만들었다. 인간은 이런 다른 세상을 방문하고 마술적인
도구로 그들의 보물을 얻고 싶다는 꿈을 꾸었으나 실제로 인간이

갈 수 있는 깊이는 폐의 용량과 고막의 견고함에 의해 한정되었다.

18세기까지 수산자원 수확 기술은 초기 인간이 프리다이 빙(호흡 보조도구 없이 하는 잠수)을 배우고 더 빨리 효과적으로 바다 밑에 도달하기 위해 돌을 사용하던 시절 이래로 거의 발전이 없었다. 바뀐 거라고는 음식과 해면, 염료와 진주나 산호 같은 사치품에 대한 전 세계적인 수요가 늘어나며 물에서의 작업 규모가 커졌다는 것뿐이었다. 자원을 더 많이 찾고 활용하기 위해서 인간은 더 깊은 곳까지 도달해서 더 오래 머물 수 있는 새로운 기술을 개발해야 했다. 비행과 마찬가지로 이것은 실제로 가능해지기 수 세기 전부터 사람들이 꾸어오던 꿈이었다.

해상무역이 확장되던 시대에 더 깊이 더 오랜 시간 동안 잠수할 수 있는 방법을 찾아야 하는 또 다른 이유가 생겼다. 귀중한 화물을 싣고 가던 난파선의 인양을 위해서였다. 잠수부들이 많은 난파선에 접근할 수가 없었던 것이 현대의 수중고고학과 보물 사냥에는 다행스러운 일이었다. 최소한 경제적인 관점에서 세계에서 가장 놀라운 발견 중 하나는 1622년 가을 아바나에서 하필 허리케인 시즌이 한창일 때 출발해서 비극적인 결말을 맞은 27척의 스페인 보물 함대에 속했던 누에스트라 세뇨라 데 아토차Nuestra Señora de Atocha의 발견이다.

아토차의 화물에는 수 톤의 은괴와 금괴, 콜롬비아산 에메랄드 등이 있었다. 9월 4일에 함대는 플로리다 키스 근처에서 폭풍에 휩쓸렸고 갤리언선은 17미터 깊이의 물속에 가라앉아 바다 깊이를 얕게 만드는 모래톱에 닿았다. 덕택에 배의 뒷돛대가 수면 위로 나올 정도였다. 선원 다섯 명이 돛대에 매달려 있다가 구출되었고 난파된 위치는 알려졌지만, 잠수부들에게는 너무 깊어서 인양할 수가 없었다. 두 번째 폭풍으로 돛대가 부러지고 난파선은 사라졌다가 1985년 인양 전문가 멜 피셔Mel Fisher가 다시 발견했다. 그가 찾은 4억 5천 달러의 보물들은 아토차의 귀중한 화물 중 절반 정도로 여겨진다.2 피셔의 성공은 한 가지 발명품 덕택이었다. 해저 탐사, 보존, 촬영에 있어서 위대한 인물 중 한 명인 자크 쿠스토 Jacques Cousteau(1910-1997)가 겨우 40년 전에 완성한 발명품 스쿠버(자체 수중 호흡기구)이다.

콜럼버스의 세 번의 대서양 횡단 여행처럼 쿠스토의 해저 다큐멘터리는 그때까지 미지였던 '침묵의 세계' 바다를 제자들과 모방꾼들에게(후대에 그를 따라 하게 될 사람들을 의미°) 보여주었다. 1950년대 이래 최초의 상업용 아쿠아렁이 개발되면서 전 세계의 암초와 난파선을 상대로 한 광범위한 오락 잠수 산업이 생겼다. 그와 발맞추어 대중에게는 잘 알려지지 않았지만 침묵의 세계 언저리 대륙붕을 좀 더 시끄럽고 조금 더 붐비게 만드는 상업적·공학적·군사적·고고학적·과학적 잠수 도구들이 만들어지게 되었다.

아리스토텔레스의 주전자

4장에서 본 것처럼 고대 그리스인은 종종 적함을 공격하거나 적의 해상 방어벽을 부수기 위해서 수영선수와 잠수부를 다급하게 필요로 했다. 게다가 발칸 반도, 남부 이탈리아, 소아시아 주변 같은 고대 그리스 세계의 바다는 보이지 않는 바위와 암초로 악명이 높다. 많은 그리스 서사시에서 흔히 나오는 사건이 난파이다. 호메로스의 〈오디세이아〉의 경우에는 기묘한 해안에서 여러 번 난파를 당해서 오디세우스와 그의 선원들이 수많은 곤경에 처한다. 마지막 모험에서 마침내 이타카로 돌아온 오디세우스는 자신의 가족이나 충실한 페넬로페를 성적으로 괴롭히는 많은 구혼자의 눈에 띄지 않고 자신의 궁전에 들어가기 위해서 난파선 선원으로 가장한다.

항해 도구나 해도의 도움이 없으니 고대 세계의 나무로 된 배들은 해안이 시야에 보이는 곳에 있어야 했을 것이고, 좋지 않은 날씨에 위험한 상황에서 빠져나오게 해줄 엔진이 없으니 종종 암초에 부딪혀서 구멍이 나고 가라앉았다. 가라앉은 배에서 화물을 인양하는 것은 고대에 인정받는 직업이었다. 3세기 로도스에서 가라앉은 배에서 화물을 인양하는 금액 범위에 대한 자료가 있다. 자료에는 잠수부가 난파된 깊이와 인양의 어려움 정도에 따라서 화물의 몇 퍼센트를 받게 되는지가 정확하게 나와 있다. 렉스 로디아Lex Rhodia의 법령은 로마법에 통합되었고, 수 세기 후에는 근대 인양법의 근간이 되었다.3

하지만 프리다이빙 잠수부가 아무리 실력이 좋고 난파선과 해저 자원의 위치가 이미 알려져 있더라도 접근할 수 없는 것들이 있었다. 종종 철학이나 수사학, 연극과 관련되는 위인 아리스토텔레스는 해면 채취 잠수부들이 맞닥뜨리는 문제를 고민했다.《문제

Problems》6권의 '귀와 관련된 문제들'에서 그는 왜 잠수부들의 고막이 해저에서 가끔 터지는지를 고찰했다. 잠수부가 더 깊이 들어갈수록 기압과 수압의 차이가 생긴다는 개념이 없었기에 그는 이 현상이 공기와 비교할 때 물이 더 '단단하기 때문'이라고 여겼다. 그는 또한 잠수부들이 해저에 있는 동안 공기를 공급해주는 원시적인 다이빙 벨도 설명했다.

　　이 해면 채취자들에게 호흡용 설비를 갖춰주기 위해서 물 대신 공기가 차 있는 주전자를 물속으로 내려보낸다.

　　아리스토텔레스는 주전자의 크기를 정확히 말하지 않았지만 고대 그리스 연구가들은 그가 잠수부가 올라와서 공기를 보충할 수 있도록 커다란 금속 요리용 가마솥을 뒤집어서 내려보내는 것을 뜻했을 거라고 생각한다.4

　　아리스토텔레스의 주전자 발상이 실현 가능한 것이긴 하지만, 공기로 가득 찬 용기를 정확한 방향으로 유지하는 것은 굉장히 어렵기 때문에 특히 거친 바다나 파도가 강한 곳에서는 실행이 거의 불가능하다. 티레 포위전 때 알렉산드로스 대제의 해저 모험담처럼 사람 한 명이 들어갈 정도로 큰 다이빙 벨에 관한 고대의 일화는 고려하지 않을 것이다. 계속해서 공기가 공급되지 않으면 밀폐된 용기 안의 산소는 금세 소모되고 유독한 이산화탄소로 바뀌기 때문이다. 아리스토텔레스의 아이디어는 수 세기 후 과학적 경험주의의 아버지 프랜시스 베이컨Francis Bacon(1561-1626) 경에 의해 되

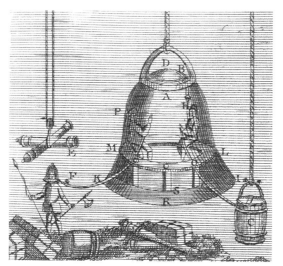

■ 에드먼드 핼리의 다이빙 벨(1691년 특허) 그림. 난파선 인양 및 해저 건설에
사용되는 다양한 구성 요소를 보여준다. 밀폐된 다이빙 벨 안의 공기는
수면에서 내려보낸 통에 든 것으로 보충한다. 잠수부는 다이빙 벨에 연결
된 호스로 공기가 공급되는 헬멧을 쓰고 바다 밑에서 작업을 할 수 있다.

살아났다. 《신기관Novum organum》에서 그는 주전자 아이디어를 더 다
듬은 버전을 설명했다.

움푹하게 속이 빈 금속 통을 만들고, 바닥이 수면과 평행하게
해서 물속에 담근다. 그렇게 하면 통 안에 공기가 찬 채로 바
다 밑까지 내려가게 된다. 통은 삼각대처럼 세 발로 서고, 사람
의 키보다 작기 때문에 잠수부가 숨을 쉬고 싶을 때 통의 움
푹한 안쪽으로 머리를 집어넣고 숨을 쉰 다음 다시 자신의 일
을 할 수 있다.5

1691년, 에드먼드 핼리Edmund Halley(1656-1742)는 수면에서 내려보낸 무거운 통으로 공기를 공급하는 다이빙 벨에 관한 특허를 냈다. 그는 이 시스템이 실용적이라는 것을 보여주기 위해서 20미터 깊이에서 90분을 버텼다고 기록하고 있지만, 항상 안전한 것은 아니었다. 핼리는 가장 초기에 기록된 실험 중에 중이에 압력손상을 입었다. 잠수할 때 압력으로 인해서 귀 안쪽이 손상된 것이다. 핼리의 다이빙 벨은 난파선 인양과 항구나 다리 같은 해저 건설에 사용되었다. 좀 더 개선된 후에는 잠수부들이 다이빙 벨에 연결된 호스를 통해 공기를 공급받을 수 있었다. 하지만 잠수부들이 움직이는 범위가 호스의 길이 내로 제한되고 안전이 호스의 방수성에 달려 있었다. 고무와 방수 플라스틱이 발명되기 한참 전이었기 때문이다.6

공기의 조성과 산소와 이산화탄소가 호흡에서 하는 역할, 잠수병과 압력손상을 일으키는 기압차에 관한 이해가 높아지며 다이빙 벨 기술도 더욱 발전했다. 1837년 아우구스투스 지베Augustus Siebe(1788-1872)는 표준잠수복Standard diving dress, SDD이라고 알려지게 되는 기구를 완성했다. 1인용이긴 하지만 표준잠수복은 개인용 다이빙 벨이라고 하면 완벽하게 설명이 될 것이다. 유리로 된 둥근 창문이 달린 커다란 구형 금속 헬멧이 달린 방수복은 잠수부가 전례 없이 멀리까지 움직일 수 있게 해주었지만, 무거운 헬멧과 금속 부츠 때문에 해저를 걸어 다닐 수만 있었다. 다이빙 벨처럼 표준잠수복도 자가충전식은 아니고 약한 공기호스로 수면 위와 연결을 해두었다. 이 호스가 당겨지거나 찢기면 심각한 부상을 입거나 죽을 수도 있었다. 최초의 성공적인 상업용 스쿠버 세트 아쿠아렁의 발명자 쿠스토는 표준잠수복을 사용해본 후에 다음과 같이 묘사했다.

> 나는 육중한 부츠를 신고 그렇게 깊은 곳에 도착해서 탯줄에
> 찰싹 달라붙어 머리는 구리통에 갇힌 채로 몇 야드를 걸으려
> 고 휘청거리는 헬멧 잠수부들을 이렇게 생각했다. (…) 낯선 세
> 계의 장애인이라고 말이다.7

레오나르도의 잠수부

다이빙 벨과 표준잠수복은 인간에게 해저 세계에 제한적으
로 접근이 가능하게 만들어주었지만 그 이상은(혹은 20세기 중반까지 꿈꾸었
던 것은) 인간이 지상에서처럼 물속에서 자유롭게 다니는 것이었다.
즉 자신의 공기통을 들고 무거운 옷을 입거나 수면과 연결된 호스
에 제한을 받지 않고 다니고 싶었다. 지상에서, 물속에서, 그리고
하늘에서 인류가 똑같이 편하게 다니기를 상상했던 몽상가 중 가
장 유명한 인물은 레오나르도 다 빈치Leonardo da Vinci(1452-1519)였다. 《코
덱스 아틀란티쿠스Codex Atlanticus》(1478-1519)에서 이 위대한 인물은 두
개의 잠수복을 그렸다. 첫 번째는 수면의 부낭浮囊에 연결된 호스
로 공기를 공급하는 것이었고, 두 번째는 자가충전식 공기통이 있
는 것이었다. 이 잠수복은 둘 다 그 이후에 만들어졌는데, 다소 현
대적으로 보이긴 하지만, 실제로는 제대로 작동하지 않았다. 공기
호스 타입은 수압 때문에 숨을 쉴 수가 없어서 1미터 이상 내려가

■ '자가충전식'은 아니지만, 표준잠수복SDD은 잠수부가 해저에서 오랜
시간 동안 전례 없는 범위를 움직일 수 있게 해주었다. 잠수복의 모양과
무게 때문에 수영은 불가능했지만, 잠수부는 잠수복의 부력을 조절해서
해저에서 떠올라서 수면까지 올라올 수 있었다.

면 작동하지 않았고, 레오나르도의 원시적인 스쿠버는 유독한 이
산화탄소를 제거하는 도구가 없어서 공기가 몇 분 이상 공급된다
고 쳐도 금세 사망하게 되었다.

　　약 2세기 후에《동물의 움직임De motu animalium》(1680)에서 조반
니 보렐리Giovanni Borelli(1608-1679)는 이동식 공기탱크 역할을 하는 큰
헬멧과 잠수부의 하강과 부상을 돕는 피스톤, 잠수부가 수영할 때
뿐만 아니라 해저를 걸을 때에도 쓸 수 있는 발톱 달린 한 쌍의 오

■ 레오나르도 다빈치의 잠수복 디자인에서는 수면 위와 공기구멍을 연결해두기 위해서 부낭에 연결된 단단한 호흡 튜브를 사용했다. 잠수복은 수압이 너무 커서 잠수부가 숨을 쉴 수 없기 때문에 어느 정도 깊이 이상에서는 소용이 없었을 것이다. 자가충전식 공기통이 달린 좀 더 발전된 두 번째 디자인은 제대로 된 정화 장치가 없어서 잠수부가 금세 이산화탄소중독을 일으켰을 것이기 때문에 역시나 소용이 없었다.

리발(최초로 시도한 오리발이었다)로 이루어진 자신의 스쿠버 디자인을 제시했다. 헬멧은 잠수부에게 30분 동안 공기를 공급할 수 있어야 하고 정화 시스템도 장치되어 있었지만, 실제로 이것을 만들어서 사용했다면 정화 시스템이 제대로 작동하지 않아서 잠수부는 거의 확실히 사망했을 것이다.[8]

　　19세기 중반에 들어설 무렵 표준잠수복과 다이빙 벨 기술로 인간은 프리다이빙 잠수를 해서 바다 밑 훨씬 더 깊이 들어가 더 오래 버틸 수 있게 되었지만, 무거운 잠수복에 갇힌 채 공기를 공급해주는 수면에 연결된 긴 호스에 묶여 있어야만 했다. 잠수부를 중독시키지 않는 믿을 만한 공기 공급 문제는 해결되었지만, 잠수는 여전히 수많은 사상자를 내는 위험한 활동이었다. 표준잠수복을 장착한 인간은 해저에 머뭇거리며 최초의 걸음을 내디뎠지만, 선견지명이 있는 프랑스 소설가 쥘 베른Jules Verne(1828-1905)은 《해저 2만 리》(1870)에서 당대 기술을 훨씬 넘어서서 심해에서 살며 일하는 캐릭터들 이야기를 썼다.

물리학과 생리학, 공학이 발전해서 점차 잠수부들의 안전이 개선되고 움직임 역시 훨씬 자유로워지게 되었다. 1865년 표준잠수복에는 잠수부의 등에 지는 압축공기통이 생겼다. 잠수부는 이 공기로 숨을 쉬고 다 쓴 공기는 물속으로 내뱉었다. 하지만 공기통은 여전히 수면에 연결된 호스로 새 공기를 공급받았다. 20세기 초에 프랑스의 해양동물학자이자 해저 사진의 선구자 루이 부탕Louis Boutan(1859-1934)은 '정상 호흡의 스쿠버다이빙Scaphandre autonome à respiration normale'을 고안하며 스쿠버의 발전에서 중요한 단계를 내디뎠다. 이것은 간단히 말해서 최대 3시간까지 완벽하게 독립적으로 공기 공급이 가능한 압축공기 실린더가 달린 표준잠수복이었다.9 부탕이 수면과의 연결을 잘라내는 데 성공했지만, 그래도 여전히 해저에서 수영을 하는 대신 걸어야 했다.

개방식과 폐쇄식

제2차 산업혁명 때의 수많은 다른 발명품처럼 스쿠버의 발전은 해저에 어떻게 더 오래 머무르고 사진 촬영을 할 만큼 자유롭게 움직일 수 있게 만드는가 하는 실용적인 문제를 해결한 부탕 같은 뛰어난 아마추어들, 특정한 상업적·산업적 요구에 직면한 공학자들, 바다에 숨어서 군 잠수부들이 적의 항만 시설과 배를 몰래 공격하는 게 얼마나 중요한 자산인지를 알아챈 군의 시행착오 과정이었다.

녹음이나 무선 및 전력 송전 기술의 발전 과정과 마찬가지로 열렬한 아마추어들과 발명가들, 공학자들은 같은 목적을 이루기 위해서 각기 다른 기술을 탐색했다. 덕택에 두 가지 대표적인 스쿠버가 탄생하게 되었다. 개방식open circuit과 폐쇄식closed circuit이다. 후자는 이미 사용한 공기를 물속으로 배출하는 대신에 재활용하기 때문에 '재호흡기'라고도 한다. 18세기 말의 모델들은 레오나르도와 보렐리의 설계와 같은 원리를 사용했지만 재활용한 공기에서 이산화탄소를 제거하는 화학물질이라는 중대한 차이 덕택에 실제로 효과가 있었다. 최초의 폐쇄식 재호흡기 모델은 바다에서 쓰기 위한 것이 아니라 물이 갑자기 흘러들어오거나 유독한 연기가 들어찰 수 있는 광산과 터널에서 사용하도록 설계된 것이었지만, 나중에 바다에서 사용할 수 있게 개조되었다.

1879년, 영국의 공학자 헨리 플루스Henry Fleuss(1851~1932)는 압축산소 탱크를 사용하는 자가충전식 재호흡기 세트를 완성시켰다. 이 설계는 건설 프로젝트 때 사용되어 효과를 입증했고 나중에 잠수함 승무원을 위한 탈출복으로 사용할 수 있게 개조되었다. 독자들은 재호흡기 기술이 더 오래되고 잠수부가 갖고 다녀야 하는 기체의 양으로 따지면 더 경제적인데, 왜 20세기 중반에 완성된 개방식 스쿠버가 지금 가장 일반적일까 궁금할지도 모르겠다. 하지만 폐쇄식 스쿠버에는 라이벌인 개방식에 비해 여러 가지 단점이 있다. 초기 모델들은 사용할 수 있는 깊이가 12미터 정도로 제한되었고, 몹시 복잡해서 더 간단한 개방식 스쿠버보다 쉽게 고장이 났다.[10] 하지만 재호흡기는 숨을 내쉴 때 공기방울이라는 명백한 흔적이 생기지 않기 때문에 은밀한 공격에 딱 맞아서 군대에서 특히 관심을 가졌다.

수중전

서양에서 수중전에 관련해서는 그리스의 잠수부들이 페르시아 배를 공격하고 시칠리아의 방어시설을 무너뜨린 이야기와 율리우스 카이사르가 알렉산드리아에서 원한에 찬 이집트인들을 피해 도망치면서 물에서 위용을 보여주었다는 이야기밖에 하지 않았다. 베게티우스가 서기 4세기에 지은 저서 《군사학 논고》에서는 수영이 로마 시대 후기에 군대에서 잊힌 기술이 되었다고 탄식했는데, 중세와 근대 초기에 이르러서는 많은 수병과 해병, 해병대 간부가 수영을 전혀 하지 못하면서 상황은 더욱 악화되었다. 수영이 중세 기사들이 익혀야 하는 기술 중 하나로 여겨졌음에도 18세기까지 수영을 가르칠 만한 기관이나 시설이 전혀 없었다.

잠수함이 벌이는 수중전이라는 발상은 17세기로 거슬러 올라가는데, 보렐리의 것을 포함해서 여러 가지 설계가 탄생했다. 하지만 대량의 공기를 적재할 도구나 그것을 정화할 도구가 없는 이상 이 '물속에서 탈 수 있는 배', 혹은 물에 일부 가라앉는 수상함水上艦은 몽상에 지나지 않았다. 최초의 진짜 잠수함은 19세기 중반에 나타나기 시작했고, 이 초기 노틸러스호가 망가졌을 때 선원들이 수면 위로 탈출할 수 있는 도구도 필요하게 되었다. 건설과 채광 현장에서 그 성능이 이미 입증된 소형 재호흡기가 여기에 딱이었다.

쥘 베른이 《해저 2만 리》의 무장 잠수부들을 상상하던 시기에 진짜 잠수함이 전 세계 해군에서 사용되고 있었다. 하지만 이 잠수함들은 노틸러스호에 비해 훨씬 작고 더 약했다. 잠수함은 최초의 기계화 전쟁인 제1차 세계대전 때 사용되었지만 당시의 표준잠수복은 대단히 제한적이고 전투에서 사용하기에는 취약했기 때문에 스쿠버가 그리 크게 쓰이지는 않았다. 1918년, 두 명의 이탈리아 잠수부가 사람이 조종하는 탈착식 탄두가 달린 어뢰를 타고 이스트리아Istria의 폴라항(현재의 크로아티아에 위치)에 가서 오스트리아-헝가리 전함을 공격해 침몰시켰다. 하지만 그들은 스쿠버 장비를 사용하지 않았고, 오스트리아-헝가리가 항복한 다음에, 전함이 더 이상 위협이 되지 못할 때 침몰시켰다.11 대전 사이 기간에 이탈리아인들은 계속해서 적함을 공격하는 데 쓰는, 사람이 조종하는 어뢰와 소형 잠수함 기술을 발전시켰다.

이탈리아에서 연구에 앞장선 사람은 독특한 해군 장교 안젤로 벨로니Angelo Belloni(1882-1957)였다. 그는 제1차 세계대전이 발발하기 직전에 러시아제국 해군에게 가야 했던 새로 건조한 이탈리아 잠수함을 훔쳐서 이탈리아가 3국협상(러시아, 프랑스, 영국) 편에 서서 참전하도록 만들기 위해 오스트리아-헝가리 전함을 공격할 생각이었다. 탈취 혐의를 받긴 했지만 이탈리아가 독일과 오스트리아-헝가리를 상대로 참전하게 되면서 벨로니는 금세 사면을 받았다. 그는 잠수함과 인간 어뢰, 이탈리아 잠수부들이 제2차 세계대전 때 지브롤터와 알렉산드리아항에서 영국 전함을 공격할 때 사용했던 재호흡 잠수복 '베스티토 벨로니vestito Belloni'를 개발해서 바닷속 전쟁에 중대한 역할을 했다.12

    1941년에서 1943년 사이에 지브롤터에서만 영국 전함 16척을 침몰시킨 이탈리아의 수중전 승리는 종종 격렬한 수중전투를 벌였던 영국과 이탈리아 잠수부들과 잠수함 선원들 사이에 군비경쟁을 불러왔다.13 미국에서는 크리스천 램버트슨Christian Lambertsen(1917-2011)이 램버트슨 수륙양용 호흡기구, 또는 '램버트슨 렁'LARU을 개발했다. 이것은 반半 폐쇄형 정류식 산소 재호흡기로 미국이 제2차 세계대전에 참전하기 몇 달 전인 1940년 가을에 전략정보국OSS이 도입했다. 1942년경에 전략정보국은 미국 해군에서 미래의 '프로그맨frogmen'이 되는 전투 잠수부들을 훈련시켰다. 이들은 후에 태평양, 유럽, 북아프리카, 인도양에서 이미 미 해군에서 정찰, 지뢰 제거, 사보타주 임무를 수행했던 수중폭파부대의 스킨다이버들과 함께 활동을 하게 된다.14

    전략정보국은 태평양전쟁 말기에 전투잠수부대를 해산하지만, 잠수부들은 미 해군으로 재배치했다. 그러나 전후의 기쁨이

■ 엘리트 미국 네이비실 대원이 컴퓨터화된 최신형 재호흡기 기술과 방수 장비로 무장하고 있다. 덕택에 그는 지상의 특공대만큼 강력한 상대이고, 수면 위에서는 완전히 탐지가 불가능하다는 장점까지 갖고 있다.

냉전의 공포로 바뀌면서 열강들은 잠수함과 잠수 전문가들로 이루어진 특수부대를 창설했다. 1949년, 램버트슨 렁 재호흡기가 부족해서 미 해군은 최초의 쿠스토 아쿠아렁을 들여왔다. 영국 왕립해군특수보트부대SBS와 미국 네이비실은 제2차 세계대전 이래로 모든 주요 전투에 파병된 전형적인 특수작전부대이다. 호흡 방울이라는 눈에 띄는 흔적을 남기지 않는 컴퓨터화된 최신형 재호흡기를 착용하고 정교한 수중 무기와 장비로 무장한 왕립해군특수보트부대와 네이비실은 소형 잠수정을 조종해서 전함과 잠수함의 선체 안쪽에 만들어진 특수구역으로 들어가고 나오도록 훈련받았다.

　　스쿠버의 군사적 사용 덕택에 1950년대 이래로 아마 가장 큰 발전을 이루었겠지만, 모든 군 관련 문제를 둘러싼 비밀 유지 때문에 표면 아래에서 무슨 일이 일어나고 있는지 우리는 아주 조금밖에 모른다. 미국의 능력을 엿볼 수 있는 흥미로운 기회가 2000년 미국 해군 아카데미에서 열린 역사 심포지엄 행사 〈바닷속에서의 해군: 과거와 미래〉에서 있었다. 바닷속 전쟁과 감시, 인양의 전 분야에서 최고의 해군 전문가들이 행사에서 발표를 했다.[15]

수중 클럽

개방식 스쿠버는 대전 사이 기간 프랑스에서 발명가 모리스 페르네즈Maurice Fernez(1885-1952)와 해군 장교 이브 르 프리외르Yves Le Prieur(1885-1963)의 협력으로 큰 발전을 이루었다. 어린 시절에 페르네즈는 물에 빠져 죽을 뻔했고, 압력손상과 발 부상을 입었다. 그 때문에 평생 다리를 절게 되었다. 어른이 되어 그는 인명구조에 사용할 수 있고 표준잠수복처럼 입는 데 30분씩 걸리지 않는 싸고 가벼운 수중 호흡도구를 만들기로 결심했다.

1912년에 특허를 낸 '페르네즈 1호Fernez1'는 마우스피스에 끼워놓은 고무호스를 수면 위에 띄워서 공기를 공급했으나 이것은 옛날 레오나르도의 물에 띄운 스노클 디자인과 똑같은 단점을 안고 있었다. 1.5미터 이상 물속으로 들어가면 폐가 눌려서 튜브를 통해 호흡이 불가능했던 것이다. 그는 잠수부에게 공기를 공급하기 위해 원래 타이어에 사용하던 1인용 수동 미슐랭 공기펌프를 덧붙여서 이 문제를 해결했다. 육중한 표준잠수복 헬멧 대신에 잠수

■ 모리스 페르네즈가 1912년 센강에서 자신의 인명구조 도구를 시험하고 있다. 가볍고 물에 빠졌을 때 빨리 사용할 수 있도록 설계된 이 도구는 입는 데 30분이 걸리는 무거운 표준잠수복에 비하면 혁명적이었다. 고무호스를 통해서 펌프로 수면에서 공기를 공급하는 방식으로 페르네즈는 깊이 5미터의 물속에 거의 한 시간을 머무를 수 있었다.

부는 페르네즈 고글을 쓰고 물을 마시지 않도록 노즈클립을 했다. 1912년 여름에 페르네즈는 자신의 디자인을 시험하면서 센강에서 5미터 깊이의 물속에서 거의 한 시간을 머물렀다. 그가 올라온 이유는 오로지 추워서였다. 1920년에 그는 자신의 디자인을 개선했다. '페르네즈 2호Fernez2'는 46미터 길이의 호스에 더 강력한 2인용 펌프, 고글과 노즈클립 대신 얼굴 전체를 덮는 마스크로 구성되었다. 페르네즈 2호는 그리스 정부에서 해면 잠수부들을 위해 구매하면서 전 세계적인 관심을 끌었다.

페르네즈 1호와 2호의 장점은 인명구조 상황에서 빠르게 사용할 수 있다는 점과 물속에 들어갔을 때 잠수부에게 엄청난 자유를 보장한다는 점이었다. 열정적인 다이버였던 이브 르 프리외르 대령은 산업박람회에서 페르네즈 2호를 보고 이 디자인이 오락용과 군사용 잠수에 엄청난 가능성을 갖고 있음을 깨달았다. 그는 자가충전식 공기 공급과 고글이나 마스크와 스노클을 착용하는 스킨다이빙의 자유로움이라는 장점을 합칠 방법을 찾았다. 1926년에 두 남자는 합작으로 페르네즈-르 프리외르 스쿠버를 만들었다. 이것은 페르네즈의 공기호스와 마우스피스, 고글, 노즈클립을 사용하지만 수면의 공기펌프를 잠수부의 등에 메고 10분 동안 물속에 있을 수 있게 해주는 3리터 크기의 압축공기 실린더로 바꾸었다.

1933년에 르 프리외르는 페르네즈 없이 두 번째 스쿠버를 만들었다. '라파레유 르 프리외르L'Appareil Le Prieur'는 페르네즈의 노즈클립과 고글, 마우스피스를 얼굴 전체를 덮는 마스크로 대체하고 잠수부가 30분 동안 물속에 있게 해주는 6.5리터 압축공기 실린더를 달았다. 하지만 12미터 깊이에서는 10분밖에 있지 못했다. 라파레유는 원시적인 사용자 작동식 조절기였지만 마스크에 공기를 필요에 따라서가 아니라 정률식으로 공급했기 때문에 낭비가 몹시 심했다. 그러나 꽤 훌륭했기 때문에 1935년에는 프랑스 해군에서, 다음 해에는 프랑스 소방서에서 도입했다. 1935년에 동료 다이빙 팬이자 영화 제작자인 장 팽르베Jean Painlevé(1902-1989)와 함께 르 프리외르는 세계 최초의 다이빙 클럽인 클럽 데 술루Club des sous-l'eau(수중 클럽)를 세웠고, 나중에 클럽 데 스캐판드르 에 데 라 비 술루Club des scaphandres et de la vie sous l'eau(다이버와 수중생명 클럽)로 개명했다. 이 회원 중에는 1930년경에 최초의 고무 오리발을 발명한 것으로 여겨지는 프랑스 해군 사령관 루이 드 코를리외Louis de Corlieu(1888-1967)도 있었다. 하지만 클럽은 두 설립자 간의 다툼으로 오래가지 못하고 1936년에 해체되었다.16

제2차 세계대전이 발발하기 직전에 압축공기탱크, 고무호스, 마우스피스, 깊이와 압력 측정기, 원시적인 주문식 조절기, 오리발과 얼굴 마스크라는 현대 개방식 스쿠버의 모든 요소가 갖추어졌다. 1939년에 르 프리외르는 그의 발명품을 완벽하게 완성하고 스쿠버다이빙과 그 이름이 동일어가 되는 남자, 자크-이브 쿠스토와 알게 되었다.

인간에게는 작은 입수

나의 부모님 세대는 쿠스토의 책과 장편영화에 감탄했지만 내 세대는 매주 한 시간짜리 모험극을 보곤 했다. 그중 가장 기억에 남는 것은 미국에서 만든 〈자크 쿠스토의 해저세계The Undersea World of Jacques Cousteau〉(1973-1976)였다. 영국 출신 해설자가 설명을 했지만 쿠스토 자신이 유창하지만 대단히 억양 강한 영어로 많은 부분에서 직접 이야기를 했다. 마치 바닷속의 샤를 아즈나부르Charles Aznavour(프랑스와 미국의 가수 겸 작곡가°) 같은 목소리였다. 전 세계가 연구선 칼립소호에 탄 잠수부들이 대단히 정교한 스쿠버 장비를 착용하고 원반 모양 2인용 소형 잠수함에 올라 달에 인류 최초의 머뭇거리는 걸음을 내디뎠던 아폴로 우주비행사들처럼 그때까지 아무도 몰랐던 미지의 심해 세계로 들어가는 '바다 비행사'가 되는 모습을 숨죽이고 보았다. 매 화마다 새로운 최초의 일들이 일어나는 것 같았다. 최초의 수중 동굴 스쿠버다이빙, 최초의 티티카카 호수 스쿠버다이빙, 최초의 극빙 아래 스쿠버다이빙, 최초의 아마존 수계水系 스쿠버다이빙 등이었다.

　　기초적인 다이빙 수업을 들어본 사람이라면 누구라도 얕은 물에서 아주 잠깐 다이빙을 한다 해도 얼마나 시간과 준비가 필요한지 잘 알 것이다. 잠수부 본인에게 자격증이 필요할 뿐만 아니라 다이빙할 장소까지 가야 하고 장비 확인, 유지, 착용을 해야 한다. 몸에 딱 맞는 잠수복, 공기탱크와 복잡한 게이지, 호스, 마우스피스, 마스크, 게다가 초보자에게 최악인 것은 신는 것도 힘들뿐더러 우스꽝스러운 커다란 신발을 신은 서커스 광대처럼 어기적거리며 배 옆으로 걸어가게 만드는 오리발까지 착용해야 한다. 물속에서는 스쿠버가 거의 완전한 자유를 주지만, 지상에서는 눈을 반쯤 가리고 귀를 반쯤 막고 거의 꼼짝도 못하게 만든다. 그리고 물에 들어가도 문제는 이제 막 시작되었을 뿐이다. 인간의 몸, 잠수복, 공기탱크에는 자연적인 부력이 있기 때문에 웨이트벨트로 무게를 더해주지 않으면 잠수하는 내내 버려진 목욕탕용 고무 장난감처럼 수면 위로 둥둥 뜨게 될 것이다.

　　스쿠버를 하기 위해서는 물속에서 아쿠아렁을 쓰고 벗고, 물이 찬 마스크를 비우고, 괴로워하는 동료에게 마우스피스를 빌려주는 것처럼 목숨을 구해줄 모든 절차를 완벽하게 터득해야 한다. 물론 아주 경험 많고 무모한 사람만이 혼자서 잠수를 할 것이다. 물속에서 목숨을 부지해주는 모든 마법 같은 기술들이 실은 굉장히 취약하고, 사람이 만든 모든 장비가 그렇듯이 쉽게 고장이 날 수 있기 때문이다. 다이빙 장소에 입수入水하면 시야가 앞쪽으로 거의 한정되고 외부의 소리가 들리지 않는다 해도 동료와 꼭 함께 있어야 한다. 바닷속 세계에 소리가 없는 것이 아니라 당신의 거친 숨소리나 마스크에 무전 장치가 달려 있으면 그 치직거리는 소리에 전부 삼켜질 뿐이다.

한쪽 눈은 깊이 측정기에, 다른 눈은 공기탱크에, 세 번째 눈은 다이빙 동료에게, 네 번째 눈은 당신이 보러 온 것에 고정하고 있다 보면 시간이 어느새 훌쩍 지날 것이다. 기압손상이나 감압병을 일으킬 위험 없이 안전하게 물 위로 돌아가려면 시간이 얼마나 필요한지를 꼭 고려해야 한다. 독자들은 내가 수영과 스킨다이빙, 스노클링을 아주 좋아하지만 스쿠버다이빙은 그렇게까지 좋아하지 않는다는 인상을 받았을지도 모르겠다. 실제로 나는 스쿠버다이빙의 초기 단계 이상은 배우지 못했지만, 수영복 차림에다 가방에 마스크와 스노클, 오리발만 넣고 어깨에 메고서 걷거나 자전거를 타거나 최악의 경우에 차를 몰고 낭떠러지 길을 가는 간단한 취미 활동과 다이빙 원정이라는 엄청나게 크고 복잡한 일을 비교하면 주말에 하이킹을 가는 취미 등산객과 히말라야 정상에 오르려 하는 전문 산악인을 비교하는 것 같은 기분이 든다. 산 정상에서 보는 풍경은 대단히 아름답겠지만, 나는 언덕 위에서 보는 멋진 풍경으로도 충분히 행복하다.

다큐멘터리 필름과 TV 시리즈에서 쿠스토는 다이빙 준비 과정과 실제 일하는 잠수부의 모습을 잘 보여주려고 노력했지만, 그래도 너무 쉬워 보이게 찍었다. 방송된 장면 뒤로는 연구선과 거기 연관된 지상의 연구소, 지원과 기금, 기술자들과 카메라맨들을 부품으로 하는 엄청나게 복잡한 톱니바퀴가 돌아가고 있으며, 한 화 한 화에 위험을 무릅쓰고 수백 시간의 준비와 촬영이라는 공을 들이지 않았다면 시청자에게 매주 산호초와 다채로운 생명, 따개비가 가득한 난파선과 성당 같은 극빙 동굴이라는 잊을 수 없는 모습을 선사하는 것이 얼마나 어렵고 복잡한 프로젝트였는지 아무도 알 수 없었을 것이다. 현대의 시청자는 수십 년 동안의 뛰어난 자연 다큐멘터리에 익숙해져버렸지만, 당시에 쿠스토는 이전까지 인간의 눈으로 보지 못했던 세계를 드러내서 시청자를 감탄시켰다. 나사의 달 탐사선과 사진으로 인류가 외우주outer space를 발견한 것처럼 쿠스토는 똑같이 낯선 내우주inner space의 바다 풍경을 드러냈다.

쿠스토는 르 프리외르처럼 그가 'le monde du silence', 침묵의 수중 세계라고 부른 세상을 자유롭게 탐험하고 싶어 했던 진정한 다이빙 팬이었다. 제2차 세계대전이 발발하기 전까지 프랑스 해군 장교였던 그는 여러 번 시험하고 시도했지만 제한적이었던 표준잠수복, 기술적 문제가 있고 복잡해서 종종 고장이 나고 비교적 얕은 물에만 들어갈 수 있는 재호흡기, 르 프리외르 장치처럼 낭비가 심한 정률식 공기 공급에 손으로 조절하는 조절기가 달린 초기 개방식 스쿠버 같은 전쟁 전 다이빙 장비에 익숙했다. 쿠스토는

1940년 살인마 나치 독재자 아돌프 히틀러Adolf Hitler가 이끄는 오랜
적 독일군과 필리프 페탱Philippe Pétain 사령관의 비시 정권이 협력해서
프랑스 땅의 절반을 점령하는 프랑스 공방전 같은 사소한 사건 때문
에 진짜로 중요한 일을 그만두지 않았다. 그것은 바로 최초의 상업용
스쿠버 세트, 프랑스어로 'scaphandre autonome'의 개발이었다.

수영사

　50년의 활동 기간 동안 쿠스토의 업적은 엄청났다. 또 다
른 유명한 TV 탐험가의 말을 살짝 다르게 인용하자면 '그는 어떤
사람도 수영해본 적이 없는 곳에서 대담하게 수영을 했다'. 하지만
쿠스토는 드 코를리외와 페르네즈, 르 프리외르를 포함하는 프랑
스 발명가이자 다이빙 팬 혈통의 운 좋은 후계자였고, 그 자신도
알렉상드르 뒤마Alexandre Dumas의 '삼총사三銃士'를 기려 '수영사水泳士,
Les Mousquemers'라고 이름 지은 3인 팀의 일원이었다. 다른 두 명의 동
료 다이버 필리프 타유Philippe Tailliez(1905-2002)와 프레데리크 뒤마Frédéric
Dumas(1913-1991)도 각자 스쿠버의 개발에 공헌을 했다. 삼총사에 다르
타냥이 있었던 것처럼 삼수영사三水泳士에게도 네 번째 회원이 없었
다면 모험을 할 수 없었을 것이다. 용감한 다이버가 아니라 실험실
에 죽치고 살던 기체공학 전문가 에밀 가냥Émile Gagnan(1900-1979)이다.
그는 아쿠아렁 개발 작업을 하고 원형을 개발하는 데에 자금을 대
도록 자신의 고용주 에어리퀴드Air Liquide사를 설득했다.

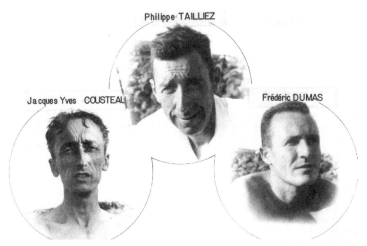

Philippe TAILLIEZ

Jacques Yves COUSTEAU

Frédéric DUMAS

■ 삼수영사 필리프 타유, 프레데리크 뒤마, 자크-이브 쿠스토는 제2차 세계대전 이전에 프랑스의 지중해 연안에서 만난 스킨다이빙 팬이자 작살낚시꾼들이었다. 그들은 1949년까지 함께 지냈고, 그 후에 쿠스토가 프랑스 해군을 떠났다. 이 용맹한 3인방의 사진을 보면 흥미롭게도 쿠스토가 타유 아래 두 번째 위치에 있다. 이는 아마도 타유가 선임 장교였기 때문이었을 것이다.

쿠스토가 자신의 초기 다이빙 경력에 관해 이야기한 내용은 모험소설 《보이즈 오운Boy's own》에서 고스란히 튀어나온 것 같았지만, 그는 자신의 경험을 낭만화하거나 과장하거나 지어내지 않았다. 자서전 《침묵의 세계》에 실린 그의 추억은 악셀 마스덴Axel Masden이 쓴 그의 전기(당사자의 인증을 받지는 못했지만 꽤 호의적으로 여겼다)에도 똑같이 나온다.17 전쟁 전에 젊은 쿠스토는 조종사로 프랑스 공군에 입대하려고 했지만 자동차 사고를 당해서 그 계획을 포기해야 했다. 이 불운한 개인적 비극은 다이빙과 해양학의 세계에서는 무척 기쁜 결과가 되었다. 그가 대신에 프랑스 해군에 입대했기 때문이다. 프랑스 지중해 연안에 배치된 젊은 해군 장교로서 쿠스토는 처음 다이빙 동료인 해군 장교 필리프 타유와 다이빙 팬인 민간인 프레데리크 뒤마를 만나게 되었다. 두 사람 다 열렬한 스킨다이버이자 작살낚시꾼이었다. 삼인방은 페르네즈 고글을 쓰고 프리다이빙을 하고, 마스크와 튜바(스노클)를 끼고 수영을 하며 드 코를리외 오리발을 끼고 발장구를 쳤다. 그들은 르 프리외르 스쿠버를 보고서 초기 수면 공급 페르네즈 디자인을 시험해보았다. 어느 날 다이빙을 하며 쿠스토는 수면에 있었는데 뒤마가 페르네즈 장비를 사용하다가 공기호스에 구멍이 나는 바람에 뒤마는 위험할 정도로 빨리 수면 위로 올라와야 하는 사고가 생겼다. 프리다이버로의 경험 덕택에 그는 간신히 심각한 부상을 피할 수 있었다.[18]

1939년 9월에 제2차 세계대전이 발발하며 삼수영사는 잠깐 헤어지게 되었지만, 1940년 봄 프랑스의 쏜살같은 패배로 다시 뭉치게 되었다. 해군 없는 해군 장교로서 쿠스토는 추축국이 프랑스 코트다쥐르를 점령하고 있는 동안 가족을 안전하게 지키고 먹이는 데에 열중했다. 삼수영사들에게는 다행스럽게도 이곳을 점령한 것은 프랑스 레지스탕스의 공격 이후 시민에게 잔인하게 보복을 하는 것으로 악명 높아진 강경파 독일군이 아니라 이탈리아군이었다. 마르세유와 툴롱 중간에 있는 방돌을 근거지로 세 남자는 다시 다이빙을 하고 스쿠버 기술과 다이빙을 개선할 방법을 끊임없이 찾았다. 1942년 12월에 쿠스토는 파리의 에밀 가냥을 방문해서 CG(쿠스토-가냥 스쿠버 세트)라는 이름으로 특허를 내게 되는 도구를 만드는 데 협력해달라고 부탁했다. 이것은 나중에 아쿠아렁이라는 좀 더 창의적인 이름으로 바뀐다. 이는 영어 예찬론자 쿠스토의 예리한 마케팅적 선택이었다. 쿠스토가 새로운 스캐판드르 오토놈 scaphandre autonome 아이디어를 설명하자 가냥은 그에게 자동차 엔진에 천연가스의 흐름을 조절하기 위한 용도로 작업하고 있던 자동차단 밸브를 보여주었다. 이것은 점령 치하의 프랑스에서 휘발유가 부족해져서 꼭 필요한 장치였다. 이 밸브는 바닷속을 탐험하는 데 필요한 이동의 자유와 넓은 거리를 제공하는 핵심 요소 중 하나인 주문식 조절기의 기반이 된다.

가냥과 쿠스토는 마른Marne강에서 새로운 밸브를 시험해보았고, 쿠스토는 조절기가 표준잠수복을 입은 구식 다이버처럼 수직으로 서 있으면 안 되고 물에서 수평으로 엎드려야만 제대로 작동한다는 사실을 즉시 알게 되었다. 60년 뒤의 우리에게는 인간이 물속에서 움직이는 자연스러운 방법이 물고기처럼 헤엄치는 거라는 사실이 명백하지만, 당시에 프리다이버와 스노클러는 수영을 하고 수면 공급식 다이버는 걸어 다녔다. 쿠스토는 인간을 물속에서 '낯선 세계의 장애인'에서 영원히 벗어나게 만들어줄 도약을 해야만 했다. 파리의 수영장에서 두 번째 시험을 해보고서 에어리퀴드사는 최초의 아쿠아렁 원형을 생산하기로 결정했고, 이것은 1943년에 초조하게 기다리던 쿠스토의 손에 들어왔다.[19]

하지만 아직도 전쟁이라는 사소한 문제가 있었다. 프랑스는 이제 연합군에게 사방에서 몰리고 프랑스 레지스탕스들에게 계속해서 습격을 당하는 잔혹한 독일군에게 아직까지 점령당한 상태였지만, 쿠스토와 그의 친구들, 가족들은 빌라에 숨어 독일군을 피해서 살았다. 하지만 그들도 점령의 고난에서 완전히 벗어나 있었던 것은 아니었다. 식량이 제한되었고 다이버는 땅에서 일하는 노동자보다 훨씬 많은 칼로리를 소모하기 때문에 그들은 엄격하게 제한되는 고기 대신에 부족한 칼로리를 콩으로 채웠다. 바다는 온갖 종류의 고단백질 식량이 가득한 자연 저장고였지만, 바닷속에서 작살이나 작살총으로 사냥을 하는 데 소모되는 칼로리가 그걸로 얻는 칼로리보다 훨씬 높았을 것이다.

지중해에서 첫 번째 아쿠아렁 다이빙을 하면서 쿠스토는 칼로리의 보물창고를 마주하고 잠시 동안 식량 부족 문제를 해결할 수 있었다. 타유와 뒤마가 배에서 기다리고, 뒤마는 아쿠아렁이 망가질 경우에 쿠스토를 구하기 위해 프리다이빙을 할 준비를 하고, 아내 시몬은 오리발과 마스크, 스노클을 착용하고 수면에서 그를 따라오는 상태로 쿠스토는 첫 출장에서 느낀 기쁨을 이렇게 회상했다.

나는 바위 사이를 헤엄치며 나 자신을 도미와 비견했다. 공기보다 8백 배 더 밀도가 높은 매질에서 물고기처럼 수평으로 헤엄을 치는 것은 논리적인 방법이었다. 수면과 연결된 어떤 선이나 공기 파이프에도 매달리지 않았다니 꿈 같았다. (…) 나는 지금 날개 없이 날고 있었다.[20]

아쿠아렁은 완벽하게 작동했고, 쿠스토는 자신의 호기심이 닿는 대로 수중 동굴을 탐험했다. 동굴 입구는 상당히 좁아서 공기 실린더가 옆의 돌에 긁혔다. 그는 자신의 목숨을 지탱해주는 연약한 고무호스가 찢어질 수도 있다는 걸 깨달았으나 위험을 무시하고 좁은 동굴 안으로 힘겹게 들어갔다. 그리고 해안과 위쪽의 파도에서 조금밖에 떨어지지 않은 데다 인간이 처음 지중해에 들어온 이래 끊임없이 사람들이 헤엄치고 뗏목과 배를 타고 지나다녔는데도 불구하고 그 깊이 때문에 누구도 본 적이 없었던 풍경을 보상으로 받았다. 동굴 천장은 가재 떼로 뒤덮여 있었다. 이들은 그때까지 가재찜과 어부, 스킨다이버로부터 안전한 은신처였던 곳에 들어온 이 인간 침입자에게 굴복한 첫 번째 바다 생물 중 하나였다.

모든 위험을 잊고 쿠스토는 가재 두어 마리를 잡아서 시몬이 있는 곳으로 돌아와 그녀에게 해안가에 숨겨두라고 지시했다. 그녀는 해안으로 가서 어부에게 자신이 잡은 것을 좀 지켜달라고 부탁했다. 어부는 시몬이 가재 네 마리를 더 들고 돌아오자 깜짝 놀랐고, 파도 아래 쿠스토가 있는 것은 전혀 알아채지 못했다. 그 날 저녁 가재 잔치를 벌이며 삼수영사는 바다를 식민지로 삼을 계획에 대해서 이야기했다. 그들은 땅과 천연자원을 놓고 벌이는 인류의 하찮은 다툼이 일으킨 전쟁을 영원히 끝낼 만한 드넓은 공간과 어마어마한 부가 손에 들어올 거라고 상상했을 것이다.

침묵의 세계 촬영

쿠스토의 이후 50년간의 활동은 12개의 단편과 4개의 장편영화, 〈자크 쿠스토의 해저세계〉(ABC 제작) 총 36화와 〈우주의 오아시스Oasis in Space〉 총 12화, 〈쿠스토 오디세이Cousteau Odyssey〉(PBS와 TBS 제작)

를 포함한 60개의 텔레비전 쇼라는 결과물로 기록되어 있다.[21] 전쟁 후에 쿠스토는 프랑스 해군에 남았고, 그와 다른 두 수영사는 다이빙과 영화 촬영 기술을 계속 갈고닦고 아쿠아렁의 디자인을 개선하려 했다. 이 방식에서 누가 더 이득을 봤는지는 정확하게 말하기 어렵다. 식량 제한과 재건 기간 동안 국가의 자원을 쓸 수 있었던 쿠스토인지, 그의 스쿠버 지식을 쓸 수 있었던 프랑스 해군인지 말이다. 그들의 제휴는 1949년 쿠스토가 영국 정치인이자 사업가, 자선가인 로엘 기니스Loel Guinness를 포함하여 영향력 있고 부유한 후원자들을 얻으면서 끝이 났다. 기니스는 퇴역한 영국 지뢰제거함 칼립소호를 사들여서 쿠스토의 연구선 및 다이빙선으로 개조했고, 배는 1997년 그가 사망할 때까지 사용되었다.

1957년에 쿠스토는 조그만 지중해 국가 모나코공국의 해양박물관 및 연구소 소장으로 임명되었다. 쿠스토를 모나코로 오게 만든 이 제휴는 다시금 양쪽 모두에게 이득이 되었다. 그는 1960년에 지중해에 방사성폐기물을 버리려는 프랑스 원자력청의 계획에 반대하면서 중요하게 대두된 지중해 연안의 주요 유럽 국가들에서 독자적으로 활동을 할 영구적인 근거지를 얻었고, 모나코 통치자 레니에 3세Rainier III(1923-2005)는 쿠스토의 국제적인 명성을 활용해서 전후 공국의 줄어든 금고를 다시 채울 수 있게 되었다. 모나코의 정박지에서 출발한 칼립소호는 수차례 전 세계를 일주하고 남극해를 방문하고 그 거대한 수계水系를 탐사할 예정이었다. 해양 보존의 선구자였던 쿠스토는 대부분의 과학자들과 정치인들보다 훨씬 일찍부터 수천 년 동안 인류의 고속도로이자 식품저장소, 쓰레기장이었던 수중 생물권의 취약함을 이해하고 있었다.

하지만 쿠스토의 진정한 천재성은 자신의 모험과 발견, 우려를 필름이라는 매체를 통해서 전 세계 시청자와 공유하는 능력에 있었다. 그의 모든 다이빙 활동은 장편영화와 단편영화, 여러 개의 TV용 다큐멘터리 시리즈로 촬영되었고, 이제는 방영하지 않지만 유튜브, 구글, 비메오Vimeo 같은 아카이브 사이트에서 무료로 볼 수 있다. 쿠스토의 촬영 이력은 쿠스토-가냥 스쿠버 세트보다 먼저 시작되었다. 1942년 그는 타유, 뒤마와 함께 최초의 프랑스 수중 단편, 〈깊이 18미터Par dix-huit metres de fond〉를 찍었고, 이 단편으로 수많은 상 중 첫 번째 상을 받았다. 다시금 타유, 뒤마와 함께 1943년에 찍은 그의 다음 영화 〈난파선Épaves〉은 스쿠버 장비의 가능성을 백 퍼센트 사용한 최초의 영화였다. 여기서 삼수영사는 프랑스 연안에 있는 여러 척의 난파선을 탐험한다. 영화 필름의 짧은 길이 때문에 팀은 흑백 스틸필름 재고를 이어 붙여야 했다. 하지만 그 결과물은 훌륭했고, 영화는 1946년 전후 첫 번째 칸 영화제에서 상을 받았다.22

쿠스토를 다이버이자 탐험가, 해양학자에서 국제적인 유명인으로 만들어준 영화는 프랑스 영화 제작자 루이 말과 합작한 〈침묵의 세계Le Monde du silence〉였다. 이 영화는 1954-1955년에 두 번의 다이빙 시즌 동안 칼립소호에서 촬영했고 1956년 프랑스에서 공개되었다. 악셀 마스덴에 따르면 대부분의 영화와 TV 방송이 여전히 흑백이던 시절에 이 영화는 총천연색으로 촬영되어서 관객을 깜짝 놀라게 만들었다. 영화가 관객에게 미친 영향에 대한 그의 시적인 묘사는 그 자신의 반응을 이야기하는 것 같다는 생각이 들게 만든다.

인광燐光 조명을 들고 청회색의 물속에서 움직이는 다이버들이 나오는 도입부부터 짙은 자홍색 산호 카펫 위로 펼쳐지는 한 번도 본 적 없는 생명체들의 모습, 연구선의 사무적인 갑판과 빠르게 지나가는 돌고래들이 흩뿌리는 하얀 포말, 말미잘의 보랏빛 촉수 등 영화는 한 시간 27분의 경이와 스릴 그 자체이다.23

개봉하던 해에 〈침묵의 세계〉는 칸에서 황금종려상을, 아카데미 시상식에서 베스트 다큐멘터리 영화상을 받았다. 당시 외국어 다큐멘터리로서는 대단히 드문 업적이었다.

쿠스토의 살아 있는 유산

아쿠아렁은 제2차 세계대전과 프랑스의 전후 재건사업으로 몇 년이 소모된 것을 고려할 때 적당한 시기에 나온 적당한 발명품이었다. 하지만 쿠스토는 남은 전시戰時 기간과 자신의 시간을 프랑스 해군과 함께 아쿠아렁이 엄청난 상업적 성공을 이루는 기틀을 닦는 데에 사용했다. 자신의 발명품으로 돈을 버는 것이 목적이 아니었기 때문에 의식적으로 그랬던 것이 아니라 스쿠버의 가능성을 총체적으로 탐색하고 책과 영화를 통해 자신의 모험이

■ 쿠스토의 수많은 첫 번째 중에는 해저 지역의 발굴에 스쿠버를 최초로 사용한 것도 포함된다. 20세기 초에 표준잠수복을 사용한 잠수부들이 일부 발굴했던 튀니지 연안의 로마 갤리선 난파 현장이다. 여기 실린 사진은 해양고고학자가 지중해에서 고대의 난파선에서 나온 항아리 화물들을 살피는 모습이다.

계속되도록 만들기 위해서였다. 1940년대 말에 서구 세계의 해군과 특수부대에 빠르게 도입된 아쿠아렁이 그다음으로 찾은 기존 시장은 전후 커져가던 여가산업계였다.

취미용으로 개방식 스쿠버의 엄청난 인기는 잠수 클럽이 일찍 설립되는 계기가 되었다. 1946년 프레데리크 뒤마가 칸에 설립한 클럽 알팽 수-마랭Club alpin sous-marin, 1954년에 영국에서 가장 오래된 수영클럽 중 하나인 브라이턴 수영클럽의 자매 격으로 설립된 브라이턴 바텀 스크래처Brighton Bottom Scratchers 등이 그 예이다.24 또한 오락용 다이빙 및 다이버 훈련 기관들도 생겼다. 세계에서 가장 오래된 스쿠버다이빙 기관 두 개가 1948년 프랑스에 생겼고,

두 개가 합쳐져서 1955년에 페데라시옹 프랑세즈 데튀데 데 스포르 수-마랭fédération française d'études et de sports sous-marins이 되었다. 영국에서는 1953년에 영국 잠수 클럽이 설립되었고 1954년 스포츠 이사회로 인정을 받게 되었다. 현재 오락용 다이빙의 훈련과 자격을 감독하는 가장 큰 조직 세 곳은 1959년 모나코에서 설립된 세계수중연맹Confédération mondiale des activités subaquatiques, CMAS, 1960년 플로리다에서 설립된 전미 수중 지도자협회National Association of Underwater Instructors, NAUI, 그리고 1966년 캘리포니아에서 설립된 다이빙 지도자 프로협회 Professional Association of Diving Instructors, PADI이다.25

쿠스토는 오락 다이버들과 수중사진 촬영가 세대에게 암초, 난파선, 호수, 강, 동굴 체계 등을 탐험하는 본보기가 되었을 뿐만 아니라 스쿠버다이빙의 모든 분야를 개발하는 데 관여했다. 이를테면 튀니지 연안에서 침몰한 로마 배를 발굴하면서는 해양고고학 분야, 콘셸프 실험으로는 수중 서식지 분야, 잠수정 다이빙 소서saucer 설계 분야, 인양 및 수중 구명 분야, 수중공학 및 건설, 석유 시추와 활용을 위한 포화잠수 실험 등을 했다. 마지막 부분에 관해서는 11장에서 더 상세하게 다룰 것이다.

쿠스토는 훌륭한 잠수함 전문가나 고고학자, 공학자가 아니었지만 개방식 스쿠버의 뛰어난 가능성을 전문가들에게 보여주어 그들에게 미래의 연구를 맡기고 이 분야 모두를 선도했다. 하지만 그가 개척자였을 뿐만 아니라 최고의 전문가이자 활동가였던 한 가지 분야는 바로 해양 보존이었다. 해저에 도시, 농장, 광산, 산업 시설을 짓겠다는 꿈으로 다이빙을 시작했던 쿠스토는 금세 수중

■ 자크 쿠스토가 모든 수생환경을 보존하고 쓰레기 투기, 오염, 과잉개발로부터 지키기 위한 선구자로서 바다 개발 및 식민화라는 발상을 포기한 후 했던 강연. 그의 초기 승리 중 하나는 1960년에 프랑스 정부가 지중해에 핵폐기물을 버리려던 것을 막은 것이다.

생태계가 연약해서 오염, 쓰레기 투기, 생물 및 광물자원의 과잉개발로 인한 피해에 취약하다는 것을 깨달았다. 지중해에 프랑스 원자력청이 방사성폐기물을 버리려던 것을 막은 그는 더 이상의 약탈로부터 바다를 보호하는 데에 자신의 경력 대부분을 투자했다.

우리의 바다와 대양이 기후변화로 인한 산성화와 해양 먹이사슬로 들어가는 버려진 플라스틱 문제로 심각한 위협을 받고 있지만, 쿠스토의 40년에 걸친 지속적인 보존 계획이 없었다면 바다의 고난은 더욱 심각했을 것이다. 우리의 조상은 상상밖에 할 수 없던 방식으로 수중 세계를 방문하는 것은 우리에게 엄청난 기쁨이자 특권이지만, 동시에 그의 노력은 우리가 물속에 들어갔을 때 볼만한 것들이 남아 있도록 만들어주었다.

9

스포츠 라이프

Strokes of Genius
a History of Swimming

화요일 오후에 8기니의 돈을 걸고 세 남자가 웨스트민스터에서 런던 다리까지 수영을 했다. 승자는 다른 사람들의 어깨 위에 실려서 버러Borough의 술집으로 향했고 거기서 진을 신나게 들이켜고는 승리한 후 30분 만에 사망하고 말았다.

__존 굴스톤John Goulstone, 《영국 수영 연대기, 1766-1837》(1999)[1]

현대인이 수영에 관해 가진 애정을 돈독하게 만들어주는 두 가지 활동이 여가와 체력단련이다. 이 책을 쓰기 위한 자료 조사를 할 때 나는 세 번째 활동이 다섯 가지 수중 스포츠 종목 중 네 가지인 단거리 및 장거리 수영, 실외 수영, 수구, 싱크로나이즈드 스위밍 경기일 거라고 당연하게 생각했다.[2] 하지만 이 장을 쓰고 난 지금은 수영 경기가 현재 수영의 인기에 중요한 역할을 했을 거라고 생각하지 않는다. 역사적으로는 수영을 서구 세계 현대인의 삶에서 두드러지고 항상 함께하는 특성으로 만드는 데 중요한 역할을 하긴 했다. 수영은 우리 종이 나타나기 이전, 호미니드의 기술이었고 조직적인 경기 스포츠의 역사가 2800년이 되었음에도 불구하고 아마추어 스포츠에서 경기 수영이 생긴 지는 200년도 채 되지 않았다. 이 불일치를 설명하기 위해서는 수영하는 것을 스포츠로 여기지 않았고 가끔은 거의 모두가 아예 수영을 하지 않았던 긴 시간을 포함하여 지난 3천 년 동안 스포츠의 기원과 발달에 관해서 살펴봐야 한다. 어쨌든 수중 종목을 제외한 스포츠 경기의 초기 개념을 이해하지 못하면 현대의 수중 스포츠를 이해할 수 없다.

경기 스포츠의 기원은 기원전 8세기 고대 그리스까지 거슬러 올라가지만 스포츠에 열광했던 고대 그리스 사람들은 수영이나 다른 수중 운동은 경기 스포츠로 고려할 가치가 없다고 여겼다. 그래서 이 장에서 첫 번째로 대답해야 하는 질문은 왜 수영과 프리다이빙의 상업적·군사적 측면을 정기적으로 활용하던 고대 그리스인 같은 해양 민족이 고대 세계에서 약 12세기 동안 경기의 기반을 이루었던 육상과 승마처럼 물에서의 기술을 중요하게 여기지 않았을까 하는 것이다. 고대 말에 로마의 점잔 빼는 태도와 야만족의 습격, 기독교의 편협성이 합쳐져서 그리스에서 모든 스포츠 축제가 폐지되었다. 그리스 세계에서 기원전 6세기 이래로 체육관을 키워주었던 남성적 운동 문화를 지탱해준 조직 스포츠 구조가 사라지자 운동 문화 역시 무너지고 사라지게 되었다.

몸을 드러내는 것에 대한 교회의 두려움과 사람들이 즐거운 시간을 보내는 대신에 무릎을 꿇고 기도해야 한다는 믿음에도 불구하고 놀이를 하고 실력을 겨루고 육체적인 취미 활동과 오락을 즐기는 것은 사라지지 않았다. 아이들은 계속해서 놀이를 했고 어른들은 참가자나 관객으로 역할을 바꾸었지만, 스포츠를 그 자체로서 한다는 생각, 국내와 국제 경기, 직업 운동선수의 높은 지위는 약 1500년 전에 사라졌다. 유럽 르네상스 시대에 운동선수들이 스포츠 활동을 하는 고대의 생생한 삽화와 함께 고전 운동의 이상과 실행법이 쓰인 문서들이 재발견되었지만 고대의 활동과 기

■ 2016년 리우 올림픽에서 찍은 현대 수영 경기의 상징적인 사진. 21세기 초에 경기 수영은 다시금 19세기 초처럼 엄청난 인기와 군중을 끌었고, 선수들은 명성을 얻을 뿐만 아니라 주정부의 지원금과 상업적인 후원까지 받을 수 있게 되었다.

관들을 즉각 되살리는 결과를 불러오지는 못했다. 그래도 18세기에 새로운 종류의 조직 스포츠가 등장하게 되는 기나긴 과정에 시동을 걸었다.

수영은 고대 세계에서도 스포츠가 아니었던 신체 활동이 어떻게 18세기에 금전적 이득을 얻기 위해 소수의 뛰어난 개인이 하는 기술과 인내의 대결이 되었다가 19세기 전반기에 점차 대중 오락이자 초창기 경기 스포츠로 변모했는지를 보여주는 사례 연구이다. 19세기 후반기에 수영은 규정에 맞는 실외 수영장과 실내 및 야외 수영장, 수영클럽, 협회와 경기 등의 기반시설이 늘어나며 산업사회에서 단단히 자리를 잡지만, 그 후의 방향은 수영이라는 스포츠 자체가 아니라 그 조직자와 참여자가 갖는 입장에 따라서 결정되었다. 즉 스포츠가 그 자체를 즐기는 아마추어의 취미여야 하는가, 참가자가 직업으로 삼을 수 있는 프로의 활동이어야 하는가 하는 큰 논쟁이 벌어졌다.

아마추어-프로의 분열은 경기 수영의 발전과 활동의 모든 측면에 계속 영향을 미쳤고 20세기 말쯤 스포츠를 후원하는 방식이 바뀌면서 그 구분이 쓸모없어졌다. 오늘날에는 대규모 스포츠 축제인 하계올림픽에서 다섯 가지 수중 종목이 당당하게 자리를 차지하고 있다. 엄청난 돈을 들여 만든 모든 경기를 최대한 아우를 수 있는 최신식 설비는 이 수중 종목들을 스포츠계의 신데렐라에서 테니스, 육상, 팀 스포츠와 비견할 만한 진짜 볼거리로 탈바꿈시켰다. 그러나 수영이 아무리 대중이 참여하는 여가 및 체력단련 활동이고 수중 경기 종목에 지역, 국가, 전 세계에서 수많은 사람이 참여한다 해도 조직 수영은 축구, 럭비, 크리켓이나 야구 같은 스포츠 수준으로 많은 사람이 관심을 갖는 볼거리는 아니다.

엘리트의 경기 수영과 수많은 대중이 참여하고 즐기는 여가 및 체력단련 수영 사이에는 기묘한 간극이 있다. 최근의 스포츠 스타들을 이용해서 표현해보자면, 많은 신인 스포츠맨이 스포츠 면에서나 경제적으로나 데이비드 베컴이나 크리스티아누 호날두 같은 성공을 거두고 싶어 하지만, 몇 명이나 이안 소프나 마이클 펠프스의 뒤를 따르고 싶을까?

그리스의 유산

경기 스포츠는 현재 서구 문화의 핵심적인 부분이라서 역사적인 면에서는 이것이 상당히 최근의 부흥이라는 것을 잊어버리기 쉽다. 고대 그리스(기원전 8세기에서 기원전 6세기)에서는 운동경기를 종교적 축제에 결합시켰고, 몇몇은 원래의 종교적 행사를 완전히 가릴 정도로 큰 국내외적 시합이 되었다. 고전기(기원전 5세기에서 기원전 4세기)에 그리스 운동선수들은 일반적으로 달리기, 멀리뛰기, 원반던지기, 창던지기, 레슬링, 판크라티온3의 여섯 가지 육상 종목과 말과 마차를 포함한 승마 경기를 네 번의 주요 범그리스 축제에서 겨루었다. 이 축제는 코린트 지협에서 열리는 지협 제전 경기, 네메아에서 열리는 네메아 제전 경기, 델피에서 열리는 피시아 제전 경기, 그리고 기원전 776년부터 서기 394년에 폐지될 때까지 올림피아의 제우스 신전에서 열렸던 가장 유명한 올림픽 경기이다.

거기에 각각의 도시에서도 그 나름의 스포츠 시합이 열렸고, 선수들은 올림픽 스포츠와 좀 더 지역 친화적인 경기에서 겨루었다.4 고전기 그리스인들이 자신들의 생존과 생계를 책임져주는 한편 주적인 페르시아인을 막아주는 바다의 신들에게 바치는 수많은 축제를 열었음에도 불구하고 역사 기록에 빠져 있는 것으로서 꼭 생각해봐야 하는 것은 수영 시합에 대한 부분이다. 범그리스 제전 경기 중 하나인 지협 제전 경기는 바다의 신 포세이돈에게 헌정하는 것이지만 다른 범그리스 경기들과 똑같은 육상 및 승마 경기들로 이루어진다. 바다의 신과 가장 밀접한 관계가 있는

■ 고대 그리스인은 생존과 무역을 위해 바다의 자원을 활용하는 해양 민족이었다. 하지만 그들은 수영을 스포츠 경기에 적합한 운동으로 여기지 않았다. 그들이 각 지방과 범그리스 경기에서 했던 스포츠는 육상 및 승마 경기였고, 고대 올림픽 경기에서 하이라이트 중 하나는 오늘날의 남자 100미터 결승에 준하는 스타디온stadion 도보 경주였다. 페인터 오브 옥스퍼드, 저장용 병, 기원전 500년경.

경기는 승마이다. 바다와 대양을 통치하는 것에 더해 포세이돈은 '말들의 아버지'라고 알려져 있기 때문이다. 그의 기원은 남쪽에서 이주해온 흑해 스텝 지대의 육상陸上 기반의 기마 유목민의 신 중 하나였을 것이다.

경기 스포츠에 참가하는 것은 모든 그리스 자유민 남성에게 주어진 특권이었으나 그리스가 서기 2세기에 로마제국에 합병된 후에는 모든 로마의 자유민이 범그리스 경기에 참여해 겨룰 수 있게 되었다. 고전기 그리스에서 스포츠에 참가한다는 것은 여러 가지 연관 의미를 가졌다. 종교적 의무, 도시국가에 대한 봉사, 스포츠 자체의 영예를 위해서, 군사훈련의 일환으로, 시민이자 인간으로서의 완전한 잠재력을 의미하는 아레테arete를 이루는 수단으로, 그리고 재능 있는 소수의 경우에는 전문 운동선수라는 수익이 큰 직업을 갖기 위해서 등의 이유로 참가했다. 하지만 그리스인에게는 나중에 아마추어 운동선수라고 부르게 되는 사람과 전문 스포츠맨과의 공식적인 구분이 없었다.5

고대 그리스의 스포츠 행사에는 명백하게 싸움의 요소가 있었고, 이는 그 기원이 군사훈련이기 때문이었다. 고대의 경기에서 기묘하게 빠져 있는 것이 바로 수중 경기들이다. 수영과 프리다이빙은 귀중한 기술이자 군사적 용도가 있었고, 앞에서 이야기했듯이 다른 군사적·체력단련용 기술과 마찬가지로 공식적으로 배웠다. 또한 글자를 읽는 것처럼 수영을 할 줄 아는 것도 당연하게 여겼다. 다른 종류의 스포츠 경기에 참가하지 않는다 해도 남성 자유민이라면 응당 알아야 하는 기술이었다. 그렇다면 경쟁심이 마음 깊은 곳에 뿌리박혀 있던 고대 그리스인이 왜 수영을 적당한 경쟁 종목으로 여기지 않았는지에 대한 의문이 남는다.

몇 가지 답이 될 만한 것이 있다. 첫 번째는 순수하게 실용적인 것이다. 사설 및 공공 수영장과 목욕탕을 지었던 로마인과 달리 그리스인은 로마 시대 이전까지 도시에 사치스러운 테르마에가 없었다. 그리스에는 또한 실외 수영 경기를 열 깊은 강이나 큰 민물 호수 등이 없었다. 하지만 반도였던 데다가 많은 고대 도시가 해안이나 해안 근처에 있었으니 바다에서 수영 경기를 열지 못할 이유는 없었다. 1896년 아테네에서 열린 최초의 근대 올림피아드에서 올림픽 복합시설에 예정된 수영장을 지을 수 있는 기금을 구하지 못했기 때문에 수영 경기는 근처의 피레우스항의 만에서 열렸다.

두 번째 이유는 경기가 연관되어 있던 축제의 본질 때문일 수 있다. 고대 그리스의 축제들은 두 가지 의미로 '장관'이었다. 규모가 대단히 크고 도시나 주의 모든 사람이 참가하거나, 네 개의 범그리스 제전의 경우에는 그리스 세계 전역에서 대표와 관객이 몰렸다. 수중 카메라의 시대가 오기 전까지 수중 경기는 지상에서 열리는 스포츠와 비교할 때 시각적인 부분에서 위상이 한참 떨어졌다. 그러나 나중에 나오겠지만 필름과 TV가 나타나기 한참 전부터 수영 경기와 오락은 수많은 관중의 관심을 끌었다.

세 번째 이유는 수영이 레슬링이나 원반이나 창을 던지는 기량처럼 특수화된 기술이 아니라 걷는 것처럼 보편적인 능력이라고 여겼기 때문일 수 있다. 하지만 달리기 역시 수영보다 딱히 더 특수한 능력이 아님에도 불구하고 고대 경기의 하이라이트 중 하나가 도보 경주였다. 이 차이를 설명할 만한 추측이라면 군용 기술이라기보다 수영은 육체노동에 훨씬 밀접하게 연관되어 있고, 고전기 그리스 사회에서 이런 것은 자유민이 아니라 노예가 하는 일이었다는 점이다. 그러나 내가 4장에서 이야기했던 페르시아 함선을 파괴한 잠수부 스킬리아스의 이야기에서 우리는 존경받는 전문 프리다이버가 그리스를 위해서 귀중한 군사 활동을 하는 것을 볼 수 있다.

마지막으로 그럴듯한 설명은 발칸 반도에 이주해온 사람들의 기원에서 찾을 수 있다. 그들의 정확한 출신에 관해 보편적으로 동의하는 것은 아니지만, 그리스에 정착한 이주민 집단 중 여럿이 중앙아시아 스텝 지대에서 왔을 것으로 보인다. 이곳은 바다와 주요 강 유역에서 한참 떨어진 곳이다. 그들의 육상 기원에 대한 증거는 내가 2장에서 제시한 것처럼 바다의 신이자 지진과 말의 신이기도 한 포세이돈의 특성에서 찾아볼 수 있다. 원조 그리스인이 수중 세계에 대한 경험이 거의 없는 유랑 목축민이었다면 자신들의 신을 기리기 위한 운동경기로 육상에서 하는 것들과 승마에 편향되는 것을 설명할 수 있을 것이다.

고대 그리스인은 수영에서 한 번도 경쟁을 한 적이 없지만 경기 스포츠에 대한 그들의 태도를 이해하는 것은 중요하다. 그리스의 스포츠 축제는 근대에 부활했고 그리스식 이상, 또는 19세기 교육자들과 스포츠 지지자들이 재해석한 이상에 따라 많은 스포츠의 발전과 실행의 방향을 잡았고 20세기 거의 내내 누가 참여할 수 있고 누가 안 되는지를 결정했다. 그리스인은 아마도 아마추어와 전문 운동선수 사이의 구분을 이해하지 못했을 것이다. 운동athlete이라는 단어는 그리스 동사 'athlein'에서 나온 것이다. 이는 상을 두고 경쟁한다는 뜻이다. 즉 승자에게 경제적인 보상을 주는 것이 언제나 그리스 스포츠 문화의 한 부분이었다. 범그리스 경기들은 현금으로 포상을 하지는 않았지만, 승리한 선수들은 자신의 도시에서 엄청난 상을 받았고, 지방 경기에서도 현금으로 바꿀 수 있는 종류의 풍부한 상을 주었다. 고대 운동선수 중 가장 성공한 사람 중 한 명이 크로톤의 밀로Milo(기원전 6세기경에 활동)였다. 그는 모든 범그리스 경기에서 수많은 타이틀을 휩쓸었고, 오늘날 가장 큰 후원을 받는 올림픽 선수나 엄청난 돈을 받는 전문 축구선수나 야구 스타에 버금가거나 혹은 넘어설 정도로 엄청난 부를 쌓았다.6

사람들이 하던 경기

／

교회는 대체로 고대 말까지 살아남았던 고전 문화의 모든 면을 없앤 장본인으로 비난을 받곤 한다. 4세기 말 기독교도였던 테오도시우스 대제가 서기 394년에 올림픽 경기를 포함하여 모든 비기독교 풍습과 관련 축제들을 폐지한 것은 사실이지만, 그는 단지 수 세기 전부터 시작된 과정을 마무리했을 뿐이었다. 로마인들도 운동선수의 알몸을 불쾌하게 여기고 그리스 도시국가의 비군사화를 추진한 책임이 있다. 이로 인해 운동 훈련 및 경기를 하는 주요 이유 중 하나가 사라져버렸다. 그러나 더 중요한 것은 서기 3세기에서 5세기 사이에 게르만족과 슬라브족이 유럽으로 대규모로 이주해와서 자리를 잡으며 스포츠 기반시설들이 망가졌다는 것이다.

조직 스포츠는 1500년쯤 뒤에 로마 세계의 북부 가장자리에 위치한 나라 영국에서 다시 나타났다. 로마 시대의 브리튼은 로마의 기준에서는 부유하고 문명화되어 있었지만 그리스어를 하는 제국의 동쪽 절반과 수도 콘스탄티노플(현재의 이스탄불)에서 가장 멀리 떨어진 주였다. 로마-브리튼 스포츠 문화는 그리스인이 선호하던 운동 능력의 표현이 아니라 로마인이 선호하던 검투사들의 싸움으로 이루어져 있었다. 동쪽에서는 제국이 천 년을 더 버티고 정교회가 나서서 비기독교 문화의 남은 자투리까지 전부 제거했지만, 브리튼에서는 5세기에 기독교 로마-브리튼 문화가 이교도인 앵글로-색슨 침입자들 앞에 무릎을 꿇었다.

5세기에서 11세기 사이에 영국은 앵글로-색슨족을 시작으로 연이은 이주민과 침입자 무리로 인해 계속해서 바뀌었다. 7세기에 기독교화된 후 그들은 8세기와 10세기 사이에 새로운 이교도 침입자 노르드족에 굴복했고, 11세기에는 앵글로-색슨족과 노르드족 모두 노르만족에 정복되었다. 중세에 영국에서 하던 많은 스포츠가 로마제국에 속한 적이 없었던 게르만과 노르드족의 땅에 기원을 두고 있다. 개인 스포츠로는 활쏘기와 레슬링이 있고 팀 스포츠로는 원시적인 버전의 골프, 크리켓, 축구와 하키가 있었다.[7] 스포츠에 참가하는 주요 이유 중 하나는 군사훈련을 위해서였다. 중세 스포츠 역사가인 존 카터John Carter는 이렇게 설명했다. "농민의 스포츠와 경기는 전사 계급의 것과 마찬가지로 종종 직간접적으로 봉건시대 고유의 전쟁에 영향을 받았다." 그는 차분한 체스 게임조차도 선수들이 폭력에 의존하는 등 걷잡을 수 없어지곤 했다고 덧붙인다.[8] 하지만 평민의 스포츠에는 다른 기능도 있었다고 지적한다.

이런 스포츠들은 시대의 색인 역할을 한다. 영국과 노르망디에서의 스포츠는 그 사람의 직업과 그 사람의 육체적·영적 생존과 밀접한 관계를 맺고 있었다. 매 훈련 및 사냥 같은 스포츠는 귀족의 전유물이었다. (…) 하층 계급은 상위 계층을 흉내냈고 많은 경우에 고된 일상에서 '벗어나게 해주는'(라틴어 desporto, deportare에서 나왔다) 방식으로 게임을 개선했다.[9]

현실 도피와 재미는 고전기 그리스에서 운동 훈련과 경기에 참여하는 이유에서 거의 무시할 정도밖에 되지 않았다. 스포츠는 수많은 사회적·종교적·군사적·교육적 기능을 가진 대단히 진지한 활동이었고, 고전기의 운동선수들은 20세기 스포츠 작가 그랜틀랜드 라이스Grantland Rice의 금언 '이기고 지는 것이 중요한 게 아니라 어떻게 경기를 하는지가 중요하다'에 담긴 의미를 굉장히 낯설어할 것이다. 고된 일은 노예에게 맡기는 대단히 경쟁심 강했던 그리스인들에게 가장 중요한 것은 이기는 것이었다. 반면 중세의 스포츠에는 두 가지 확실한 기능이 있었다. 전쟁의 반영 및 대비, 그리고 혹독한 일상생활에서의 도피였다. 카터는 중세의 취미 활동으로 수영에 대해 언급하지만, 축구와 똑같이 경기 스포츠가 아니라 오락의 일종이었고 종종 사람들이 빠져 죽는 일도 생겼다.10

고대 그리스의 'athlein'과 중세의 'desport'라는 두 가지 서로 다른 스포츠 개념은 유럽 르네상스 시대에 합쳐지기 시작했지만, 두 개가 결합해 현대 스포츠 문화를 탄생시키기 전에 스포츠는 16세기에서 18세기 사이에 완전히 금전적 도구가 되면서 또 다른 변화를 거쳤다. 이것은 사회계급의 양쪽 끝에서 동시에 일어났다. 상류층 스포츠였던 승마가 1760년에 자키 클럽the Jockey Club이 설립되며 최초로 전국적인 감독기구가 생긴 스포츠가 되었다. 한편 평민이 하던 권투와 레슬링은 상금을 놓고 벌이는 시합이 되었고, 재능 있는 선수는 상당한 돈을 따고 후원자와 관객은 경기 결과를 놓고 크게 내기를 했다.11

고대 그리스에서 스포츠는 상류층이 신과 그리스 사람들

을 위한 더 큰 영광을 위하여 참가하는 분야였지만, 18세기 영국에서는 상류층이 즐기기 위해서, 가끔은 돈을 따기 위해서 보는 분야가 되었다. 스포츠가 영국의 귀족이 대단히 즐기던 취미인 도박을 하는 또 다른 기회가 되었던 것이다. 우스꽝스럽게도 경기를 구경하는 도박꾼들이 '스포츠맨'이라고 불리게 되었다. 그들은 경마와 권투, 레슬링 시합 결과에 돈을 걸고, 참가 선수들을 하인과 연예인 계급으로 여겼다. 경마의 경우에는 말이 마부와 훈련사, 기수 같은 동반자들보다 훨씬 더 귀하게 여겨졌다. 이 영국 스포츠의 구성기에 수영은 똑같이 상금이 걸린 직업화 과정을 거쳤다. 재능 있는 수영선수들이 내기를 하거나 상금이 걸린 경기를 하는 식이었다. 점차 경기로 먹고살고, 수영을 가르치고, 수영 쇼와 공연을 하는 소수의 전문 수영선수 집단이 나타나기 시작했다.

수영과 다른 수상 활동에서의 위업

이제는 거의 전 세계적인 인터넷과 비교할 때, 출간되지 않고 아무도 주목하지 않았던 보석을 종종 발견하는 것이야말로 도서관에서 자료를 찾을 때의 우연한 즐거움 중 하나일 것이다. 아마추어 수영협회ASA 같은 공식적인 단체와 규격화된 경기가 나타나기 전 영국 수영의 일면을 보여주는 연대순으로 정리된 신문기사 모음인 존 굴스톤John Goulstone의《영국 수영 연대기, 1776-1837, 맨체스터 수영선수 아이작 비데일과 매슈 비폰드의 이야기 포함

A Chronology of British Swimming, 1766~1837, with Accounts of the Manchester Swimmers Isaac Bedale and Matthew Vipond》(1999)이 그 예이다. 나는 특히 이 장 서두에 쓴 1791년 기사에 깜짝 놀랐다. 승리한 수영선수가 경기 후에 진을 너무 많이 마셔서 '승리한 후 30분 만에 사망하고 말았다'는 내용이다. 다행히 최근 경기의 상에는 목숨이 위험할 정도로 많은 진은 포함되지 않는다.

수영 경기의 초기 단계는 천연 수원에서 벌어지는 개인적인 도전이나 내기의 형태였다. 연대기는 나이나 성별의 제한이 없었음을 보여준다. 1806년, 젊은 여자가 '소량의 돈'을 걸고 노리치의 예어Yare강에서 1마일(1.4킬로미터)을 헤엄쳤다. 리넨이나 울로 만들어진 여성용 속옷을 입고 헤엄쳤다면 즉시 물을 먹고 무거워졌을 테니 이 승리가 더더욱 인상적인 셈이다. 하지만 이런 도전은 방심하고 할 만한 것은 아니었다. 1824년, 한 남자가 하이드 파크의 서펜타인 호수를 헤엄쳐서 건너려다가 익사했다. 하지만 3년 후에 또 다른 남자가 손발을 묶고 12분 안에 서펜타인을 헤엄쳐서 건널 수 있다는 내기를 걸었다. 불행히 그가 내기에 이겼는지 어떤지에 관한 기록은 없으나 최소한 그가 빠져 죽지는 않았다는 것만은 확신할 수 있다. 19세기에 정기적으로 스포츠 내기와 행사를 싣던 두 잡지 〈벨스 라이프Bell's Life〉나 〈스포팅 매거진The Sporting Magazine〉의 다음 판에 실렸을 것이기 때문이다.

수영에 관해 대중도 관심이 있었던 게 분명하다. 1832년 9월 2일판 〈벨스 라이프〉는 첼시의 크레몬 하우스 부지의 템스 쪽 유원지인 스타디움에서 열린 올림픽 축제를 주제로 하고 있기 때문이다. 이 축제에는 '수영과 다른 수상 활동에서의 위업'에 할당된 날 하루가 있었다. 이 행사는 공연을 하거나 경기를 하거나 상금이나 내깃돈을 걸고 도전을 받아들이던 전문 수영선수들의 관심을 끌었다. 그중 한 명인 19세기 수영선수가 매슈 비폰드였다. 그는 상금을 노리는 선수로 이름을 알렸다. 그의 강력한 라이벌 아이작 비데일은 자신을 '닥터' 비데일이라고 주장하고 '갈렌Galenos(그리스의 의학자로 의학의 황제로 불림')의 양서류 아들'이라고 말하고 다녔지만 실은 가짜 약을 파는 돌팔이 의사였을 것이다. 그는 다른 수영선수들에게 500기니(현재 30만 파운드가 넘는 금액)라는 엄청난 상금을 걸고 자신과 수영을 하자고 도전을 했다. 그에게 그 돈의 10분의 1이라도 있었을 것 같지는 않다. 그는 무슨 수를 쓰든, 상대가 실패하게 만들거나 반

■ 위대한 빅토리아 시대 '교수'의 마지막 한 명인 프레드 벡위스. 여기서 교수란 수영을 가르치고, 상금을 위해 경기를 하고, 수영 쇼를 펼치는 걸로 생계를 이었던 수영 전문가들을 의미한다. 이런 공연은 다수의 관객을 불러 모았다. 관객은 다들 공연에 감탄했는데, 그들 대부분이 수영을 하지 못해서 더욱 놀라워했을 것이다. 벡위스는 딱히 뛰어난 수영선수가 아니었지만 그의 네 자식들은 아들딸 모두 프로 챔피언이었다.

칙을 해서라도 다른 선수가 이기게 놔두지 않았다. 그의 '수상 활동' 중 하나는 런던 다리에서 그리니치까지 헤엄쳐서 가는 것이었다. 이 일은 환호하는 엄청난 수의 관중을 불러 모아서 템스 강둑을 가득 채웠다. 이 부류의 마지막은 또 다른 자칭 '교수'였던 프레드 벡위스Fred Beckwith(1821-1898)이다. 그는 경기 선수이자 선생, 수영 기획자로 유명한 공연을 열곤 했는데, 그의 네 자식들이 수상 쇼를 펼쳤다. 그는 또한 경기 결과에 큰돈을 걸고, 항상 자신이 건 쪽이 승자가 되게 만드는 것으로 악명이 높았다.[12]

대분열

영국에서 아마추어 경기 스포츠로서 수영의 기원은 전국수영협회가 서펜타인에서 수영 경기를 개최한 1837년으로 생각할 수 있다. 〈벨스 라이프〉에서는 이를 "서펜타인에서 상을 걸고 수영하는 결승전, 혹은 '최종예선'"이라고 묘사했다. 〈벨스 라이프〉는 전국수영협회를 "청소년에게 꼭 필요한 수영 기술을 가르치기 위해 설립된 협회"라고 칭송했다. 경기에는 협회가 수영을 가르친 200명의 소년 중 12명이 나갔다.[13] 전국수영협회는 전형적인 빅토리아 시대의 산물로 도덕성 고취, 건전한 운동, 제국 건설에 헌신했다. 1840년, 두 번째로 미래의 영국 감독 기구가 되는 영국수영협회가 '수영을 장려하여 건강과 위생을' 촉진한다는 좀 더 한정된 목적으로 설립되었고, 역시나 경기를 개최했다.[14] 각기 다른 목적을 가진 두 라이벌 기관의 존재는 어느 쪽도 수영을 국가적인 차원에서 통제할 수 없었다는 뜻이다.

전문 수영선수들 사이의 도박과 경기 결과 조작에 관한 도덕적 우려에도 불구하고 전국수영협회와 영국수영협회 둘 다 서펜타인이나 템스 같은 야외 공간에서, 그리고 나중에는 전국에 건설되는 새로운 실내 수영장에서 수영을 가르칠 '교수'들을 고용했다. 많은 초기 수영장이 연중 따뜻한 계절에만 문을 열었고, 교수들은 계절에 따라 바뀌는 수입을 보충하기 위해서 오늘날 수영 대회의 조상 격인 '특전'이 있는 경기와 쇼를 열었다. 전국적인 감독 기구가 없었기 때문에 1840년대 중반까지 수영 경기 운영은 아마추어와 전문 수영선수 사이에서 뚜렷하게 구분하기 어려운 교수들의 손에 달려 있었다. 1860년대까지 수영은 경기 스포츠라기보다는 상업용 오락의 일종으로 여겨졌다.[15]

19세기 후반기는 1846년과 1878년 목욕 및 세탁소법 이후 수영 시설에 엄청난 투자를 하던 시기였다. 두 법은 각각 새로운 종류의 수영선수를 만들었다. 처음으로 실내 온수 수영장이라는 통제된 환경에서 하는 안전한 수영이 늘 새로운 관심거리를 찾던 빅토리아 시대 중산층의 눈길을 끌었다. 그들은 새로우면서 한편으로 인격 수양에 도움이 되고 빅토리아 시대에 모두가 집착하던 품위를 지킬 수 있는 것이기를 바랐다. 수영에 대한 이런 갑작스러운 관심은 이것이 더 이상 소수의 직업적 종사자만의 영역이 아니라 교수들과 수영장 건설에 돈을 댄 시 당국, 전국에 우후죽순으로 생기는 수영클럽의 조직자들과 회원들 같은 다양한 이해 당사자들이 관련된 대중적인 활동으로 빠르게 변했다는 뜻이다.

클럽 정신

영국의 모든 수영클럽의 종합적인 역사를 전부 이야기하는 것은 불가능한 일이다. 그래서 나는 경기 수영의 발전에서 수영클럽의 역할을 설명하기 위해 브라이턴 수영클럽이라는 하나의 사례에 집중하려고 한다. 이 클럽은 영국에서 설립된 최초의 클럽이라는 영예는 차지할 수 없지만, 현재까지 운영되고 있는 곳 중에서 가장 오래되었다. 영국인들은 클럽 활동을 아주 좋아하는 민족이다. '런던에서 가장 클럽 활동에 잘 맞는 남자'라는 별명의 존슨 Johnson 박사처럼 사교 면에서 그렇다기보다는 구형 자동차 복원이나 정원 가꾸기, 브리지 놀이나 수영처럼 공통 관심사나 취미를 가진 일련의 영국 남녀들은 거의 확실하게 클럽을 만들고 위원회와 의장, 회계, 회원 담당 총무를 정하고 그다음에는 클럽의 중요한 규칙과 회원 기준을 정하기 때문이다.

이는 사교적인 것과는 정반대의 결과를 낳아서 클럽은 '우리 대 남들'이라는 사고방식을 불러일으키곤 했다. 특히 수영장 사용 시간 같은 소량의 자원을 나누어 써야 하는 경우에는 더 그랬다. 하지만 좋은 면을 보자면, 클럽이라는 형식 구조가 헌신적인 회원이라는 중심핵을 구성했다. 이들은 활동 자체에서는 물러나도 조직적 기술과 경험, 가끔은 어떤 조직에든 영향을 미치는 중간중간의 위기 상황에 클럽이 계속 버틸 수 있는 자금을 제공했다. 이는 1860년에 설립되었고 클럽 본부가 두 번이나 철거되었지만 살아남은 브라이턴 수영클럽의 경우가 확실하게 사실임을 입증한다. 첫 번째는 도심 재개발 때문이었고, 두 번째는 큰 폭풍우와 두 번의 세계대전, 여러 번의 경제불황을 거치며 낡아서였다.

　　브라이턴이 영국과 세계에서 최초의 수영클럽 중 하나를 가진 도시인 것은 별로 놀랄 일이 아니다. 1858년 소수의 열정적인 지지자들이 브라이턴 호텔에서 만나서 도시에 수영클럽을 만들자는 논의를 하던 때에 이 도시는 이미 한 세기 넘게 치료용 목욕으로 유명했기 때문이다. 2년 후 가입비 1실링(오늘날의 가치로 약 4.5파운드)과 주당 기부금 2 구형 페니(약 68 신형 펜스)를 내는 초기 회원 13명으로 클럽이 설립되었다. 브라이턴에는 공공 수영장이 없었기 때문에 클럽 회원들은 바다에서 수영을 했고, 아침 6시에서 8시 사이에 수영 모임을 했다. 그때까지도 많은 남자들이 알몸으로 수영을 하는 것이 풍습이었지만, 도시 행정관들은 남자만으로 이루어진 클럽이 바닷가로 아침 산책을 나오는 품위 있는 여성들과 마주치면 풍기문란을 일으킬까 봐 걱정했다. 이런 제한에다가 첫해에는 탈의실도 없었음에도 불구하고 클럽은 성황이었고, 1861년 7월 첫 번째 수영 경기를 개최해서 아침 이른 시간임에도 많은 관객과 참가자들을 끌었다.

　　1862년, 클럽은 회원들이 옷을 갈아입을 수 있는 창고를 샀다. 이것은 훌륭한 선택이었던 것 같다. 1863년 무렵 회원이 59명으로 세 배 이상 증가했기 때문이다. 클럽은 새로운 브라이턴 아쿠아리움을 만들 길을 닦느라 창고가 철거되는 첫 번째 대위기에서 살아남았다. 1872년 클럽은 팰리스 피어의 동쪽 산책로 아래 아치 중 하나로 본부를 새로 옮겼고, 예스럽게 '벽의 구멍'이라고 이름을 붙였다. 초기에는 경기가 클럽 활동의 특징이었다. 성인은 1,000야드(914미터) 경주를, 청소년은 500야드(457미터) 경주를 했고 현금과 현물로 된 소량의 상을 주었다. 공무원들에게 약간의 돈도 지불했으나 이것은 나중에 아마추어 수영협회에서 불법으로 금지했다. 클럽의 첫 번째 경기 대회는 100, 150, 200야드(91, 137, 183미터) 거리로 이루어졌고 성인용과 청소년용 다이빙 경기도 있었다.

　　1875년, 클럽의 회원 수가 115명에 이르며 미래가 보장되었다. 이후 클럽은 남해안 지역에서 나중에 라이벌로 정기적인 경기를 개최하는 포츠머스 SC를 포함하여 다른 클럽들의 설립을 도왔다. 브라이턴에서 동쪽으로 7마일(약 9킬로미터) 떨어진 근사한 쇼어햄의 서식스 리조트에서 개최한 클럽의 1877년 연례 축제는 특히 화려하고 수많은 관객을 끌었다. 여기에는 수영 대회와 다른 스포츠 경기, 실외 콘서트가 포함되었다. 1885년 클럽은 수영계에 하이라이트 중 하나가 되는 행사인 크리스마스 데이 수영Christmas Day Swim을 도입했고, 10년 후에 크리스마스 데이 핸디캡Christmas Day handicap을 열었다. 또 다른 아주 인기 있는 실외 수영 행사인 피어 투 피어 레이스Pier to Pier Race는 1936년 브라이턴 위원회의 요청에 따라 처음 열리게 되었다. 1893년 웨스트피어에서 열린 클럽의 연례행사에는 열 개의 '오락'에 참여한 스무 개의 영국 클럽에서 총 194명의 참가자가 신청했다. 동시에 클럽은 서식스 카운티 아마추어 수영협회 본

부를 관리하고 서식스 수구협회(1893)를 설립하며 영국 수중 스포츠 공식 기관들에서 주도적인 역할을 담당했다.

초기 시절 이래로 클럽은 공공 수영장을 건설하도록 시 당국을 계속해서 설득했다. 마침내 1895년에 도시의 노스로드에 최초의 수영 목욕탕이 문을 열었다. 클럽은 목욕탕 설계 기간 동안 자문 역할을 자처하고 개업식 때 공연을 제공했다. 그 후 많은 클럽 활동을 새 목욕탕에서 했고, 얼마 후에는 여기서 500야드와 220야드 영국 챔피언십이 개최되었으며 1913년에는 영국과 웨일스 간 수구 경기와 100야드 영국 챔피언십을 주최했다. 그 무렵에는 아마추어 경기에 전문 수영선수의 참가를 배제하도록 규정한 엄격한 아마추어 수영협회의 규칙에 따라서 모든 경기가 이루어졌다.

클럽은 전후 시기에 계속해서 번창했고 1954년에는 수중 부문을 열었다. 현재는 브라이턴 지역에서 네 개의 수영장에서 청소년과 노년층, 상급 수영선수를 위해 바다 수영, 수구, 싱크로나이즈드 스위밍 등의 수영 교습을 한다. 클럽은 매년 챔피언십을 개최하고 지역 및 전국 대회에 참여한다. 크리스마스 데이 수영과 피어 투 피어 레이스는 많은 참가자와 관객을 끌어들이며 여전히 인기 있는 축제로 남아 있다.16

나는 수영 경력을 쌓는 동안 영국과 유럽 대륙, 오스트레일리아, 뉴질랜드, 일본과 미국에서 많은 비슷비슷한 클럽 사람들과 수영을 해보았다. 이 모든 클럽이 가진 공통점은 '아마추어 정신'이다. 클럽이란 직업이 따로 있고 수영을 취미로 하는 비슷한 사상의 열성적인 팬으로 이루어진 단체이다. 그럼에도 불구하고 많은 사람이 훈련과 경기에 자신들의 모든 여가시간과 에너지를 소모하고, 장비와 클럽 회비, 전국 수영 모임에 참가하기 위한 여행에 상당한 돈을 투자한다. 19세기 후반기에 시작된 아마추어 정신은 현대 스포츠 문화의 네 번째이자 마지막 요소이다(여가, 체력단련, 경기에 이어서 말이다).

수중 스포츠 조직하기

세기 하반기에 공공 및 사설 수영장이 급증하며 영국 전역에 수영클럽이 설립되었다. 이 아마추어 클럽에서 경기가 중요한 일부가 되면서 수영 경기와 수구 시합의 공통 규칙을 세우고 지역 및 전국 챔피언십을 조직하며 운영하고 승인할 하나의 감독 기구가 필요하게 되었다. 하지만 영국의 수중 스포츠를 감독할 전국 기관을 만드는 과정은 전국수영협회와 영국수영협회라는 두 개의 라이벌 감독 기관 후보의 존재로 곤란해졌다. 1868년 여러 런던 클럽들이 킹스크로스의 저먼 김나지움에서 수도의 경기 수영 상황을 개선하기 위하여 특별 총회를 열었다. 1870년 다섯 개의 런던 클럽이 '수영 기술을 진흥하고 장려하기 위하여' 설립한 메트로폴리탄 수영협회MSA와 1874년에 설립된 그레이트브리튼 수영협회SAGB를 포함하여 이후 몇 년 동안 여러 단체가 경쟁적으로 생겼다. 1873년에 메트로폴리탄 수영협회는 아마추어와 전문 수영선수를 최초로 공식적으로 구분하는 아마추어 수영법을 공표했다.

① 상금이나 내기, 공금이나 회원비를 놓고 경쟁하거나 그 외에 수영 기술을 금전적인 이득을 위한 도구로 사용하는 사람은 아마추어로서 경기에 나갈 수 없다.

② 전문 수영선수와 경기를 하는 아마추어는 차후에 아마추어 경기에 나갈 자격이 상실된다.

③ 클럽 상금 수상자는 공개 경기에 나갈 자격이 상실되지 않는다.[17]

규칙은 명확하고 간단해 보이지만 직업 선수들이 수영계에서 아직 큰 집단이던 시절에는 이 규칙을 적용하는 것이 쉽지 않았다. 무엇보다도 모든 클럽이 확고하게 이런 구분을 지지하는 것이 아니었고, 1번이나 2번 규칙을 위반했을 때 어떻게 할지, 또 '상금'을 정확히 어떻게 규정할지 등의 문제가 있었다. 특히 메트로폴리탄 수영협회가 '클럽 상금'에 관해서 3번 조항에 빠져나갈 길을 만들어놓아서 더욱 문제가 되었다. 하지만 1880년대에 교수들이 경기 수영에서 빠지게 되었다. 클럽의 지배권을 잃고 더 이상 경기와 행사를 조직하거나 상금을 놓고 아마추어들과 경쟁할 수 없게 된 그들은 새로운 살길을 찾아야 했다. 벡위스는 시가 가게를, 그리고 나중에는 호텔을 열었다. 하지만 직업 수영 분야가 없어진 것은 조직적 수영에 생긴 제한 때문만은 아니었다. 1880년대에 생긴 또 다른 주된 요인은 다른 직업적 스포츠, 특히 축구와의 경쟁이었다. 지상 수영장은 최대 200-300명의 관객을 수용할 수 있는 반면에 축구장은 수천 명이 들어갈 수 있었다. 그래서 실외 경기와 '오락'

을 보러 오던 사람들은 수영 대회에 주요 참가자이자 관객인 열정적인 아마추어들과 그들의 친구들, 친척들만 놔두고 다른 곳으로 가기 시작했다.[18]

1886년에 난립하던 수영 단체들이 서로의 차이를 제쳐두고 모두 합쳐서 아마추어 수영협회를 만들었다. 이 이름은 수영에서 아마추어들이 중심 역할을 한다는 사실을 입증한다. 같은 해에 아마추어 수영협회는 아마추어 운동연합과 전국자전거연합과 함께 아마추어 자격의 정의에 합의를 보았고, 규칙 위반에 대한 공통된 제재를 결정했다. 수영을 가르치는 대가로 돈을 받는 수영 선생은 회원에서 제외되었고, 교과과정으로 학교에서 가르치는 선생과 공연에 참여해 돈을 버는 수영선수까지 포함되었다. 교수들은 직업수영협회를 만들어 보복하려고 했지만 아마추어 수영협회에 압도적으로 가입한 클럽 사이에서 별로 호응을 얻지 못했다. 1888년 아마추어 수영협회에는 65개 수영 및 수구 클럽이 가입했다. 1890년에는 두 배가 넘는 135개가 되었고 1894년에는 300개에 이르렀고 지역구별로 나뉘었다. 수영, 다이빙, 수구 스포츠의 감독 기구라는 위치에 있었던 아마추어 수영협회는 왕실의 후원을 받으면서 영국 스포츠 조직으로 마침내 인정받게 되었다.[19]

돈벌이이자 인기 있는 오락의 형태에서 품위 있는 빅토리아 시대의 취미로 거듭난 수영의 변화는 미국과 유럽 대륙에서도 일어났다. 1884년 미국에서 하버드 대학 체대 학장은 직업주의의 사악함에 대해 일갈했다.

모든 스포츠의 자연스러운 경향은 직업주의를 향하고, 우리는 이것을 악 중의 악으로 여겨야 한다. 성공한 직업 운동선수는 칭송받고 전 세계의 앞에서 행진하지만, 결국 자신의 능력을 과대평가해서 자만하고 오만해진다.[20]

미국에서 아마추어 운동의 중심지는 내가 7장에서 다루었던 귀족적인 뉴욕 운동클럽NYAC이었다. 뉴욕 운동클럽는 다른 상류층 및 대학 스포츠클럽과 협력하여 아마추어 운동연합AAU을 만들고 영국에서 메트로폴리탄 수영협회와 그레이트브리튼 수영협회가 만든 것과 비슷하게 아마추어의 자격을 규정하는 규칙을 만들었다.

조직적 경기는 대서양 양쪽 끝에서 빠르게 발전했다. 1900년경에 아마추어 수영협회와 그 회원 클럽들은 여섯 개의 전국 수영챔피언십과 바다 수영, 뛰어들기Plunging, 수구 분야라는 세 개의 챔피언십을 더 개최했다. 1901년에 아마추어 수영협회는 최초로 여성 수영 경기, 100야드 챔피언십, 그리고 1912년에 200야드 챔피언십(각각 91미터와 183미터)을 시작했다. 1920년에는 우리가 오늘날에 익숙한 경기 수영 대회 여럿이 생겼다.[21] 미국에서는 영국의 선례를 따라 뉴욕 운동클럽이 1883년에 최초의 전국 챔피언십과 최초의 대서양 횡단 아마추어 수영 대회를 열었다. 미국과 영국 양쪽에서 사람들이 참가했다. 아마추어 운동연합은 남자 수영선수를 위한 전국 챔피언십을 조직했지만, 여자 수영선수의 경우에는 아마추어 수영협회보다 훨씬 보수적이어서 1915년까지 공식적인 아마추어 운동연합 모임에 여자가 참가하는 것을 반대했다.[22] 유럽 대륙에서는 육체적 건강을 증진하고 도덕적 강단을 키우는 방편으로 영국 공립학교의 팀 스포츠를 열렬하게 찬미했던 피에르 드 쿠베르탱 Pierre de Coubertin(1863-1937)이 고대의 올림픽 경기를 부흥시키는 운동을 이끌었고, 수영을 포함해 여기서 겨루는 모든 스포츠의 아마추어 정신을 소중하게 새겼다.[23] 올림픽 선서는 1920년 안트베르펜 게임 때에야 도입되었지만, 그 문장은 아마추어 정신이 되살아난 올림픽 운동의 핵심임을 분명하게 보여준다.

> 나는 올림픽 대회에 관한 규칙을 존중하고 이를 준수하면서 스포츠의 영광과 팀의 명예를 위하여 도핑과 약물 투여를 하지 않고 진정한 스포츠맨십의 정신으로 올림픽 대회에 참가할 것을 모든 선수의 이름으로 서약합니다.[24]

1896년 아테네 게임에는 14개국에서 241명의 운동선수가 참가했고 모두 남자였다. 드 쿠베르탱이 여자 운동선수의 참가를 '비실용적이고, 재미없고, 아름답지 않고, 옳지 않다'고 여겼기 때문이다. 기본 경기에는 네 가지 수영 경기가 들어갔다. 자격이 되는 모든 선수가 참가 가능한 100, 500, 1200미터 자유형, 그리고 그리스 해군 소속으로만 한정되는 선원의 100미터 자유형이었다. 아직 올림픽 수영장이 하나도 없었기 때문에 이 경기는 고전기 피레우스의 두 군항 중 한 곳이었던 제아만에서 열렸다.[25] 4개국(오스트리아, 그리스, 헝가리, 미국)에서 온 19명의 수영선수들이 경기에서 겨루었다.[26]

앞으로의 일을 암시하듯 경기는 약 2만 명 정도로 추산되는 관중을 끌었다. 부다페스트에서 온 헝가리의 건축학도 알프레드 허요시Alfréd Hajós(1878-1955)가 100미터와 1,200미터 자유형에서 우승했는데, 아마 경기 사이에 쉬는 시간이 충분했다면 500미터도 우승했을 것이다. 대신에 500미터 금메달은 빈의 의학도 파울 노이만Paul Neumann(1875-1932)에게 돌아갔다. 그는 가장 강력한 라이벌을 90초 차이로 넉넉하게 따돌렸다. 허요시는 올림픽 금메달 2관왕으로 지금 같으면 몇 주 동안 헝가리 미디어의 헤드라인이 되었겠지만 당시에는 별로 인정을 받지 못했다. 그는 대학에서 시험에 나갈 시간을 달라고 힘겹게 부탁해야 했고, 그가 돌아오자 교수는 그의 승리에 별로 감탄하지 않은 채 그의 시험 결과에 훨씬 관심이 있다고 말했을 정도였다. 노이만이 500미터 승리 이후 오스트리아에서 어떤 대접을 받았는지는 잘 모르지만, 아테네 게임 직후에 미국으로 이민을 간 걸 보면 대충 짐작할 수 있다.27

아마추어의 승리

19세기 마지막 4분기에 아마추어 수영선수들이 거침없이 부상한 것을 어떻게 설명해야 할까? 이것은 한 세대 사이에 사회에서 스포츠 경쟁의 본질과 역할이 완전히 새롭게 정의된 탓이라고 여겨야 할 것 같다. 영어의 아마추어라는 단어는 프랑스어로 '~를 좋아하는 사람'이라는 단어를 차용한 것이다. 이것은 1786

년에 직업인의 반대로 '애호가'라는 의미로 사용되었고, 서펜타인에서 전국수영협회가 최초의 아마추어 경기를 열었던 다음 해인 1838년에 형용사로 사용되었다. 당시의 경기에서는 승자에게 약간의 상금을 주었지만(이후의 메트로폴리탄 수영협회와 아마추어 수영협회의 규칙에 위배된다) 청소년 선수들을 상대로 도박이나 내기, 큰돈을 걸지는 않았다.

목욕탕 및 세탁소법 이후에 만들어진 수영장들은 도시빈민의 위생을 증진하기 위한 사회공학적인 것이었으나 나중에는 근면성과 자기절제, 금주, 품위 같은 중산층의 가치를 육체적 불결함과 좋지 않은 건강 때문에 나태하고 부도덕하게 여겨지던 노동계층에게 심어주기 위한 도구가 되었다. 체육과 스포츠는 노동계층을 개혁하는 도구로 여겨졌으나 당시 스포츠의 문제는 "자신들의 노력의 대가로 돈을 받고 도박꾼과 다른 폭력적인 팬을 끌어들이는 노동계층 운동선수들로 인해 타락한 운동 분위기를" 만든다는 것이었다.[28] 상금을 건 권투와 축구는 돈을 받는 선수들로 이루어진 직업적 스포츠가 되었고 사회계급의 그 반대편에서 승마가 그 존재가치가 도박인 직업적 스포츠로 남았다.

수영은 19세기 전반기에 같은 패턴을 따랐지만 왜 다른 인기 있는 직업적 스포츠들과 같은 방식으로 발전하지 않았는지 생각해볼 필요가 있다. 이론적으로는 프로 권투를 유지시킨 시합처럼 직업적인 수영 경기 연맹전 같은 게 존재해야 했다. 하지만 수영과 권투에는 핵심적인 차이가 있었다. 권투는 다양한 실내 경기장에서 쉽게 열릴 수 있었지만, 실내 수영장은 각기 다른 소유주들이 통제하는 비싸고 한정된 자원이었다. 시 당국은 이 수영장을 특정한 사회적 목적에 사용하고 싶어 했고(여기에는 직업 수영선수들의 주머니를 상금으로 불려주거나 도박 같은 부도덕한 행위를 장려하는 일은 포함되지 않았다) 열성팬으로 구성된 수영클럽 회원들은 체력단련과 경쟁을 위해 수영에 관심이 있었으나 수영에 생계를 의지하지는 않았다.

수영은 고대에 스포츠가 아니었던 활동에 관해 많은 것을 알려주는 사례 연구가 된다. 수영이 육상경기나 그레코로만 레슬링처럼 부활한 경기 스포츠라는 사실은 의문의 여지가 없다. 르네상스 시대부터 치료용 수영과 목욕이 부활했고 계몽주의 교육 개혁가들 사이에서는 전반적인 체육 교육(딱히 수영은 아니었지만)이 건강한 아이로 키우는 데 바람직하다는 인식이 퍼졌다. 처음에 체육 교육은 특히 유럽 대륙에서 고대 운동을 모델로 해서 시행되었던 반면에 영국 공립학교, 특히 19세기에 매슈 아널드Matthew Arnold가 운영하던 럭비 학교의 경우에 체력을 증진하고 지배계급의 아들들에게 자제, 리더십, 팀 정신과 훌륭한 스포츠맨십이라는 미덕을 키우기 위한 도구로 전통적인 팀 스포츠를 선호했다.

인생을 낭비하고 술과 도박, 매춘에 재산을 허비했던 방탕한 섭정 시대 조상들과 달리 빅토리아 시대 지배계급은 자신들을 로마제국의 군사 정신의 후예라고 여겼고, 고전기 아테네의 민주적 가치를 지키려고 했다. 빅토리아 시대의 그리스-로마의 미덕과 예술적 형태 및 상징의 재해석과 신고전주의 건축양식은 5개 대륙의 원주민을 노예로 이용하며 얻는 경제적 이득을 위한 영토 확보에 지나지 않았을 영국제국 프로젝트에 합법성을 부여하는 변명거리가 되었다. 럭비와 이튼, 해로의 운동장에서 교육받고, 하늘이 내린 통치권을 믿었던 영국인들은 이제 그들이 정복한 세계의 3분의 2를 '문명화'하려고 나섰다. 하지만 자신들의 뒤뜰이 '실망스러운' 노동계층으로 가득한 상황에서 전 세계를 문명화하겠다고 주장할 수는 없었다.

이는 영국 사회 내에서 또 다른 사회개혁과 동시에 벌어졌다. '근육적 기독교'라는 복음주의 운동의 산물로 스포츠를 노동계층에 근면과 자기절제, 금주를 장려하는 도구로 사용하는 것이었다. 하지만 그런 목적에 활용하기 전에 스포츠에서 과도한 도박과 속임수를 씻어내야 했다. 근육적 기독교가 영국의 장대한 제국 프로젝트에 한몫하고 싶어 했던 점잖은 중산층을 교화시켰을 가능성이 높다. 오염된 도시의 물에서 새로운 지상 공공 수영장으로 장소를 옮기고서 속임수와 도박에서 비교적 벗어나게 된 수영과 수구가 노동계층의 부도덕함과 나태함에 대한 도덕적 성전의 도구가 되었다.

크리스토퍼 러브는 노동계층의 직업 선수들이 수영에서 배제된 또 다른 이유를 찾았다. 수영이 점차 인기를 얻으며 중산층과 상류층이 자신들의 수영장 물을 육체적·도덕적으로 타락했다고 여기는 인물들과 함께 쓰는 걸 꺼리게 되었기 때문이다. 병이 옮을까 봐 두려워했던 것이 노동자들을 사회적으로 배제한 원인이었다. 그는 이렇게 쓰고 있다.

사회계급은 영국의 모든 생활에 영향을 미쳤고, 스포츠도 예외가 아니었다. 각기 다른 계층에 어떤 스포츠, 오락, 체력 훈련이 적절한가가 빅토리아 시대 후기 영국에서 문제가 되었다. 특히 중요한 것은 스포츠가 사회적 포용과 배척의 장이 되었다는 것이다. 경기 수영의 방식이 조직화되면서 공공 수영 시설의 등장에 깔린 발상과 이를 통제하는 규범들은 이런 사회적 관례가 어떤 식으로 작용하는지를 보여주는 수많은 분야 중 하나가 되었다.29

그는 규칙이 적용되고 거기에 예외가 되는 사례들을 들어 자신의 주장을 뒷받침했다. 여기에는 '경기 중단 시간'과 훈련과 경기에 쓰는 비용 같은 문제를 처리하는 방법 등이 포함된다. 예외는 계층에 따라서도 생겼다. 규칙을 아주 엄격하게 적용해서 처음에는 학교 선생들이 배제되었지만, 이는 1898년 아마추어 수영협회의 규율 개정으로 폐지되었다. 그 이후로 그들은 학생들에게 수영을 가르치라고 고용주에게 돈을 받지만 아마추어 지위는 유지할 수 있었다. 비슷한 예외가 1901년 인명구조 강사들에게도 적용되었다. 인명구조를 가르치는 것을 '스포츠'에서 '운동 훈련'으로 재정의하고 그들이 '사람들을 위해서' 일한다고 정당화해서 규칙을 피해 넘어간 것이다. 이런 예외는 1880년대와 1890년대에 '가짜 아마추어shamateur'가 등장하는 계기를 만들었다. 이들은 1898년 이후에 경비를 받고 경기의 상금을 따오게 되었다. 1918년에 러브의 말에 따르자면 "조직 수영에서 계층 분화를 좀 더 제대로 유지하기 위해서" 규칙이 강화되었다.30

세계화

1908년 런던에서 열린 네 번째 근대 올림피아드에서 벨기에, 덴마크, 핀란드, 프랑스, 독일, 영국, 헝가리, 스웨덴의 전국수영연합이 모여 스포츠 감독 기구인 국제수영연맹Fédération internationale de natation, FINA을 설립했다. 하계 경기에서 시합을 감독하고 수영과 수구, 다이빙에 단일화된 규칙을 세우고, 세계기록을 검증하고 기록하기 위해서였다. 1912년 스톡홀름에서 열린 다음 올림픽에서 IOC국제올림픽위원회의 두 번째 의장 임기를 마친 드 쿠베르탱의 은근한 반대와 1920년까지 올림픽 경기에 미국을 대표하는 여성 수영선수를 보내지 않았던 아마추어 운동연합의 행동에도 불구하고 국제수영연맹은 여성 수영선수의 참가를 승인했다.

오늘날 국제수영연맹은 IOC와 그 207개 회원국과 협력해서 자유형, 배영, 접영(1956년 멜버른 올림픽에 처음 도입되었다), 평영의 네 가지 공인 영법을 만들고 혼합계주와 계주 종목을 만들었다. 그 외에 다이빙(스프링보드, 플랫폼, 싱크로나이즈드, 혼합, 팀, 하이다이빙), 수구, 싱크로나이즈드 스위밍(솔로, 듀엣, 혼합, 팀, 프리. 프리는 유일하게 남아 있는 여성 전용 종목이다), 그리고 실외 수영 종목까지 감독한다. 올림픽에 더불어 국제수영연맹은 5개 수중 종목에서 청소년부터 성인에 이르기까지 모든 연령대에서 세계 챔피언십, 컵, 그랑프리, 트로피 경기를 운영한다.31

독자에게 경기 수중 스포츠의 완전한 개괄을 설명하기 위해서 수영이 포함되는 주요 세계 스포츠 행사들에 대해서 이야기하고 넘어가려고 한다. 1924년 파리에서 첫 번째 버전이 열렸던 세

■ 미국의 수영선수 제시카 롱Jessica Long은 2016년 리우 장애인 올림픽의 스타 중 한 명이었다. 2012년 런던 장애인 올림픽을 중계하는 전 세계 텔레비전 방송에서 올림픽과 국제수영연맹 세계 챔피언십 대회와 마찬가지로 수영이 가장 시선이 주목되는 경기였다.

계 청각장애인 올림픽, 1948년 상이군인을 위한 궁술 대회로 영국 버킹엄셔에서 시작된 스토크 맨더빌 대회로 기원을 거슬러 올라갈 수 있고 1960년 로마에서 장애인 올림픽 대회로 채택된 장애인 올림픽, 1984년 샌프란시스코에서 처음 열린 게이 대회가 있다.32 국제수영연맹이 감독하지 않는 두 개의 스포츠도 언급해야 할 것 같다. 수영이 3종목 중 하나로 들어가는 철인 3종 경기와 경기 프리다이빙이다.

아마추어 정신과의 작별

상류층에 아마추어 규칙이 엄격하게 적용이 되던 때에도 아마추어 정신은 현실이라기보다는 언제나 이상에 가까웠다. 영국에서는 옥스퍼드나 케임브리지, 미국에서는 아이비리그 대학 학생처럼 일할 필요가 없고 일류 코치의 도움을 받으며 최고의 시설에서 훈련받을 수 있는 특권층 출신이라면 아마추어 정신을 지지하는 것이 쉽다. 마찬가지로 뉴욕 운동클럽 같은 상류 클럽의 부유한 회원일 때에도 그렇다. 미국이 아테네 올림픽에 보낸 팀은 하버드와 프린스턴 소속 대학 운동선수들과 보스턴 운동클럽 회원들로 구성되어 있었다. 노동계층의 운동선수가 참가하는 것을 막지는 않지만, 그들이 하는 스포츠나 다른 어떤 스포츠든 일종의 보수를 받고 하는 경우에는 참가할 수 없었다. 그래서 프로 축구선수는 아마추어 수영선수나 수구선수로 참가할 수 없는 셈이다. 조금 가난하지만 재능이 뛰어난 운동선수는 상류층 자제와 어깨를 나란히 할 수 있을 정도로 품위가 있다고 여겨질 경우에 대학 장학금을 받을 수 있었다.

시스템은 케언스-블루-존스Cairns - Blew-Jones 사건처럼 여러 가지 유명 사건으로 삐걱거렸다. 1883년 런던 오터 SC의 월터 블루-존스Walter Blew-Jones는 220야드 자유형 챔피언십의 승자인 토머스 케언스Thomas Cairns가 목욕탕 직원으로 일하고 있으며 과거에 상금 경기를 했었기 때문에 아마추어가 아니라고 그레이트브리튼 수영협회에 탄원했다. 그레이트브리튼 수영협회는 케언스가 수영 목욕탕에 고용되어 있긴 하지만 경기에 참가했을 때에는 아마추어였다고 결론을 내렸다. 그레이트브리튼 수영협회는 1년 후에 2위를 한 블루-존스가 다시금 승자의 자격을 왈가왈부했을 때에도 결정을 유지했다. 하지만 이 사건으로 1868년에 설립된 런던에서 가장 오래된 수영클럽 오터 SC가 그레이트브리튼 수영협회에서 떨어져 나가 결국에 아마추어 수영협회를 창설하게 되었다.[33]

제2차 세계대전이 끝날 때까지 아마추어 스포츠 경기는 대체로 세계의 상류층만이 참여하는 고상한 분야였다. 하지만 전쟁이 끝나고 아마추어 스포츠의 장에 소비에트연방, 그리고 20년 후에 공산주의 중국이 들어오면서 모든 것이 바뀌었다. 공산국가의 운동선수들은 이론적으로는 공장이나 회사에 고용되어 있지만 실제로는 전일제로 훈련을 받고 다른 대중에 비하면 특권적인 생활이라는 이득을 누리고 있었다. 이것은 재능 있는 운동선수에 대한 미국의 대학 장학금과 크게 다르지 않았지만, 영국인이 특히 분개한 부분은 공산주의자들이 경기를 즐기는 것이 아니라 이기기 위해서 참여하며, 엄격하고 과학적인 훈련법을 사용하고 선수들에게 화학약물을 주는 것도 꺼리지 않는다는 점이었다.

이것은 운동 분야에서의 전쟁이었다. 미국인은 불리한 입장은 아니었지만, 그들 역시 훈련의 수위를 높여야 했다. 그러나 선량한 스포츠맨십에 집착하며 다가오는 이교도 군대의 앞을 가로막은 교회 신도들이 든 성상처럼 아마추어 정신이라는 배지를 높이 들고 있던 영국인은 자신들이 곤란한 입장에 처했음을 깨달았다. 영국은 올림픽 경기와 세계 챔피언십에 나가는 상류층 선수단에 아주 기초적인 자금만을 지원해주면서 전일로 훈련을 받는 미국과 소비에트연방의 선수들을 상대로 경쟁하며 직업도 유지할 것을 요구했다. 그 결과, 1970년대와 1980년대에 주요 경기에서 계속해서 메달 0개라는 당연한 기록을 낳았고, 영국 상류층 운동선수들은 올림픽 경기에 나가는 2주 동안 나라 밖에 있어서 일자리를 찾아볼 수 없기 때문에 실업수당도 신청할 수 없는 어이없는 법률에 매여 있었다. 뭔가를 포기해야만 하는 상황이었지만 미국이나 러시아, 중국이 그럴 가능성은 없었다. 1988년 아마추어 수영협회와 국제수영연맹은 아마추어 수영의 재정 지원과 광고 후원 및 경비 지불에 관련된 법칙을 개정했다. 다른 스포츠 분야 직업선수가 수영선수로 나오는 것을 금지하는 규칙 역시 조용히 폐지되었다.[34]

아마추어와 직업선수 사이의 차이는 확실하게 사라졌지만, 수영이나 다른 수중 스포츠 분야에는 크게 직업화된 것이 없다. 물론 각 스포츠의 슈퍼스타들은 이제 수영복과 장비 제조업체에서 엄청난 후원금을 받을 수 있지만 말이다. 수중 스포츠에서 특히 놀라운 것은 많은 나라에서, 특히 영국에서 올림픽 대회나 장애인 올림픽, 국제수영연맹 세계 챔피언십 같은 최상위 경기들을 지탱하는 것은 회비를 내서 국제수영연맹의 유지를 돕는 무보수 열성 팬이 참여하는 수많은 조그만 지방 클럽이라는 점이다. 이것은 영국의 축구처럼 상류 클럽들이 TV와 후원 계약으로 수백만 달러를 받아 일부를 비직업적 기초 축구를 지원하는 데 쓰는 식으로 운영하는 프로 스포츠의 경우와 정반대이다. 상업적 후원

■ 마이클 펠프스Michael Phelps가 2016년 리우 올림픽에서 또 하나의 금메달을 따고 기뻐하고 있다. 그는 이로써 올림픽에서 가장 메달을 많이 딴 선수로 기록에 올랐다. 4천만 달러 가치에 이르는 세계적인 슈퍼스타이지만 펠프스는 전반적인 수입 면에서 보면 수영에서 굉장히 드문 예이다. 특히 일류 수영선수들을 프로 축구, 농구, 야구 선수들과 비교해보면 더욱 그렇다.

업체들에서 큰돈을 받는 일류 수영선수도 있지만, 엄청난 급료를 받는 프로 리그 축구선수에 상응하는 수영이나 수구선수는 없고 수영클럽이 자신들이 주최하는 경기에 관한 전송권이나 입장권을 팔아서 돈을 벌 가능성도 없다. 지방 및 전국 차원에서 수영은 아마추어의 취미로 남아 있고 선수들이 전일로 훈련하고 경기를 할 수 있을 만큼 충분한 자금을 지원받을 수 있는 것은 국제적인 수준에서뿐이다. 주요 국제 경기에서 성적이 아주 좋으면 수영복과 장비 제조업체에서 큰 금액의 상업적 후원 계약을 맺을 수도 있다.

대중 스포츠

경기는 수영의 발달 방향을 결정하고 근대에 그 인기에 중요한 역할을 했지만, 이것을 현재 정말로 '인기 있는' 관중 스포츠라고 할 수 있을까? 프로 리그가 아마추어 차원의 멋진 경기를 만드는 주된 원동력이자 모집원 역할을 하는 축구와 비교하면 절대 아니다. 어린 능력자가 지방 클럽에서 자라나서 리그 클럽에 입단하고, 경기를 보러 가는 수많은 팬층이 지원하고, 후원업체와 TV 전송권으로 들어오는 엄청난 돈으로 자금을 조달하는 것처럼 이 두 가지는 공동 상승작용을 한다. 수영은 체력단련 및 취미 수영을 하는 수많은 사람과 여러 지방 및 전국 경기를 주최하고 참여하는 지역 클럽이라는 큰 기반시설을 보유하고 있지만, 일류 선수층과는 완전히 분리되어 있다. 왜냐하면 피라미드의 꼭대기에는 열 명가량의 수영선수로 이루어진 딱 하나의 선수단밖에는 없고, 이들은 프리미어 리그 축구선수들과 비교할 때 부정기적으로 경기를 하기 때문이다.

수영을 수백만 개의 주말용 클럽과 취미 선수들과 거리가 있는 몇 안 되는 세계 일류 선수들로 구성된 프로 테니스와 비교하면 좀 더 비슷할 것이다. 하지만 테니스는 수상 종목보다 훨씬 많은 TV 관중이 있다. 육상과 비교해도 수중 스포츠는 훨씬 힘들다. 수영은 훌륭하게 체계가 잡혀 있고 성실하고 열정적인 팬도 있지만, 일류 선수들의 경기 수영과 동네 수영장에서의 수영 사이에 상호작용이 없다. 이것을 축구와 비교해보자. 주말이면 공원과 실내 축구장에서 최근 프로 경기를 과학적으로 분석하고 토의하며, 라이벌 팀을 응원하는 선수들과 경기를 재연해보는 모습을 볼 수 있겠지만, 동네 수영장에서 리우 올림픽에서 4×100미터 계주를 하던 마이클 펠프스를 흉내 내는 사람을 본 적이 있는가?

대부분의 아이들이 맨체스터 유나이티드나 뉴욕 닉스 선수가 되는 꿈을 한 번쯤 꾸지만, 세계 챔피언십이나 올림픽 대회의 수영 경기를 꿈꾸는 아이들은 굉장히 드물고 재능 있는 몇 명에 불과하다. 전국팀에 자리가 더 적기 때문이기도 하지만, 세계 수준에 도달하려면 타고난 재능도 필요하고 엄청난 양의 훈련을 해야 할뿐더러 그렇게 힘겹게 노력하고 헌신해도 나이 서른에 전성기를 넘어서면 은퇴해야 한다. 크리스티아누 호날두는 선수 생활의 전성기에 있지만, 마이클 펠프스는 2016년 리우 하계올림픽 이후 국제경기에서 은퇴를 선언했다. 4년마다 2주씩 수중 경기는 전 세계 수십억이 보는 엄청난 볼거리이고 수영선수들은 국가적인 영웅이자 유명인사가 된다. 하지만 히트곡이 하나뿐인 가수처럼 올림픽 깃발이 접히고 나면 그들도 금세 잊힌다. 경기 스포츠는 수영이 인기 있는 대중 참여 취미 활동으로 발전하는 데 핵심 역할을 했지만, 가끔만 관중의 관심이 쏠리는 스포츠일 뿐이다.

10

가상의 수영선수들

Strokes of Genius
a History of Swimming

그때 죽음에 관한, 파도에 관한 무시무시한 생각이 그를 덮친다.

그리고 친구들, 저물어가는 햇살이 떠오른다.

그는 넵투누스와 그의 딸들에게 기도를 올린다.

그리고 물속에서 솟아오른 비너스, 헤로의 여왕에게.

그리고 오직 헤로에게. 그녀가 어떻게 여길지.

그리고 아무도 없는 아침이 밝아오면 그녀가 어떤 기분일지.

그 생각에 그는 다시금 힘을 준다.

팔다리에. 그리고 숨을 몰아쉬고,

애를 쓰고, 올라가려 하지만, 소용이 없다.

격렬한 바람 속에 파도가 그를 집어삼킨다.

_리 헌트Leigh Hunt, 〈헤로와 레안드로스〉(1819)[1]

2장에서 나는 우리 조상과 수영과의 관계를 초기 인간이 문화와 물의 세계 사이의 친밀함을 드러내는 고대 신화를 바탕으로 살펴보았다. 이것은 인간의 생존을 보장하는 유익한 관계였으나 위험이 가득한 관계이기도 했다. 마법과 의식, 희생을 통해 인간은 자신들의 생계가 달린 강, 바다, 대양의 의인화 버전을 달래고 통제할 수 있기를 바랐다. 기독교가 도래하며 옛날의 바다 신들은 전설로 넘어가고 이야기들은 점차 민담으로 바뀌었다.

　　대중이 바다와 강의 자원에 점점 덜 의존하게 되고 그 활용이 전문가들의 영역이 되면서 사람들은 수영하는 법을 잊었고, 내륙 도시와 마을에 사는 사람들 대다수에게 물의 세계는 남자를 홀려 죽게 만드는 영혼 없는 인어와 심해에서 올라와 방심한 사람들을 공격하는 무시무시한 괴물로 가득한 위험한 '이세계$_{otherworld}$'가 되었다. 인어와 바다뱀에 관한 중세의 민담은 오늘날의 도시 전설 같은 것이다. 사람들이 자신이 기대하는 세상에 걸맞기 때문에 믿고 싶어 하는 그런 이야기인 것이다. 과학 혁명으로 세상의 비밀

이 점차 밝혀지면서 민담은 아이들을 위한 동화가 되었고 인어공주의 고난은 선원들을 익사시키고 배가 암초에 걸려 난파하게 만드는 신비로운 바다 생물을 설명하는 것이 아니라 기독교적 구원의 은유가 되었다. 오늘날의 지나치게 감상적인 〈인어공주〉는 원작의 그 진지한 도덕적 메시지와 비극적인 결말을 잃었고, 디즈니의 10대 아리엘은 바닷속보다 동네 고등학교에 더 잘 어울릴 것 같다.

인간은 계속해서 이야기를 통해 세상에서 자신들의 존재에 대해 설명해왔다. 물론 우리가 착각하곤 하는 가상의 이야기와 현실적인 내용 모두를 포함하도록 이야기의 관념을 확장해서 생각해야 하지만 말이다. 수영의 경우에 이것은 내가 앞에서 이미 이야기한 소재에 관한 것들일 수 있다. 예를 들어 어린 소년이 스페인에서 보낸 여름휴가 때 물에 빠져 죽을 뻔했던 여가 이야기라든지, 일곱 살에 주의결핍력 과잉행동장애ADHD를 극복하기 위해서 수영을 시작했다가 올림픽에서 가장 메달을 많이 딴 선수가 되는 젊은 마이클 펠프스의 경기 수영 이야기, 또는 아쿠아렁을 발명하고 남은 평생을 바다에서 보낸 젊은 프랑스 해군 장교의 모험 같은 탐험의 이야기일 수도 있다. 이 장은 인간이 지난 500년 동안 수영에 관해서 만들어낸 가상의 이야기들에 대해서 살펴볼 것이다.

헤엄치는 상상력

영문학에서 물의 여러 가지 형태에 대한 묘사는 흔히 나오지만, 수영에 대한 언급은 찾아보기가 굉장히 어렵다. 이 부분은 '창작문학'에서 수영의 언급에 관해 조사한 니컬러스 옴의 《초기 영국의 수영Early British Swimming》의 도움을 많이 받았다. 옴은 엘리자베스 시대 시인 에드먼드 스펜서Edmund Spenser(1552-1599년경)의 〈요정 여왕Faerie Queene〉으로 이야기를 시작한다. 이 시는 흔히 글로리아나, 즉 엘리자베스 1세의 통치에 관한 칭송으로 여겨지며, 수영에 관해 여러 번 이야기가 나온다. 스펜서는 교사였던 리처드 멀캐스터의 제자이자 《수영의 기술》의 저자였던 에버라드 디그비의 친구였다. 스펜서 자신이 수영을 잘했는지 아니면 그저 디그비를 통해 수영에 대해 듣기만 했는지는 정확히 알 수 없다. 스펜서의 수영 이야기에는 기술적인 묘사는 없고 내용의 마술적 분위기를 더해주는 초자연적인 행동으로만 나온다.

수영의 관능적인 면을 영어로 처음 표현했던 것은 스펜서보다 좀 더 젊은 동시대인이자 극작가, 시인, 엘리자베스 시대의 앙팡 테리블enfant terrible 크리스토퍼 말로Christopher Marlowe(1564-1593년경)였다. 그는 아시아와 유럽을 분리하는 해협 헬레스폰토스(현재의 다르다넬스) 양쪽 끝에 있는 세스토스와 아비도스에 각각 살던 비극적인 연인 헤로와 레안드로스에 관한 고전 설화를 개작했다. 아름다운 헤로에게 홀딱 반한 레안드로스는 밤마다 수 킬로미터 너비의 해협을 헤엄쳐 건너와서 그녀를 만났으나 어느 끔찍한 겨울밤에 파도와 물살에 휩쓸려 익사했다. 다음 날 해안으로 밀려온 그의 시신을 보고 헤로는 그와 함께 죽기 위해서 바다에 몸을 던졌다. 시인의 이른 죽음으로 중단된 말로의 버전에는 연인의 비극적인 죽음은 나

■ 어느 폭풍우 치는 겨울밤에 해안까지 길을 안내하기 위해 켜두었던 불이 꺼져서 익사한 레안드로스의 시신을 발견하고 괴로워하는 헤로. 말로의 신화 개작판은 이 장 앞에 인용한 리 헌트의 것을 포함하여 여러 영어 판본 중 하나이다.

오지 않지만, 레안드로스를 제우스의 술 따르는 미동 가니메데스로 착각하고 음욕을 느낀 넵투누스(포세이돈)가 알몸의 레안드로스에게 접근하는 부분은 수영의 관능성을 찬미하는 정도가 아니라 노골적으로 동성애적인 느낌을 풍긴다.

> 방종하게 미소를 짓자 그의 사랑이 드러난다.
> 그는 그의 팔을 보고, 그 팔이 넓게 벌어지자
> 휘저을 때마다 그 사이에서 몸을 미끄러뜨리고
> 키스를 훔치고서, 달려가 춤을 춘다.
> 그리고 몸을 돌려 욕망 가득한 눈길을 던지고,
> 눈을 즐겁게 하기 위해 현란한 색의 장난감을 던지고

물속으로 몸을 던져 거기서
그의 가슴, 그의 허벅지, 온몸을 엿보고
다시 올라와 그의 곁에서 헤엄치며
사랑에 대해서 이야기한다. 레안드로스가 대꾸하니,
그대는 속았소, 나는 여자가 아니오.₂

1810년 5월 그랜드 투어를 하며 22세의 바이런 경은 레안
드로스의 비극적인 수영을 재연했다. 물론 12월은 아니고 '온화한
5월'이었다. 바이런은 콘스탄티노플까지 여행하던 왕립해군함에
있던 장교와 함께 1810년 5월 3일에 두 번째 시도에서 성공해서
이렇게 기록한다.

오늘 아침 나는 세스토스에서 아비도스까지 헤엄을 쳐서 갔
다. 직선거리는 1마일이 채 안 되지만 물살 때문에 위험한 경
로였고, 천국까지 오는 길에 완전히 지쳐서 레안드로스에게 사
랑을 나눌 힘이 남아 있지 않았을 것 같다는 생각이 든다.

하지만 그가 이 사건에 대해서 쓴 시의 마지막 행은 자신을
비극적인 레안드로스와 부정적으로 비견하여 자신의 성과를 조롱
하는 것이었다.

누가 더 잘한 것인지 말하기가 어려운 노릇이다.
불쌍한 인간들! 그래서 신이 여전히 너희를 괴롭히는구나!

그는 힘을 잃었고, 나는 나의 농담을 잃었으니.

그는 익사했고, 나는 학질에 걸렸음이라.₃

바이런은 당시의 전형적인 '그랜드 투어 관광객'이 아니었다. 유럽에서 우아한 1년의 휴가를 보내는 다른 젊은 영국 신사들처럼 그도 고전에 흠뻑 빠져들었고 고전기 참고자료들을 통해 자신이 방문하는 풍경들에서 의미를 찾았지만, 그는 또한 증명해야 하는 것이 있었다. 그는 내반족(발이 안쪽으로 휘는 병)이 있어서 땅에서 하는 대부분의 스포츠는 하기 어렵거나 아예 불가능했다. 하지만 수영을 하는 데에는 아무 영향도 미치지 않았다. 많은 당대 사람들과 다르게 그는 수영을 할 줄 알았을 뿐만 아니라 굉장히 훌륭한 데다가 무모한 경향도 있었던 것 같다. 1,000미터가 고요하고 차분한 실내 수영장에서 유능한 수영선수가 수영하기에는 크게 힘들지 않은 거리지만, 5월의 바다 수온과 해협의 물살 세기를 고려하면 1시간 10분이라는 그의 시간은 당시 유럽인이 선호하던 평영으로 해협을 건넌 걸로는 대단한 기록이다. 최소한 바이런은 세계에서 가장 붐비는 상업적·군사적 수로를 오가는 유조선, 해군 함선, 유람선과 화물선이 남긴 기름 찌꺼기와 현대판 하수를 뒤집어쓰지는 않았다.

바이런은 건성으로 역사적 재연을 하는 데서 만족하지 않았고, 해안가에 서서 해협을 바라보며 그것을 건너는 게 어떨지 상상만 하는 데에서 그치지도 않았다. 그는 헤로에 대한 레안드로스의 타오르는 열정을 조금이라도 느끼고자 하는 마음으로 레안드로스와 똑같이 헤엄을 치고 싶은 강박을 느꼈다. 바이런은 수영을 좋아하고 그 육체적인 도전을 즐겼다. 이 시인의 첫 번째 수영을 기념하는 '빅토리 데이' 경주에서 횡단을 따라 해본 수영선수들에게서도 찾아볼 수 있는 자질이다. 2013년 경주에 나갔던 클린턴 패스코Clinton Pascoe는 현대판 헬레스폰토스 수영이 제공하는 수영과 사교, 관광, 개인적 도전의 혼합에 대해서 이렇게 이야기했다.

> 이건 내가 가장 좋아하는 수영 중 하나입니다. 물은 근사하고 끝까지 해내는 건 정말 멋진 일이죠. 나는 정말 재미있고 본받을 만한 사람을 여럿 만났고, 덕택에 이 여행이 더욱 기억에 남게 되었습니다.[4]

말로의 이른 죽음으로 〈헤로와 레안드로스〉의 결말을 잃었을 뿐만 아니라(동료 극본가 조지 채프먼George Chapman(1559-1634년경)이 대신 마무리했다) 수영을 주제로 한 다른 걸작들이 나올 기회마저 사라져버렸다.

옴은 말로에서 당대 최고의 거물이자 그의 라이벌이었던 윌리엄 셰익스피어William Shakespeare(1564-1616년경)에게로 넘어간다. 그 역시 자신의 극본에 수영에 관한 이야기를 넣었다. 옴은 〈줄리어스 시저Julius Caesar〉의 인상적인 한 장면을 인용한다. 시저(카이사르)의 훌륭한 수영 능력에 대한 역사적 증거와는 반대로 그는 카시우스가 티베르강에서 그를 구하게 만든다(1막 2장). 《맥베스Macbeth》에서는 두 명의 병사들을 "힘이 빠져 서로에게 달라붙어서 꼼짝달싹 못하게 만드는 두 명의 수영하는 자들"(1막 2장)이라고 비유한다. 하지만 이런 예는 캐릭터들의 용기와 경솔함, 그리고 수영의 위험성을 표현한다. 옴은 셰익스피어의 극본에서 수영이 긍정적으로 묘사된 것을《템페스트The Tempest》(2막 1장)에서 딱 하나 찾는다. 나폴리 왕의 아들 페르디난드가 익사했을까 봐 걱정하던 아버지에게 안전하다는 소식이 전해지는 부분이다.

왕자님께서 몸 아래로 밀려드는 파도를 이겨내고
그 위에 올라타는 것을 보았습니다.
그분은 분노에 차서 달려드는 물을 디디고,
눈앞으로 거대하게 부풀어 다가오는 물살을 타넘고,
들쑥날쑥한 파도 위로 대담하게 머리를 들어 올린 채
든든한 팔을 씩씩하게 휘저어서 해안을 향해
헤엄쳐가셨고, 파도에 시달린 해안선은 허리를 굽히고서
비굴하게 그분을 놓아주려 하고 있었습니다.
저는 그분이 살아서 뭍에 당도하셨을 거라고 의심치 않습니다.

수영은 엘리자베스 시대 영국에서 문학적 상상 속에 존재했지만, 당시 나라 안에서 수영의 지위를 반영하듯이 긍정적인 묘사와는 거리가 멀었다.5 스펜서 판《헤로와 레안드로스》와 내가 이장 서두에서 인용한 리 헌트Leigh Hunt의 판본(1819) 사이 기간 동안 수영이 위험하다는 개념은 거의 변하지 않았다. 헌트의 시에서 포세이돈과의 만남의 관능성은 잊히고 수영을 하던 레안드로스는 차가운 파도의 품에 사로잡힌 채 절망 속에 자신의 시신을 발견하고 연인의 반응이 어떨지를 떠올린다.

헌트의 시가 나오기 딱 한 세기 전에 다니엘 디포Daniel Defoe (1660-1731년경)가 《로빈슨 크루소Robinson Crusoe》(1719)에서 좀 더 긍정적인 수영 묘사를 했다. 수영 능력으로 두 명의 주요 캐릭터인 크루소와 맨 프라이데이를 포함하여 여러 캐릭터의 목숨을 살린 것이다. 소설에서 디포는 수영 능력을 여가나 체력단련, 즐거움을 위해 익히는 흔한 기술로 묘사하지 않았으나 불운한 크루소가 여러 번의 난파에서 살아남고 섬에 고립된 후 자신의 짐을 구조해야 하는 줄거리상 수영은 꼭 필요한 기술이었다. 수영은 또한 크루소의 동료인 맨 프라이데이의 목숨을 구해준다. 문명의 구속을 받지 않은 그는 평균적인 백인보다 물에서는 훨씬 뛰어난 육체 능력을 갖고 있지만 그 외의 모든 면에서는 부족한 '고귀한 야만인'이라는 계몽주의 시대의 개념을 배경으로 판단해야 한다. 수영은 조너선 스위프트Jonathan Swift(1667-1745)의 《걸리버 여행기Gulliver's Travels》(1726)에서도 비슷한 문학 장치로 사용된다. 주인공은 여행 도중 여러 번의 난파에서 살아남아야 하고, 한번은 거인국에서 거인족 한 명이 짓궂게 그를 크림 그릇 안에 빠뜨렸을 때 목숨을 구하기 위해서 헤엄을 쳐야 했다.6

물이 나오는 우화

과학소설과 환상소설에 나오는 수영에 관한 다음 파트를 시작하기 전에 찰스 킹즐리Charles Kingsley(1819-1875) 목사가 《맥밀런스 매거진Macmillan's Magazine》에 연재물로 썼던 빅토리아 시대의 우화 〈물의 아기, 땅의 아기를 위한 동화The Water-babies, A Fairy Tale for a Land Baby〉(1863)에 관해 언급해야겠다. 이 책은 어린이 굴뚝청소부 톰의 모험을 따라간다. 톰은 물에 빠져 죽은 다음 10센티미터 크기에 아가미가 있는 물 아기로 다시 태어난다. 물속에서 모험을 하며 그는 요정과 수생 동물들의 도움을 받아 도덕 교육을 끝마치고 구원을 받아 인간 세상에 다시 태어나 과학자로 모범적인 삶을 살게 된다. 교인이었지만 킹즐리는 찰스 다윈의 자연선택을 통한 진화론의 열렬한 지지자였다. 과학적인 비판에 더불어 이 책은 가난한 사람과 아동 노동에 대한 처우를 포함하여 빅토리아 시대 중반의 몇 가지 관심사들을 다룬다.

다른 수많은 19세기 아동 고전소설처럼 〈물의 아기〉는 그 빅토리아 시대적 태도와 편견 때문에 사람들의 관심에서 멀어졌지만, 책의 내용보다 나의 흥미를 끄는 것은 그 배경이다. 루이스 캐럴Lewis Carroll적인 물속의 이상한 나라는 킹즐리의 다른 따분한 역사소설들의 모습과는 상당히 다르다. 물의 아기라는 발상은 천재적인 상상력이 엿보이지만, 물속이라는 장소는 작가의 사회적·도덕적 우려의 중심이라기보다는 그저 우연의 산물이다. 1860년대 초반 무렵 수중 세계는 이미 다이빙 벨과 표준잠수복으로 들어갈 수 있었지만, 킹즐리는 앨리스의 토끼 굴처럼 이곳이 독자들의 일상에서 완전히 낯선 곳이었기 때문에 배경으로 골랐다. 익숙한 것에 의존하기보다 그는 독자들을 놀라게 만들고 매료시키고 자신의 도덕적 선언이 옳다고 설득하기 위한 더 나은 문학적 장치로 수

■ 〈물의 아기〉는 매력적인 빅토리아 시대의 도덕적 우화이다. 주인공 톰은 익사한 어린이 굴뚝청소부로 아가미가 달린 조그만 물 아기로 다시 태어나서 기독교적 구원을 받고 '과학인'으로 인간 세상에 다시 태어난다. 찰스 킹즐리 목사는 물속 세계라는 배경이 독자들에게 대단히 낯설기 때문에 골랐다.

중 세계에 대한 그들의 무지를 이용했다. 그래서 킹즐리의 환상적인 소설은 더 이른 시대에 나온 수영 이야기들과 똑같이 수영에 대해서는 낯설어하는 태도를 보여준다.[7]

수영에 관한 과학소설

소설에서 수영에 관한 묘사가 변한 시기는 프랑스의 소설가이자 선지자 쥘 베른의 작품으로 새로운 장르인 과학소설이 등장한 때로 볼 수 있을 것이다. 베른의《해저 2만 리》를 나는 제임스 메이슨과 커크 더글러스가 주연한 1954년 할리우드 버전으로 처음 보았는데, 커다란 자가충족식 잠수함 부분에 있어서는 선견지명이 있었지만 다이빙 부분에서는 노틸러스호의 선원들이 당시 표준잠수복을 입은 다이버들처럼 바다 밑을 걸어 다니는 모습으로 그렸다. 소설은 네 번 영화화되었고(물속에서 촬영한 최초의 영화인 1916년 버전을 포함해서) 애니메이션, 라디오 드라마, 뮤지컬, 도쿄 디즈니랜드의 놀이기구로까지 만들어졌다. 베른이 만든 환상적인 노틸러스호의 대장이었던 네모Nemo 선장은 전형적인 빅토리아 시대의 발명가-공학자였다. 그는 사치스럽게 꾸며놓은 자신의 거주구역에 부유층 빅토리아 시대 저택의 화려한 실내를 재현했다. 그는 낯선 환경에 자신이 적응하는 대신에 자신의 가치와 생활방식을 가져왔다. 바다는 여전히 노틸러스호를 공격해서 거의 망가뜨릴 뻔했던 거대 오징어처럼 괴물들이 가득한 위험한 세계였다. 베른의 소설은 적대적인 육상 환경을 다스린 것처럼 기술로 바다도 다스릴 수 있다는, 한 세기 이상 지속되는 개념을 구현한 작품이었다.

베른 이래로 해저 세계는 많은 과학영화와 TV 드라마, 그래픽 노블의 배경으로 쓰였으나 그 장르의 가장 인기 있는 배경인 외우주에 비하면 수가 훨씬 적었다. 내가 어린 시절에 보았던 해저 배경의 프로그램 두 개는 텔레비전용 영국 아동 '인형극' 드라마였던 〈스팅레이Stingray〉와 미국 영화 겸 TV 드라마였던 〈아틀란티스에서 온 사나이The Man from Atlantis〉였다. 〈스팅레이〉는 제작자이자 감독, 작가였던 게리 앤더슨Gerry Anderson(1929-2012)이 1960년대에 만든 여러 인형극 시리즈 중 하나였다. 이것은 영국과 미국, 캐나다에서 그의 훨씬 더 유명한 작품 〈선더버드Thunderbirds〉(1965-1966)가 방영되기 직전인 1964-1965년에 방영되었다. 〈선더버드〉에는 선더버드 4호라는 잠수함이 나오지만, 훨씬 더 유명한 하늘을 나는 선더버드 1호와 2호보다 적게 나왔다.

가상의 해안 도시 머린빌을 배경으로 하고 있으며, 제목이 기도 한 '스팅레이'는 트로이 템페스트 선장과 그의 항해사 폰이 조종하는 잠수함이다. 그들은 인류와 인류의 모든 것을 파괴하려고 하는 해저인 아쿠아피비안을 상대로 하는 1차 방어선이다. 트로이와 폰은 마리나Marina의 도움을 종종 받으며 해저 모험을 하는데, 마리나는 물속에서 숨을 쉴 수 있고 말을 못하지만 전통적인 인어 꼬리는 없는 나이아스와 같은 존재이다. 〈스팅레이〉가 오늘날 다시 만들어진다면 〈아바타Avatar〉(2009)에서처럼 좋은 편과 나쁜 편이 반대가 될 수도 있다고 쉽게 상상할 수 있을 것이다. 즉 쿠스토 같은 해양생물학자 템페스트가 탐욕스러운 인간 쪽 정부와 범죄자들, 국제적 기업들을 상대로 학대받는 바다 종족을 구하기 위해 싸우는 이야기가 될 수도 있다. 하지만 1960년대 중반에는 아직 아이들이 인간 주인공이 나쁜 일을 할 리 없고, 과학이 해양환경을 악화시키는 원인이라기보다는 해결책이라고 믿었을 것이다.

〈아틀란티스에서 온 사나이〉 시리즈는 패트릭 더피 주연으로 네 편의 TV용 영화로 만들어져서 미국에서 1977년에 방영되었고, 그 성공에 힘입어 1977-1978년에 드라마 시리즈로 제작 방송되었다.[8] 기억을 잃은 주인공은 우연히 캘리포니아 해군 연구소 근처 해안가로 밀려 올라온 채 발견된다. 마크 해리스라는 이름이 붙은 그는 사라진 아틀란티스 문명의 유일한 생존자로 밝혀진다. 그는 뛰어난 수영 및 다이빙 실력을 갖고 있고, 돌고래와 경주를 하고 높은 플랫폼에 서 있는 훈련사의 손에 들린 물고기를 잡기 위해 물속에서 뛰어오르는 등의 실력을 첫 화에서 잘 보여준다. 그의 손과 발에는 물갈퀴가 있고, 스쿠버 장비 없이 물속에서 수영을 할 수 있으며(당연히), 보호장비 없는 인간 다이버에게는 치명적일 강한 수압과 추위를 견딜 수 있다. 〈스팅레이〉보다 10년쯤 뒤에 만들어진 〈아틀란티스에서 온 사나이〉는 수중 세계에 누가 진짜 위협인지에 관해 다른 입장을 보여준다. 악용된 기술, 외계인과 범죄자, 미친 과학자와 해적들이 적이며, 〈아틀란티스에서 온 사나이〉 세계관에서 주요하게 나오는 인어 같은 해저 종족은 대체로 인간의 희생양으로 그려진다.

　　마크 해리스는 1941년 11월 DC 코믹스 그래픽 노블의 우주에 처음 등장한 초기 수중 슈퍼히어로인 아쿠아맨에게서 많은 것을 따왔다.9 〈스팅레이〉나 〈아틀란티스에서 온 사나이〉보다 훨씬 일찍 만들어졌지만 내 가상의 수중세계 목록에서 세 번째로 올린 이유는 내가 미국 코믹스의 팬이었던 적이 한 번도 없고, 한참 나중에 그래픽 노블의 열렬한 수집가였던 친구의 책을 넘겨보다가 아쿠아맨에 대해서 알게 되었기 때문이다. 슈퍼맨처럼 아쿠아맨도 처음에는 제2차 세계대전 때 미국의 힘을 반영하는 캐릭터로 나오게 되었다. 그는 평범한 인간이었다가 추축국의 해저 음모에 맞서 싸우기 위해서 과학자인 아버지가 개조해서 만들어졌다. 제2차 세계대전 이후에 다른 슈퍼히어로들처럼 그도 미국의 힘을 좀 더 보편적으로 투영하고 또 남성성을 이상적으로 보여주기 위한 인물

■ 쥘 베른의《해저 2만 리》의 삽화. 해저를 탐험할 때 노틸러스호의 선원들은 베른이 살던 시절의 표준잠수복 다이버들처럼 걸어 다녔으나 그들의 잠수복은 자가충전형이었다. 20세기에 등장해 쿠스토의 아쿠아렁으로 완성된 스쿠버 디자인과 비슷했다.

로 바뀌었다.10 좀 더 잘 알려진 다른 슈퍼히어로들과는 다르게 아쿠아맨은 주로 활동하던 1960년대에서 1980년대 사이에 미국 저스티스 리그에서 주요 역할을 맡은 적이 없다. 그래픽 노블계의 거성 슈퍼맨이나 아이언맨, 배트맨과 비교할 때 아쿠아맨은 약간 '낙오자'이자 미국 코미디언들의 농담거리였고, 코미디 쇼에서 놀림을 받곤 했다. 힘과 능력이 약한 데다가 일반적으로 '멋지지' 못하다고 여겨졌기 때문이다.11

　　2000년대에 아쿠아맨은 크게 재창조되며 새로운 초능력과 신랄한 분위기가 생겼다. 그는 장편 애니메이션 〈저스티스 리그: 아틀란티스의 왕좌〉(2015)에서 주역을 맡았고, 여기서 더 이상 물속

■ 〈댈러스〉의 스타 패트릭 더피가 연기한 〈아틀란티스에서 온 사나이〉의 마크 해리스. 사라진 아틀란티스 문명의 유일한 생존자로 초인적인 수영 능력을 갖고 있다. 해리스는 미국 해군 기지 근처에서 발견되었고 자신의 인간 구조자들을 도와 다양한 기계, 외계인, 인류의 적들과 싸우기로 한다.

에서 숨 쉴 수 있게 과학적으로 개조된 인간이 아니라 반은 인간이고 반은 아틀란티스 왕자로 저스티스 리그를 도와 메트로폴리스를 집어삼킬 계획인 사악한 이복형제 오션 마스터를 물리친다. 아쿠아맨은 실사 영화 〈배트맨 대 슈퍼맨: 저스티스의 시작〉(2016)에서 제이슨 모모아가 맡았고, 모모아는 2018년에 개봉되는 아쿠아맨 단독 영화에서도 같은 역을 맡을 예정이다.12 제작사에서는 모모아의 높은 인지도와 장르 팬들 사이에서 인정받은 '멋진' 분위기로 슈퍼맨, 배트맨, 아이언맨, 캡틴 아메리카가 성공적인 영화 시리즈가 된 것처럼 아쿠아맨 실사 영화도 마침내 인정받을 수 있기를 바라는 것 같다.

다시금, 초기 물에 사는 주인공들에 대한 내 조사들과 마찬가지로 나의 관심사는 아쿠아맨의 부활이 아니라 과학소설과 환상소설 장르에서 그와 다른 캐릭터들이 수영과 당시의 관계를 어떻게 보여주는지이다. 마크 해리스와 아쿠아맨 같은 물속 주인공들은 지금까지는 슈퍼맨과 배트맨 같은 식으로 대중의 상상력을 사로잡는 데에 실패했다. 하늘을 나는 능력과 초인적인 힘, 또는 배트모빌, 배트케이브, 배트플레인의 마법 같은 기술력이 물속에서 숨을 쉬고 심해에서 살아남는 능력을 앞선다. 하지만 그걸로 다른 행성에서 온 외계인인 강철의 사나이Man of Steel가 반半 아틀란티스인 아쿠아맨보다 훨씬 인기 있는 이유를 다 설명할 수 있을까? 아쿠아맨의 초기 모습에는 좀 촌스러운 면, 말장난을 좀 해보자면 '신선하지 못한' 면이 있다. 우리가 수영에 너무 익숙해서 그의 초능력을 다른 만화 속 히어로들보다 덜 인상적으로 여기는 걸까?

　　슈퍼맨과 다른 인물들이 올림포스 신과 반신반인들의 현대판이고 그래픽 노블이 고전 신화의 현대판이라고 한다면, 아쿠아맨의 인기 정도는 우리에게 수영과 우리의 가상의 관계를 말해주는 걸까? 우리의 눈은 우리 행성의 내우주보다는 끊임없이 하늘로, 그 너머 외우주로 향한다. 심해는 굉장하고 거의 탐험해보지 못한 곳이지만 거기에 가라앉은 도시나 발달된 양서류 문명이 있지 않다는 것만은 확실하다. 심해는 무시무시하면서도 익숙하다. 우리 주위에 있으면서도 여전히 접근하는 것이 거의 불가능한 곳이다. 하지만 수영이 현실 도피용 흥분과 모험을 선사하는 현대적 상상력의 요구 사항을 맞추지 못한다 해도 인간의 경험 중에서 수영과 밀접하게 관계가 있는 분야가 하나 있다. 섹스이다.

상징적인 수영

인간의 정신을 해석하기 위해 노력한 유명 인물 두 사람, 지그문트 프로이트와 카를 융$_{Carl Jung(1875-1961)}$에게 물은 강력한 의미를 갖고 있었다. 융에게 물은 무의식의 상징이었다. 그는 이렇게 썼다.

> 골짜기의 호수는 무의식이다. 이것은 의식의 아래 자리하고 있기 때문에 종종 '잠재의식'이라고도 한다. (…) 물은 '골짜기 영혼', 본질이 물을 닮은 도$_{道}$의 수룡이다. 음 속의 양인 것이다. 그러니까 물은 무의식이 되어 있는 영혼을 의미한다.

융에게 '수영선수'는 자신의 무의식적 정신의 깊은 곳을 탐험하는 것이다. 물은 물리적 성분이라기보다는 상징이고, 신화와 꿈에서 수영을 하는 것은 수영의 물리적 행위와 관련된 것이 아니다.[13]

하지만 융의 분석에서 정신성은 프로이트의 꿈에 대한 물질성적 접근과 대조적이다. 프로이트는 물과 수영을 상징적인 동시에 실제적인 것으로 보았다. 《꿈의 해석》에서 프로이트는 "수영을, 파도를 가르는 꿈을 자주 아주 즐겁게 꾸는 사람"의 경우에 "대체로 어릴 때 야뇨증이 있었고, 이제 오래전에 그만둬야 한다고 배운 쾌락을 꿈속에서 반복하는 것이다"라고 주장했다. 두 번째 예는 수영 꿈이 다음과 같다고 보았다.

좁은 공간을 가로지르거나 물속에 머물러 있는 내용이라면 배아기에, 어머니의 자궁에 머물러 있는 것, 그리고 탄생이라는 행위에 매료되어 있는 것을 바탕으로 한다.

프로이트의 해석이 옳다면 우리 모두는 자궁에서 머물렀던 아홉 달의 시간 덕택에 수영과 깊지만 거의 잊힌 연결고리를 갖고 있는 것이고, 이는 우리를 일레인 모건이 호모속의 진화를 설명할 때 주장했던 수생 과거와 연결시키는 셈이다. 야뇨증과 자궁으로부터 프로이트는 물의 상징성을 더 확장하여 정자까지 포함시킨다. 소변을 보는 행위에 사정을 포함시키고 수영에 성교 행위를 포함시키는 것이다.[14] 대중문화는 '거친 물이 깊다'는 식으로 물을 강력한 잠재의식의 상징으로 여기는 융의 개념과 물과 수영을 종종 꿈속에서, 그리고 시각예술가들의 의식적 창조물에서 드러나는 탁한 인간의 성관계의 상징으로 여기는 프로이트의 특성을 모두 흡수했다.

에로틱한 수영 그림

고전기 그리스의 예술가들은 벌거벗은 남자의 모습을 묘사하는 것이 자유로웠고, 여성의 알몸을 표현할 때에는 조금 더 제약이 있긴 했지만 고대부터 벌거벗은 여신들의 석상 견본이 대단히 많았다. 가장 유명한 것은 루브르 박물관의 밀로의 비너스처럼 벌거벗었거나 목욕 중이거나 옷을 벗던 중인 비너스-아프로디테의 신상이다. 남자의 알몸은 신과 반신의 모습이나 살아 있는 사람의 초상을 이상화해서 표현되었다. 고전기에는 승리한 운동선수와 전사, 헬레니즘 시대에는 이상화된 통치자의 모습으로 표현되었고, 조각 역시 건강하고 젊은 남자의 몸이 에로틱한 상상력의 초점이던 시대의 성적 관습에 따라갔다. 영웅의 나체는 훨씬 점잖았던 로마인들에게도 받아들여져서 신격화된 황제를 표현할 때 사용되었다. 그들의 벌거벗은 몸과 이상화된 육체는 그들의 힘과 신성함의 시각적 상징 역할을 했다.15

서기 2세기부터 시작된 로마제국에 대한 야만족의 침공과 서기 4세기 기독교의 국교화가 합쳐져서 인체를 다루는 방식과 묘사하는 태도가 변화하기 시작했다. 기독교 외의 종교들이 사라지면서 알몸을 드러내고 표현하던 것도 사라졌다는 것은 심하게 단순화하는 설명이지만, 중세 예술에서는 인간의 몸을 찬양하거나 이상화하는 일은 완전히 사라졌다. 에덴동산에서의 타락과 추방이나 최후의 심판과 지옥 장면에서 알몸이 나오지만, 여기서 알몸은 죄악이고 불멸의 영혼에 위험한 것으로 비난받는다. 유럽에 르네상스가 도래하며 이상적인 알몸이 되돌아오고 벌거벗은 남녀 모두가 묘사되기 시작했지만, 이번에 에로틱한 상상의 초점이 된 것은 벌거벗은 여성의 몸이었고, 그래서 대중의 도덕성을 지키려는 수호자들 사이에서는 훨씬 더 큰 우려가 생겼다.

남성의 몸을 묘사할 때 르네상스 화가들과 조각가들은 재발견된 수많은 그리스-로마의 벌거벗은 신, 영웅, 왕, 전사, 운동선수 석상들을 고대에 신성시되었던 모델이라고 예를 들 수 있었지만, 여성의 알몸은 훨씬 적고 더욱 성적으로 자극적이라 훨씬 더 큰 논쟁거리가 되었다. 유명한 고전 신화의 장면을 연상시키는 수영이나 목욕과 관련된 알몸은 여성의 알몸을 점잖게 만드는 한 가지 방법이었다. 가장 유명한 르네상스 시대 알몸의 여성은 산드로 보티첼리Sandro Botticelli(1445-1510)의 〈비너스의 탄생The Birth of Venus〉(1485년경)으로 가슴과 외음부를 손으로 가린 베누스 푸디카Venus pudica(비너스상이 취하고 있는 '정숙한 자세')이다. 3세기 후, 프랑스 로코코 시대 중흥기에 프랑수아 부셰François Boucher(1703-1770)는 자신의 버전으로 〈비너스의 탄생〉(1740)을 그렸다. 여기서는 벌거벗은 여신이 파도 사이에서 솟아오르고 수영하는 나이아스와 트리톤에게 둘러싸여 있다. 그림은 물의 감각적인 면과 학구적인 주제로 품위를 덧씌운 18세기 풍만한 몸매의 창녀들 무리의 난잡한 에로티시즘을 합쳐놓았다. 그림의 진정한 기능은 수영 같은 아주 서민적인 활동을 하기 위해서 옷을 벗겠다는 생각조차 해본 적이 없는 프랑스 앙시앵 레짐 귀족들의 맨션에 장식할 가벼운 포르노 대용품이었다.

여러 번의 공화국과 두 번의 제국, 그리고 두어 번의 왕정복고를 거치고서 프랑스 제국주의자 에두아르 마네Édouard Manet(1832-1883)는 여성의 몸을 적당한 예술 소재로 삼는 수 세기간의 학계 전통을 전복시키기 위해서 〈풀밭 위의 점심식사Le Déjeuner sur l'herbe〉(1862-1863)에서 여성의 알몸을 충격적으로 그려냈다. 수영하는 배경은 고전 예시들을 직접적으로 암시하는 것이지만 벌거벗은 여성은 욕실에 있거나 파도 위로 솟아오르는 여신이 아니다. 정장을 차려입은 두 남자 옆에 앉아 있는 여자는 관객의 감수성 정도에 따라 부조

■ 에두아르 마네의 〈풀밭 위의 점심식사〉(1862~1863)는 〈비너스의 탄생〉이나 〈파리스의 심판〉처럼 유명한 고전 신화의 내용일 경우에는 여성의 알몸을 점잖은 것으로 여기는 오랜 예술적 전통을 조롱한다. 〈풀밭 위의 점심식사〉는 초기 프랑스 알몸 그림에서 학구적 품위를 벗겨내고 당시 관객들에게 충격과 즐거움을 동시에 안겨주는 어색한 구성을 이루고 있다.

화스럽고, 우습고, 말도 안 되거나 충격적이다. 그림은 파리 살롱에 전시되기에는 너무 충격적이라고 여겨져서 대신 1863년에 살롱 데 르퓌제Salon des Refusés(낙선전)에 걸렸다.

　　한 세기 후, 세계의 절반을 돌아가서 영국의 화가 데이비드 호크니David Hockney(1937-)는 1960년대와 1970년대에 남부 캘리포니아의 쾌락주의적 게이 생활에 관한 자신의 경험을 보이기 위해 수영하는 사람들과 수영장 그림을 연작으로 그렸다. 〈닉의 수영장에서 나오는 피터Peter Getting Out of Nick's Pool〉(1966)와 〈더 큰 풍덩A Bigger Splash〉(1974)에서는 깨끗한 캘리포니아의 수영장의 새파란 물에서 나오거나 뛰어드는 벌거벗은 남자의 모습에 당당하게 다시 에로틱한 초점을 돌리고 있다.

하지만 수영에 관한 미술계의 영향은 미미했다. 알몸이 나오긴 하지만, 이런 상류층의 예술작품은 몇몇 특권층만이 보는 것이었다. 부셰의 비너스는 루이 15세Louis XV(1710-1774)와 그의 애인 마담 드 퐁파두르Madame de Pompadour에게 수영을 장려하기 위해서가 아니라 그들의 가라앉은 성욕을 돋우기 위해서 베르사유의 벽에 걸려 있었을 것이다. 19세기 이전까지는 여가로든 경기로든 대중이 참여하는 수영이라는 게 없었고, 예술에서 수영과 목욕을 소재로 사용하는 것은 음란하고 외설적이라고 비판받을 만한 내용을 유일하게 허용해주는 전통이 있었기 때문이다. 현실의 수영과 알몸 사이에 연관이 있기는 했지만, 이것은 19세기 말까지 별문제가 되지 않았던 남자의 알몸만이었다. 여성은 일반적으로 늘 가리고 있기 때문에 알몸으로 수영하는 여성은 엄청난 성적인 힘을 갖는 것이었다. 하지만 이것은 벌거벗은 여성을 몇 펜스나 몇 센트만 내면 수백만 명의 관객이 볼 수 있게 되는 새로운 미디어, 즉 사진과 영화가 도래한 후에야 확실해진다.

수영에 관심이 모이다

스틸사진의 발명은 몸에 대한 개인의 인식을 바꿔놓았다. 조각이나 회화에서의 초상화는 위대한 사람, 훌륭한 사람만을 위한 것이었고 그들을 이상적인 형태로 표현했다. 비슷하게 공공미술 역시 국민 도덕과 종교적 믿음, 정치적 개념을 표현하기 위해서 이상화된 인체를 사용했다. 반면 사진은 그야말로 민주적인 매개였다. 초반의 기술적 문제가 해결되고 누구나 쉽게 사용할 수 있게 되면서 사진은 사람의 모습을 있는 그대로 보여주었고(최소한 리터칭 기술이 나오기 전까지는) 인쇄 및 전신 기술과 합쳐지며 이미지는 마음대로 복제되어 거의 즉시 전 세계로 퍼질 수 있게 되었다.

사진의 힘을 광고와 마케팅 도구로 제일 먼저 활용한 사람들은 체육과 보디빌딩의 초기 선구자들이었다. 영국의 유진 샌도 Eugen Sandow와 미국의 버나르 맥패든(6장 참조) 같은 사람들은 자신의 거의 벌거벗은 몸을 사진으로 찍어 자신의 건강 및 체력단련 사업과 홍보에 사용했다.16 샌도와 맥패든은 무대에서 멋진 몸을 선보이는 강한 여성 파트너들이 있었지만, 당시에도 지금처럼 그런 것이 매력적인 여성적 특성이라고 여겨지지 않았고 성적으로 매력적으로 생각되지도 않았기 때문에 맨살이나 육체적인 힘을 드러내는 정도가 훨씬 한정적이었다.17

사진의 또 다른 초기 도입자들은 포르노 제작자들이었고, 당연하게도 사진 소재가 음란하다고 여겨지면 금세 불법으로 지정되었다. 사진 포르노의 제작 및 판매를 막으려는 시도는 오늘날 인터넷에서 포르노를 통제하려는 시도와 똑같이 성공하지 못했다. 게다가 음란의 정의는 주관적이고 소재를 어떤 식으로 표현하느냐에 따라 법을 우회할 수도 있었다. 1890년대에 무화과 잎사귀로만 몸을 가린 샌도의 사진은 괜찮다고 여겨졌다. 첫째로 그는 남자였고, 둘째로 사진이 '과학적'이고 '교육적'이기 때문이었다. 마지막으로는 유명한 그리스-로마 조각의 모습을 재현한 것이라 '예술적'이기 때문이었다.

인간은 언제나 '섹스는 팔린다'라는 사실을 알았다. 사진이 보여준 것은 현실적인 섹스 표현이 가장 잘 팔린다는 사실이었다. 처음에는 여성의 몸, 그리고 좀 더 최근에는 남성의 몸을 찍은 스틸사진은 다양한 제품군의 판매에 이용되고 있으나 수영과 합쳐지며 고급 향수 제조사들에게 특히 더 매력적으로 여겨지는 것 같다. 이 글을 쓰고 있는 시점에서 돌체 앤 가바나의 라이트 블루, 조르조 아르마니의 아쿠아 디 지오, 다비도프의 쿨 워터 광고가 전부 자사 제품을 팔기 위해 비슷한 제품 이미지를 보여준다. 광고는 수영하는 사람을 보여주며 물에 완전히 들어가는 감각적인 느낌을 제품을 피부에 뿌릴 때의 상쾌함과 동일화하고, 거기에 인체를 에로틱하게 보여주어 제품이 성적 매력을 높여준다고 이야기한다. 다비도프 쿨 워터 광고 중 하나는 벌거벗고 수영을 하는 사람이 거의 절정에 오른 듯이 보인다. 수영하는 꿈에 관한 프로이트의 해석을 상업적 목적으로 사용한 시각적 증거인 셈이다. 다만 그가 연관 지었던 배뇨 부분만은 빠져 있기를 바랄 뿐이다.

백만 달러의 인어

제품을 수백만 명의 소비자에게 파는 섹스의 힘을 완벽하게 이해하는 매체가 또 있다. 바로 영화이다. 하지만 스틸사진 포르노 제작자들이 평범한 포장과 갈색 종이봉투로 자신들의 거래를 감춘다면, 최소한 가정용 비디오의 혁명이 오기 전까지 영화업계는 제품을 팔기 위해서 최대의 시각적 자극을 필요로 했다. 섹스가 필요하지만 거기에 명백하게 에로틱한 것을 적당히 감춰서 좀 더 보수적인 관객과 입법자들이 최소한 받아들일 수 있도록 시각적으로 수정을 가해야 했다. 수영은 영화에서 허용 가능한 최대선까지 노출을 시킬 수 있는 완벽한 포장이었다. 초기 영화들은 이런 면에서 놀랄 만큼 관대했다. 이 장르의 주도적인 인물 중 한 명이 우리가 6장에서 이미 만났던 수영선수이자 다이빙 선수 아네트 켈러먼이었다.

오스트레일리아에서 태어난 켈러먼은 가벼운 소아마비의 후유증을 고치기 위해서 수영을 시작했다. 그녀는 고향에서 경기 수영선수이자 다이빙 선수로 성공한 후 1904년 열일곱 살의 나이에 수영과 다이빙으로 돈을 벌기 위해서 아픈 아버지와 함께 영국으로 건너왔다. 대중의 관심을 끌기 위해 그녀는 서런던의 퍼트니 다리부터 동런던의 블랙월까지 템스강을 27킬로미터 헤엄쳤다. 1900년대 초에 템스강이 상업용 운항으로 얼마나 붐볐으며 얼마나 오염되었는지를 고려하면 꽤 엄청난 업적이다. 그녀는 다이빙 쇼를 하고 강 경주에서 남자들을 이겼다. 〈데일리 미러〉는 영국해협을 헤엄쳐서 건너달라고 그녀를 고용했고, 세 번 실패하긴 했지만 그녀는 수영선수이자 다이빙 선수, 연예인으로 유명해졌다.

1906년에 그녀는 시카고에서 공연을 해달라고 초청받았다.

■ 놀이공원 쇼와 순회공연으로 자신의 이름을 알린 아네트 켈러먼은 할리우드로 가서 상업용 영화에 처음으로 알몸으로 등장한 배우가 되었다. 〈넵튠의 딸〉의 이 장면에서 켈러먼의 정숙함은 예술적으로 늘어뜨린 머리카락으로 지켜지고 있다.

나중에 그녀는 매사추세츠의 리비어 해안으로 가서 주급 300달러(현재의 8천 달러쯤)에 놀이공원에서 일하며 일주일에 14번의 쇼라는 무시무시한 스케줄을 소화했다. 리비어의 공공해변에서 얌전하긴 하지만 몸매를 고스란히 드러내는 수영복을 입었다는 이유로 풍기문란으로 체포되어 재판을 받으며 생긴 악명 덕에 그녀는 브로드웨이에서 다이빙 공연을 해달라고 초청을 받았다. 뉴욕에서 그녀는 '고공 다이빙 및 스턴트 수영 예술가'로서 전미 순회공연을 다녔고, 주당 1,500달러(현재의 38,500달러)라는 엄청난 급료를 받아 당대 최고가의 연예인 중 한 명으로 등극했다.

이제 확실하게 자리 잡은 연예인으로서 켈러먼은 자신의 명성을 상품화하기로 하고, 다른 많은 연예인처럼 할리우드의 급

성장하는 영화 산업에서 돈을 벌 수 있을지 확인하러 서쪽으로 향했다. 1914년부터 1924년 사이에 그녀는 일곱 편의 대형 무성영화에 출연했다. 그중 〈넵튠의 딸Neptune's Daughter〉(1914)과 〈신들의 딸Daughter of the Gods〉(1916) 두 편 모두에서 그녀는 물 안팎에서 벌거벗은 모습으로 등장한다. 한 장면에서는 그녀의 가슴과 외음부를 긴 머리카락으로 예술적으로 가리고 있다. 1907년부터 1941년 사이에 그녀는 아홉 편의 영화에서 자기 자신의 역할로 나와서 수영, 다이빙, 수중발레를 보여주었다.[18]

오늘날에는 거의 알려져 있지 않지만, 켈러먼은 엄청난 유산을 남겼다. 그녀는 수영 역사학자 리사 비어Lisa Bier의 말에 따르면 어떤 종류의 운동이든 '여성의 건강에, 그리고 섬세한 몸에 위험하다'고 여겨지던 시절에 여성들에게 여가 및 경기 수영과 다이빙을 홍보했다.[19] 그녀의 혁신적인 수영복 디자인은 여자들이 입고 수영하기 훨씬 쉬웠고 그녀가 영화에서 선보인 수중발레는 현대 싱크로나이즈드 스위밍의 전신이었다. 1952년 할리우드는 그녀의 확고한 수중 상속자인 에스터 윌리엄스Esther Williams(1921-2013)가 주연한 켈러먼의 자전 영화 〈백만 달러의 인어Million Dollar Mermaid〉를 개봉했다.

나는 타잔, 너는 알몸

켈러먼의 수중 업적은 물을 소재로 한 영화의 황금기를 여는 시초가 되었고, 이는 1960년대에 성 혁명으로 알몸이나 상의를 탈의한 상태, 또는 헐벗은 채 수영하는 모습으로 정당화할 필요성이 완전히 사라지기 전까지 관객들을 계속 자극했다. 1930년 헤이스 코드Hays Code(영화에서 표현의 한계를 제한한 규약)가 만들어지며 시행된 미국 영화의 검열은 〈넵튠의 딸〉에서 볼 수 있었던 자유를 가로막았다. 새로운 검열의 초기 희생양은 조니 와이즈뮬러Johnny Weissmuller와 모린 오설리번이 주연한 〈타잔과 그의 아내Tarzan and His Mate〉(1934)였다. 검열관들이 가장 우려한 장면은 올림픽 금메달리스트 와이즈뮬러가 연기하는 타잔이 오설리번 대신 스턴트 담당자이자 올림픽 메달리스트인 조지핀 매킴Josephine McKim이 연기하는 벌거벗은 제인과 수영을 하는 수중발레 장면이었다. 다른 장면들에서 몸이 드러나는 의상을 입은 오설리번과 와이즈뮬러와의 친밀한 육체적 접촉도 검열관의 눈길을 끌었지만, 원래 상영판에서 잘려나간 것은 수중발레였다. 이 장면은 1990년대에 영화가 재상영되면서 겨우 복원되었다.20 알몸 장면은 잘려나갔지만, 국내외의 검열에 맞출 수 있게 다양한 노출 상태의 매킴이 장면을 다시 찍었다. 작가들은 타잔이 옷을 벗는 부분에 이유를 대야 할 필요가 없었다. 전통적으로 그는 허리 가리개밖에 입지 않기 때문이다. 하지만 수영은 제인이 검열이 허용하는 한 최대로 맨살을 드러낼 수 있게 해주는 적당한 핑계였다.

당시 남자들이 해안에서 입는 수영복이나 와이즈뮬러가 1928년 암스테르담 올림픽에서 메달을 딸 때 입었던 수영복보다도 훨씬 작은, 정글의 왕이 입는 허리 가리개의 조그만 크기는 아무 문제도 되지 않았다. 헤이스 코드는 남자의 성기가 확실하게 가려

져야 할 뿐만 아니라 그 형태도 드러나서는 안 된다고 주장했지만, 맨살을 얼마나 노출해도 되는지에 대한 성별에 따른 이중 잣대는 이 코드가 강제집행이 불가능해지던 1960년대까지 계속 적용되었다. 1930년대부터 1960년대 사이에 미국에서 벌어진 검열의 우스꽝스러운 결과 중 하나는 여자들과 게이 남자들은 할리우드 영화에서 헐벗은 남자들을 얼마든지 보고 즐길 수 있는데, 미국의 이성애자 남자들은 여자의 유두 그림자라도 보려면 외국 영화를 봐야만 했다는 사실이다.

수상 쇼와 영화

〈타잔과 그의 아내〉의 알몸 수영이 헤이스 코드의 엄격한 기준을 맞추지 못하긴 했지만, 수중발레는 영화 속의 수영을 새로운 차원으로 진전시켰다. 예술적으로 늘어뜨린 머리카락이나 두 명의 올림픽 메달리스트가 하는 알몸의 수중발레는 잊어라. 이제는 버스비 버클리Busby Berkeley(1895-1976)가 안무한 〈풋라이트 퍼레이드 Footlight Parade〉(1933)의 '폭포 옆에서' 장면에서 근사하게 수영과 다이빙을 하는 100명의 코러스 걸이 나타났다. 이 장면에는 영화를 즐기는 대중에게 〈42번가42nd Street〉와 〈1933년의 황금광들Gold Diggers of 1933〉(둘 다 1933년 작)을 엄청나게 히트시킨 버클리의 트레이드마크 기술이 전부 다 사용되었다. 카메라와 댄서들의 움직임과 다각도 촬영, 바닥에서 위로 찍는 장면과 머리 위에서 아래로 찍는 장면까지 나온다. 이것은 유리로 바닥과 벽을 만들어서 수영하는 사람들을 모든 각도에서 찍을 수 있게 제작된 12×24미터 수영장 덕분이었다.[21]

버클리는 물에 관한 당대의 시대정신을 답습했다. 같은 해에 시카고 진보의 세기 국제박람회Chicago Century of Progress International Exposition, 혹은 시카고 세계박람회에서 미시간 호수에 특별히 제작한 수영장에서 대규모 워터쇼를 열어 1만 명에 달하는 관객이 몰렸던 것이다. 이 행사의 광고 문구는 "10종의 복잡한 동작을 완벽하게 똑같이 하는 35명의 현대판 인어들이 시카고 세계박람회에서 라군 시어터의 고객들에게 가장 현대적인 싱크로나이즈드 스위밍 예술을 선보입니다"였다. 여기서 이전까지는 수중발레라고 일컬어지던 것을 처음으로 '싱크로나이즈드 스위밍'이라고 명명했다.

1939-1940년에 기획자 빌리 로즈Billy Rose(1899-1966)는 뉴욕 세계박람회에서 조니 와이즈뮬러와 올림픽 금메달리스트 엘리너 홈Eleanor Holm을 앞장세워 빌리 로즈 아쿠아케이드(수상 쇼)를 상연했다. 1940년 샌프란시스코 골든게이트 국제박람회에서 주요 배우들이 아쿠아케이드를 공연할 때에는 수영선수였다 배우가 된 버스터 크래브Buster Crabbe가 뉴욕 쇼에서 와이즈뮬러의 자리를 차지했고, 로즈는 75명의 지원자 중에서 홈을 대신할 무명의 수영선수를 고용했다. 그녀의 이름은 에스터 윌리엄스였고, 할리우드의 상투적인 말처럼 나머지는 흥행 성공의 신화가 되었다. 이전의 켈러먼처럼 윌리엄스는 경기 수영을 그만두고 할리우드의 영화계로 진출했다. 그녀가 수영선수로 등장한 첫 번째 유명 영화는 버스비 버클리가 연출했고 지금은 대단히 유명한 수영과 다이빙 피날레 장면이 특

징인 〈수영하는 미녀Bathing Beauty〉(1944)였다.

하지만 수상 쇼의 전성기는 짧았다. 1960년대의 반문화 열 풍으로 헤이스 코드의 강제성이 사라졌고 여성의 알몸은 이제 연 령별 등급제를 적용하는 영화에서 훨씬 더 흔해졌다. 1970년대에 VHS 비디오 레코더가 도입되고 더 이상 포르노 영화가 일반 극장 에 걸릴 필요가 없게 되면서 새로운 유통 방식이 나타났다. 더 이 상 여성의 알몸이나 반알몸을 검열에 맞추어 보여주기 위해 수영 이 필요치 않게 되었기 때문에, 내가 이 장 앞쪽에서 이미 이야기 한 과학 및 환상 장르 외의 영화에서는 수영 장면이 싹 사라졌다. 물론 몇 가지 예외는 있다. 대릴 해나가 인어인 매디슨 역할로 나 온, 귀여울 정도로 밋밋한 〈스플래쉬Splash〉(1984) 같은 영화이다. 그리 고 〈포세이돈 어드벤처Poseidon Adventure〉(1972)에서 살기 위해 헤엄을 치 던 셸리 윈터스를 누가 잊을 것이며, 네 편이나 시리즈로 나와서 10여 년 동안 바다에서 수영하는 사람들을 공포에 떨게 만들었을 뿐만 아니라 사람들에게 아무 위협이 되지 않는 무해한 상어 종 들마저 살해되게 만든 〈죠스Jaws〉(1975-1983)의 오싹한 수영 장면 역시 기억에 길이 남아 있을 것이다.

예술과 수영

스포츠와 시각예술은 고전기 그리스까지 거슬러 올라갈 만큼 유럽에서는 아주 오래된 관계를 맺고 있다. 르네상스 시기에는 '그리스적 이상'이 남성미의 표준으로 자리를 잡았고 이것은 우리의 남성성과 남성의 아름다움 개념에도 여전히 영향을 미치고 있다. 르네상스기 이후에 예술가들은 남성의 알몸과 달리 고대의 전례가 없는 여성의 알몸을 이용하는 것을 정당화할 방법을 찾아 비너스의 탄생이나 암피트리테(바다의 여왕. 바다의 님페이자 포세이돈의 아내˚)의 승리처럼 고대 신화의 개작판으로 관심을 돌렸다. 이런 소재는 벌거벗은 여자들로 화판을 뒤덮을 수 있는 권리를 주었다. 수 세기 동안 이 전통은 계속되었고 학계의 그림에 워낙 깊게 자리 잡아서 19세기 말 반항적인 화가들은 이를 전복시켜 정립된 스타일에 도전했다. 초기 근대문학과 시에는 몇 가지 눈에 띄는 예외를 제외하면 수영에 대해서 거의 언급하지 않았고 수영이 위험하고 난파 같은 위급한 상황이나 누군가의 생명을 구해야 하는 경우에만 사용해야 한다는 편견을 반영할 뿐이었다.

19세기 말에 과학소설이 현실 도피적인 환상을 위하여 기묘하고 신비로운 수중 세계를 배경으로 사용하고 캐릭터들에게 발달된 기술이나 초능력을 부여해 보통의 수영선수와 다이버가 가진 한계에서 벗어나게 해주었다. 하지만 다른 과학소설의 배경과 비교할 때 물은 땅, 하늘, 외우주에 이어 한참 뒤떨어진 네 번째일 뿐이었다. 많은 사람이 여전히 외계인과 UFO가 먼 우주에 있다고 믿는 반면 심해에 아틀란티스가 있다거나 선량하든 사악하든 해저 종족이 있다고 믿는 사람은 거의 없다. 수영은 과학소설과 환상소설에서 현실 도피의 수단으로 사용되는 한정된 성공을 이루었을 뿐이다. 이 현대의 신화들은 수영을 긍정적으로 나타내는 대신에 근대 이전에 물 아래서 맴도는 위험에 관한 두려움을 되살렸다.

현대의 시각예술, 사진과 영화는 처음에는 알몸이거나 옷을 조금만 걸친 여자들을 보여주기 위한 핑계로 수영을 이용하는 학계 미술과 같은 전통을 따랐다. 1930년에서 1960년 사이에 미국에서 시행된 엄격한 검열 덕택에 여배우가 수영복 차림으로 노는 장면을 찍기 위한 완벽한 핑계가 되는 수영 장면이 할리우드 영화에서 핵심적으로 나오게 되었다. 종종 그렇듯이 엄격한 검열은 놀라운 창조력을 발휘하게 만들었다. 에스터 윌리엄스가 주연하고 버스비 버클리가 안무한 화려한 물 배경 장면들처럼 할리우드는 인기 있는 오락인 영화에서 여성의 몸을 에로틱하게 보여주는 것을 정당화하기 위해 수영을 이용하는 완벽한 공식을 끌어냈다. 검열의 완화, 그리고 뒤따른 폐지로 영화와 TV 프로그램 제작자들은 더 이상 알몸을 보여주기 위해 복잡한 핑계가 필요하지 않게 되었다. 마우스 클릭만 몇 번 하면 온갖 종류의 포르노를 접할 수 있는 이 지나치게 관대한 시대에 감각적이고 성적인 쾌락을 암시하는 물속에서의 알몸이라는 에로티시즘은 광고업계에 살아남았다.

미술과 문학, 대중매체가 수영의 인기와 활성화에 얼마나 기여했는지 묻는다면 나는 별로 없다고 대답할 것이다. 수영에 대한 묘사가 굉장히 엇갈리기 때문이다. 수영 전후 장면을 묘사하며 모델을 음란한 구경꾼들의 시선 앞에 완전히 노출시키던 화가들에게 수영은 유용한 장치였다. 하지만 켈러먼부터 윌리엄스에 이르는 화려한 수영 쇼는 여성들이 지나치게 남성화되거나 지쳐 쓰러지지 않고서 스포츠에서 뛰어난 능력을 보여줄 수 있다는 확고한 본보기라고 할 수 있다. 섹스가 팔린다는 것은 광고업계에서 흔한 말이지만 수십 년 동안 섹스의 탈을 쓴 수영이 수영복, 휴가, 선탠크림, 화장품, 향수, 기타 등등 온갖 종류의 제품들을 팔아왔는데도 기묘하게 수영 자체에는 관심이 쏠리지 않았다. 다시금, 수영의 활성화에서 경기 수영의 영향력에 대한 내 결론과 마찬가지로 미술과 문학, 대중매체에서 쓰인 수영과 대다수의 수영하는 사람들이 즐기는 실제 여가 및 체력단련용 수영 사이에는 희한하게도 어긋나는 면이 있다.

11

Strokes of Genius
a History of Swimming

수생 인간

바다 밑에서 위대한 일들이 일어나고 있다. 더욱 위대한 일도 대기하고 있다. 바다 밑에서 물고기와 다른 바다 생물들을 이웃 삼아 사는 인간의 오랜 꿈은 더 이상 꿈이 아니라 현실이다.

__테리 섀넌Terry Shannon과 찰스 페이전트Charles Payzant, **프로젝트 시랩**Project Sealab, 1966년[1]

우리는 이제 우리 인류가 존재하기 수백만 년 전, 수영이 우리의 털 없는 직립 이족보행 호모 사피엔스로의 진화에서 핵심 역할을 했을지도 모르는 시기에 시작된 여행의 끝에 도달했다. 그러니까 이 마지막 장을 수영이 인간의 미래에 어떤 역할을 할지 살펴보는 것으로 마무리하는 것이 어울릴 것 같다. 기록된 5천 년의 역사에서 인간과 수생계, 그리고 수영과의 관계는 여러 번 완전한 변화를 거쳤다. 수영과 잠수 능력에 생존 자체를 의존했던 인간은 점차 물에서 등을 돌리고 수영하는 법을 잊었다. 한때 생명의 원천이고 신들과 선량한 정령들의 거주지였던 바다와 강, 호수는 괴물과 사악한 인간형 종족이 우글거리는 두렵고 신비한 이세계가 되었다.

18세기에 분위기가 다시 바뀌어 인간은 부와 문명이 일으킨 문제로부터 치료법을 찾기 위해 스파와 해안가 리조트의 물에 다시 발을 담그기 시작했다. 그러면서 우연히 인류의 '삶의 병mal de vivre'에 대한 강력한 두 가지 치료법을 찾았다. 바로 여가와 관광이다. 한편 빅토리아 시대 과학과 공학은 다이빙 벨과 잠수정, 표준 잠수복으로 수중 세계의 문을 열었다. 처음에 잠수부들은 공기를 공급해주는 단일호스로 수면과 연결되어 있었지만, 제2차 세계대전 이후에 쿠스토의 아쿠아렁이 발명되며 인간은 포세이돈의 왕국으로 가는 열쇠를 갖게 되었다. 우리는 이제 더 깊이 더 멀리 들어가서 새카만 어둠 속에서 다윈의 법칙에 맞춰 춤추는 눈 먼 인광성 물고기가 사는 심해를 휘젓고 다닌다.

　　　하지만 우리가 대담함과 진취력, 과학적 호기심을 발휘하며 우리 행성에 딱히 상냥했던 것은 아니었다. 도시, 공장, 쓰레기장에서 토해내는 온갖 폐기물을 육지에는 더 이상 놔둘 곳이 없어서 바다를 거대한 오수 정화조로 사용했다. 하지만 바다는 하수와 수십억 톤의 비생분해성 플라스틱에만 위협을 받고 있는 것이 아니라 산성화라는 지구 온난화의 사악하지만 좀 덜 유명한 쌍둥이에게도 위협받고 있다. 그리고 수 세기 동안의 오용을 되갚으려는 듯이, 기후과학자들이 몹시 두려워하는 대로, 지구에서 가장 인구가 많고 생산적인 지역인 해안가 평원이 점차 높아지는 해수면 아래로 잠긴다면 바다는 인간 문명을 통째로 없애버릴 수도 있다. 바다가 복수하듯이 성경의 대홍수처럼 다시 불어난다면 이것이 인류와 문명의 종말일까, 아니면 우리가 지금 아는 문명의 종말일 뿐일까? 우리는 기술적으로, 육체적으로 훨씬 따뜻하고 축축한 세상에 적응하고 마침내 지구에서 생명체의 원래 고향으로 되돌아가는 제2의 인류 대이주를 해서 대륙붕을 거주지로 삼게 될까?

미래로 돌아가기

1943년으로 돌아가보면, 모든 것이 달라질 수 있었다. '삼 수영사'들이 쿠스토가 아쿠아렁을 착용하고 처음 바다에 나온 후에 차린 깜짝 바닷가재 저녁식사를 마친 후, 그는 《침묵의 세계》에서 이렇게 회상한다.

타유는 식탁보에 연필로 계산을 한 다음에 우리가 바다를 깊이 1야드씩 정복할 때마다 인류에게는 30만 세제곱킬로미터의 거주 공간이 생기는 거라고 선언했다.[2]

그들이 예견한 미래는 위대한 제2의 문명이었다. 초기 인간이 아프리카에서 전 세계로 퍼져나간 것처럼 말이다. 다만 이번에는 해안에서 최대 1,500킬로미터 뻗어 있지만 평균적으로는 훨씬 적은 80킬로미터 정도이고 깊이는 150미터를 넘지 않는 대륙붕이 대상이었다. 대륙붕 너머에는 깊이가 점점 깊어져서 3,000미터에서 6,000미터 사이에 이르는 심해 평원이 있고, 해구의 깊이는 5,000미터에서 11,000미터 사이였다.

개방식 스쿠버다이빙의 기록은 330미터이지만 잠수부가 수면으로 올라올 동안 긴 감압 과정을 버티기 위해서 공기탱크의 배터리를 메고 들어가야 했다. 이것은 대륙붕의 평균 깊이보다 두 배나 깊지만 심해 평원에는 한참 못 미치는 깊이이고 해구 근처도 못된다. 특수 혼합기체를 사용하는 민간 포화잠수부들은 600미터

■ 바티스카프 FNRS-3. 작은 구형 선실이 훨씬 큰 부유 탱크 아래 매달려 있고 철제 무게추가 있어서 잠수정이 정해진 깊이까지 내려갔다가 자체 동력으로 다시 올라올 수 있다.

깊이에서 작업할 수 있고, 〈금지된 행성Forbidden Planet〉(1956)의 로봇 로비처럼 생긴 1인용 장갑복인 심해잠수 장비ADS를 착용하면 700미터까지 내려갈 수 있으나 심해잠수 장비는 다이빙 벨이나 표준잠수복과 비슷해서 잠수부가 수영을 할 수가 없다. 해저에서 걷거나 잠수복에 달려 있는 추진 장치를 사용해야 한다. 어느 쪽이든 취미로 잠수를 하는 대부분의 잠수부들은 40미터 규정에 제한되기 때문에 그 정도 깊이까지는 절대로 갈 수 없고, 많은 사람이 40미터까지도 가지 못한다.3

대륙붕 너머 탐사는 아쿠아렁이 발명되기 한참 전에 시작되었다. 1930년부터 1934년 사이에 무동력 구형球形 잠수함 배시스피어Bathysphere가 버뮤다 연안에서 밧줄에 매달린 채 여러 차례 심해 잠수를 위해 바닷속으로 내려갔다. 배시스피어는 자연 서식지에서는 관찰된 적이 없는 심해 동물들을 연구하기 위해 설계되었다. 제2차 세계대전 이전에 달성한 깊이 기록은 923미터였다. 선체에 물이 새지 않도록 완전 밀폐를 했기 때문에 선원이 선체 밖으로 나간다는 건 생각도 할 수 없었다. 설령 배시스피어에 일종의 기밀실氣密室, airlock이 있다 해도 당시의 잠수복을 입은 잠수부는 그런 엄청난 깊이에서는 수압으로 즉시 짓눌렸을 것이다.

배시스피어의 뒤를 이은 것은 오귀스트 피카르Auguste Piccard(1884-1962) 교수의 바티스카프Bathyscaphe FNRS-2였다. 이것은 1946년부터 1948년 사이에 설계되고 제작되었으며, 똑같은 설계의 독립적 자체추진식 심해잠수정 세 척 중 첫 번째였다. 미 해군은 세 번째 바티스카프인 트리에스테를 1957년 이탈리아에서 사들였다. 1960년에 조그만 구형 선실에 선원 두 명을 태운 트리에스테는 괌 남쪽, 태평양 북서쪽에 있는 지구에서 가장 깊은 곳, 마리아나 해구의 챌린저 해연에 도착했다. 해연은 깊이가 10,920미터이고, 그 후에 유인 잠수정이 들어간 것은 2012년 3월 25일에 영화감독 제임스 캐머런James Cameron(1954-)이 디프시 챌린저Deepsea Challenger 호를 타고 해구 바닥에 내려갔을 때였다. 지구에서 384,550킬로미터 떨어진 달에는 여섯 번 유인 우주선이 착륙했고 총 열두 명의 우주비행사들이 달 표면을 밟았지만, 겨우 지하 10킬로미터밖에 되지 않는 마리아나 해구의 가장 깊은 곳에 간 사람은 단 네 명뿐이라는 말은 기억해둘 만하다. 우리의 태양계에 있는 달과 행성과 다른 천체들을 계속해서 탐사하고 지구 궤도 안에 영구적인 우주정거장과 2,000개가 넘는 인공위성이 이 글을 쓰는 시점에 존재하고 있지만, 해저 조사 연구소는 딱 하나뿐이고 연구원들이 머무는 기간도 연중 몇 달뿐이다. 여러 대의 잠수함이 아무 때나 바다 밑을 다닐 수 있다는 건 사실이지만, 이들 대부분은 심해잠수정이 아니라 군사용이다. 현 세대 미국 핵잠수함과 다른 열강들의 잠수함들이 갈 수 있는 깊이는 490미터로, 이 정도로는 해저 대부분의 지역에 도달하지 못한다.4

바다에서 살기

　바티스카프를 타고 심해로 들어간 잠수부들이 잠수복과 아쿠아렁을 장착하고 수영하러 나오는 것은 달에 간 우주비행사들이 잠옷을 입고 달 표면에 나오는 거나 다름없다는 것을 잘 알지만, 1960년대에 얕은 물속에 있는 대륙붕에 정착하기 위한 인간의 첫 번째 시도가 있다. 1957년에 시작된 미 해군의 맨인더시 Man-in-the-Sea 프로그램과 1960년대 초에 자크 쿠스토가 선도하고 프랑스 석유화학계가 일부 자금을 댄 유럽 콘셸프 프로젝트였다. 두 프로젝트의 자금을 댄 곳을 보면 세 가지 각기 다른 목표를 알 수 있다. 맨인더시는 미군이 자금을 댔고 냉전의 절정기라 해저 탐사보다는 소련을 억제하는 것이 주된 목적이었다. 이것은 두 초강대국 사이에서 벌어진 과학적·군사적 경쟁의 또 다른 측면인 '해저 거주 경쟁'이었다. 콘셸프의 경우에는 해양 생태계를 탐사하고 보존하는 것에 관심을 두었던 쿠스토와는 완전히 다르게 석유화학 업계는 영구 해저부에서 석유와 가스 저장고의 상업적 활용 가능성을 평가하고 싶어 했다.

두 프로젝트는 목적이나 1960년대에 그들이 배치했던 여섯 개 해저 연구소의 역량 면에서 비슷했다. 미국과 프랑스의 프로젝트가 달랐던 부분은 연구소의 설계였다. 미국의 세 개의 시랩Sealab은 눈에 띄지 않는 금속 비행선처럼 생겼으나 시각적 재능이 있었던 쿠스토는 훨씬 미래 지향적인 디자인을 했다. 1962년에 만들어진 콘셸프 1호는 프랑스의 마르세유항 연안 10미터 깊이에 만들어졌고 두 명의 해저 탐사원이 7일 동안 머물렀다. 콘셸프 2호는 1963년에 만들어졌고 홍해의 따뜻한 물속에 설치되었으며 포화잠수라는 훨씬 야심 찬 테스트를 수행했다. 콘셸프 1호와 똑같은 깊이에 설치한 불가사리 모양의 연구소에는 여섯 명의 해저 탐사원이 한 달 동안 머물렀다. 하나의 건물로 이루어진 시랩과 달리 콘셸프 2호에는 두 명의 해저 탐사원이 30미터 깊이에서 일주일 동안 머무르며 몸이 호흡용 기체로 완전히 포화될 때까지 기다리는 조그만 해저 선실과 해저 기지에서 최초로 잠수정이 작동되는 사례를 만든 쿠스토의 '잠수 원반'을 위한 차고라는 두 개의 해저 시설이 딸려 있었다.

미 해군의 시랩 1, 2, 3호는 각각 1964년, 1965년, 1969년에 운영되었고 물속에서 해저 탐사원이 머문 기간에서 기록을 달성했다. 나사NASA는 1969년 해군과 내무성, 제너럴 일렉트릭과 손을 잡고 미국 버진 아일랜드 연안에 텍타이트 1호Tektite I를 설치했고, 조

■ 콘셸프 2호의 미래 지향적인 디자인은 시랩 연구소의 평이한 디자인보다 훨씬 더 시각적으로 대단했다. 타고난 쇼맨이었던 쿠스토는 디자인이 대중의 관심을 끌고 콘셸프를 지원하게 만드는 방편임을 잘 알았다. 홍해에 배치된 콘셸프 2호는 세 개의 건물로 구성되었다. 불가사리 모양을 한 본관과 해저 선실, 그리고 '잠수 원반' 잠수정을 위한 해저 차고였다.

사팀이 거기서 신기록인 58일 동안 머물렀다. 1970년에 실비아 얼 Sylvia Earle 박사는 최초의 전원 여성 팀을 이끌고 해저 연구소 텍타이트 2호에서 머물렀다. 텍타이트는 잠수와 해저 생활의 생리에만 초점을 두는 대신에 과학자들을 보내 바다를 탐사하게 했던 최초의 해저 연구소였다. 지금까지 전 세계에 각국에서 65개가 넘는 해저 해양 연구소를 만들어 운영하고 있지만, 이 글을 쓰는 시점에서 여전히 제대로 기능을 하고 있는 유일한 연구소는 플로리다 키스 국립해양연구소 내에 위치한 아쿠아리우스뿐이다. 플로리다 국제대학에서 운영하는 아쿠아리우스에는 연구팀이 4월부터 11월 사이에 2주, 또는 허리케인 시즌이 허용하는 한 최대로 길게 머문다.5

시랩 1호와 2호에 관한 미 해군이 제작한 두 편의 영화와 콘셸프 2호에 관한 쿠스토의 〈태양이 없는 세계World without Sun〉을 본 사람이라면 1960년대에 인간이 내우주와 외우주를 탐사할 준비를 마쳤고, 기술이 모든 문제를 해결해줄 것이며, 몇십 년 안에 우리가 달에서 휴가를 보내고 해저 도시에 살며 잠수함 차로 해저 사무실, 공장, 광산, 농장으로 출근하게 될 거라는 흥분을 함께 느낄 수 있을 것이다. 시랩과 콘셸프는 인간이 포화잠수라는 기술을 통해 바다 밑에 살며 일할 수 있다는 가능성을 보여주었다. 포화 잠수에서는 잠수부가 호흡할 기체 혼합물을 바꾸어 부상의 위험 없이 보통보다 훨씬 큰 압력 상태에 노출될 수 있게 만들어준다. 세포조직이 기체 혼합물로 완전히 포화되면 그들이 깊은 물속에 하루를 있든 몇 주를 있든 수면으로 안전하게 돌아오기 위해 감압하는 데에 걸리는 시간은 동일하다.

이는 인간이 해저 연구소에 머무를 수 있는 것뿐만 아니라 나와서 해저를 탐사하고 작업할 수 있는 가능성을 열어주었다. 1965년 니스와 모나코 사이 지중해에 위치한 콘셸프 3호 실험 때에는 여섯 명의 해저 탐사원이 102.4미터 깊이에서 22일을 머물렀다. 그들은 무게추를 실은 바지선에 실린 2층으로 된 5.5미터 지름의 구체에서 살았는데, 거기에는 공기 저장고, 탈출선으로 쓸 수 있는 두 개의 긴급 감압실이 딸려 있었다. 시랩 2호의 해저 탐사원들은 부서진 전투기 인양을 모의실험하고 있었던 반면 콘셸프 3호의 탐사원들은 프랑스 석유화학업계에서 '크리스마스트리'라고 불리던 해저 유정의 설치를 모의실험했다. 하지만 그들에게도 한계는 있었다. 포화 깊이 이내에만 머물러야 했던 것이다. 또한 그들이 들이켜는 기체 혼합물 때문에 일반 잠수를 할 때보다 체내의 열을 더 빨리 잃어서 특별히 난방이 되는 옷을 입어야 했고, 잠수복 전원과 호흡용 기체를 공급하는 단일호스의 길이와 강도가 유지되는 범위 내에 있어야 했다.6

　　1세대 연구소들은 영구적인 해저 마을로 발전하지는 못했지만, 1960년대와 1970년대에 상업용 포화잠수 업계를 발전시켰다. 이들은 값비싼 고정식 해저 기지 대신에 움직이는 배 기반 포화잠수 설비를 이용했다. 잠수부들은 배를 타고 다니며 배 위의 압력실에서 자신들이 일하는 깊이에 적절한 기체 혼합물을 체조직 내에 포화시켰다. 압력실은 잠수하는 동안 그들의 숙소 역할을 하고 일을 마친 후에는 감압하는 데에도 사용되었다. 그들은 종종 숨 쉴 기체와 잠수부들의 옷에 전원을 공급하는 다이빙 벨에 들어간 채 해저로 내려가거나 올라왔다.7 배 운송 시스템은 이동이 용이하다는 장점이 있었지만 돈이 많이 들고 여전히 꽤 위험했다. 1980년대 이래로 경향이 바뀌어 잠수부 대신에 심해잠수정과 심해잠수 장비를 쓰게 되었고, 점점 더 원격으로 조종하는 해저 기구, 즉 바다의 드론을 쓰게 되었다.8

　　시랩과 콘셸프는 비교적 얕은 물에 한 번에 겨우 몇 주 동안 해저 탐사원 몇 명을 머무르게 하는 것조차 얼마나 힘들고 돈이 많이 드는지를 보여주었다. 해저 연구소 자체는 꽤나 훌륭했지

■ 미 해군의 시랩 1호는 미국이 냉전 시기에 소련과 벌였던 수많은 군사 및 과학 '경쟁' 중 하나였
던 맨인더시 프로그램의 일부였다. 쿠스토의 미래 지향적인 콘셉트 디자인과 달리 시랩 1호와 2호
는 기능적인 금속 비행선 모양이었다.

■ 포화잠수에 사용되는 감압실. 잠수부의 세포가 포화되면 수면 위에서 가압 환경 안에 머무르
며 다이빙 벨로 작업을 할 깊이까지 운반된다. 이런 식으로 잠수부는 할당된 임무를 다 마치고 나
면 한 번의 감압만 거치면 된다.

만, 그들의 생존을 보장하는 수면의 설비와 배들은 폭풍에 휘둘렸다. 미 해군과 나사, 대기업의 자원으로 뒷받침했음에도 불구하고 프로젝트는 너무 돈이 많이 든다는 결론이 나왔다. 아폴로 달 탐사선 때처럼 큰 해저 시설을 짓고 훈련받은 잠수부들을 거주하게 만들 수는 있었겠지만, 가능한 것과 실제적이고 유용한 것은 전혀 다른 문제이다. 《바다 밑에서 살고 일하기Living and Working under the Sea》에서 제임스 밀러James Miller와 이언 코블릭Ian Koblick은 약간 아쉬운 듯이 이렇게 이야기한다.

> 몇몇 독자의 꿈을 깨는 이야기일 수 있지만, 우리는 아주 작은 해저 마을 비슷한 것조차 아직은, 그리고 근미래에도 이루어지기 어려운 발상이라고 본다. 이유가 뭐냐고? 경비, 실질적인 필요성의 결여, 그리고 우리의 생존에 영향을 미치는 건강, 경제, 정치적 문제를 마주하고 있는 세상의 우선순위 때문이다.9

별로 환상적이지 않은 플라스틱

우리는 가까운 대륙붕 너머 해저 세계에 그리 자주 방문하는 입장은 아니지만, 그렇다고 해서 우리가 바다에 미치는 영향이 해안가에만 한정되는 것은 아니다. 물론 영국해협이나 지중해처럼 사람이 많은 지역 근처의 바다를 헤엄쳐본 취미 수영선수라면 가장 괴로운 것이 당신을 향해 흘러오거나 폭풍이 지나간 후 해변에 밀려 올라오는 다양한 수많은 쓰레기와 폐품일 것이다. 영국해협에서 계주팀으로 수영을 하는 친구들 한 무리가 입을 다물고 수영하는 편이 훨씬 낫다고 말한 적이 있다. 입을 벌리고 있는데 뭔가가 둥둥 떠오면 그게 부디 미역이기만을 바라야 하기 때문이다.

하지만 바다에 나와 있으면 물이 말끔해야 한다고 생각을 하게 마련이다. 왜냐하면 우선은 물이 아주 많기 때문이다. 3억 6천만 제곱킬로미터에 그 대부분이 엄청나게 깊고 염분까지 있다. 모두가 소금이 천연 살균제라는 걸 안다. 그리고 마지막으로 바다는 거의 모든 인공 폐기물을 먹거나 소화시킬 수 있는 크고 작은 유용한 미생물로 가득하다. 이것이 모든 생분해성 물질에 관해서는 맞는 말이지만, 어디에나 존재하는 비생분해성 물질이 있다. 최소한 인간이 일반적으로 살아가는 기간 이내에는 분해되지 않는 플라스틱이다. 우리가 오늘날 당연하게 여기는 많은 플라스틱이 1차와 2차 세계대전 사이에 발명된 것이지만 제2차 세계대전 이후에 상용화되었다. 플라스틱은 1960년대 이래로 인간을 사로잡은 일회용 소비 사회와 동의어이고 이것이 주된 문제이다. 플라스틱은 제조가가 싸고 재활용 가능하지만 버리는 게 더 싸다. 우리는 수백만톤의 플라스틱을 제조하고 그중 대다수가 해양환경으로 흘러들어간다. 거기서 플라스틱이 분해되는 데에는 천 년이 걸린다.

1980년대 말에 연구자들은 제2차 세계대전 이래로 바다에 버려진 비생분해성 플라스틱 폐기물 대부분이 지구의 자전과 바다의 해류로 만들어진 커다란 바다 소용돌이인 북태평양 환류North Pacific Gyre로 흘러갈 거라고 예측했다. 이런 폐기물의 존재를 확인하는 데까지는 시간이 한참 걸렸는데, 1997년에 요트 레이스를 마치고 북태평양을 가로질러 집으로 돌아오던 요트맨이자 해양학자인 찰스 무어Charles Moore가 마침내 발견했다. 그는 이렇게 썼다.

나는 종종 태평양의 광대함을 말로 표현하는 것이 어렵다고 느낀다. (…) 하지만 갑판에 서서 깨끗한 바다여야 하는 수면을 바라보는 내 앞에 있는 것은 시선이 닿는 저 끝까지 가득한 플라스틱이었다. 믿을 수가 없는 광경이었지만 빈 곳이 한 군데도 없었다. 아열대 고기압 지대를 지나가는 일주일 동안, 하루 어느 시간에 봐도 사방에 병, 병뚜껑, 포장지, 조각 같은 플라스틱 잔해가 둥둥 떠 있었다.

태평양 거대 쓰레기 지대의 크기 추정치는 70만 제곱킬로미터에서 1,500만 제곱킬로미터까지 다양하다. 무어에 따르면 쓰레기의 80퍼센트가 육지에서 나온 것이고 나머지는 일부러 혹은 우연히 배에서 버려진 것이었다. 이러한 폐기물의 대부분을 이루고 있는 것이 플라스틱이다. 2001년 연구에서 연구자들은 쓰레기 지대 일부 지역에서는 플라스틱 폐기물의 농도가 2.5제곱킬로미터당 백만 개에 이른다는 사실을 발견했다. 문제는 태평양에만 한정되지 않는다. 비슷한 쓰레기 지대가 다른 주요 대양과 바다에도 존재한다. 지중해의 통행량 많은 해안 지역에는 2000년대 초에 2.5제곱킬로미터당 쓰레기가 4,000종에 달했고 그중 77퍼센트가 플라스틱이었으며, 그중에서 93퍼센트는 비닐봉지였다.

플라스틱도 시간이 지나면서 분해되지만, 분해된다는 것은 그저 더 작은 조각으로 계속 나누어지며 바닷물 제일 위쪽에 떠 있다가 결국에 아주 작아져서 수중생물이 삼킬 수 있을 정도가 된다는 뜻이다. 이렇게 떠다니는 플라스틱 조각은 '너들nurdle', 또는 좀 더 낭만적으로 '인어의 눈물'이라고 하는데, 작아서 플랑크톤이나 물고기 알처럼 보인다. 하지만 이걸 먹은 불운한 물고기나 새, 해양 파충류는 너들이 소화관을 틀어막아 굶어 죽거나 플라스틱에서 침출되는 화학물질 때문에 죽는다. 큰 해양 동물들은 비닐봉지처럼 더 큰 것을 먹을 수 있는데 이것도 소화관을 막아서 굶어 죽게 만들 수 있다.[10]

심각한 산성화

우리가 바다에 자신도 모르게 일으키는 두 번째 문제는 대기 중의 이산화탄소 증가로 인한 바다의 산도 변화이다. 지구 온난화의 좀 덜 유명하지만 사악한 쌍둥이인 바다의 산성화는 화학연료 연소로 우리 대기에 방출되는 대량의 CO_2로 인한 부산물이다. CO_2를 흡수하면 바다의 pH가 바뀌고 점차 바닷물의 화학적 특성도 바뀐다. 해안가 물을 오염시키고 사람들이 수영하기 싫도록 만드는 버려진 플라스틱 물품이나 하수와는 다르게 산성화는 인간에게 직접적인 영향을 미치지 않는다. 하지만 통제하지 않으면 산호와 플랑크톤 같은 해양 생명체들에게 엄청난 영향을 미친다. 어떤 종들은 바다의 바뀐 pH에 이득을 볼 수도 있지만, 다른 종들은 분명히 곤란을 겪는다. 바다에 산성 물질이 심하게 유입되면 해양 먹이사슬에 큰 교란이 일어나고 이미 식량이 부족해진 세계에 특정 종의 물고기와 조개류가 더욱 줄어든다. 지구 온난화로 야기된 다른 변화들에 더불어 바다의 산성화는 해양 생태계의 건강에 큰 위협이고, 그로 인해 인류의 생존에도 큰 문제가 될 수 있다.

워터월드

오염과 산성화가 지구의 건강과 인류의 미래에 위협이 못된다는 듯이 장기적인 인간 문명의 생존에 더 큰 위협이 존재한다. 지구 온난화로 만년설이 녹아 해수면이 상승하는 것이다. 1995년에 케빈 코스트너가 주연한 영화 〈워터월드Waterworld〉에서는 해수면이 엄청나게도(그리고 완전히 비현실적이게도) 7,600미터나 상승해서 지구 전체를 물이 거의 뒤덮어버린 서기 2500년의 지구를 상상했다. 코스트너는 혼자 지내는 선원으로 초인적인 수영 능력을 가진 돌연변이임이 밝혀지는 캐릭터이다. 이것도 겨우 500년간의 진화로는 거의 불가능한 일이다. 수백만 달러의 예산을 들이고 상당히 비싼 세트를 지었음에도 불구하고 영화는 빛 좋은 개살구였다. 이 경우에는 빛 좋은 물새라고 하는 게 더 적당할지도 모르겠다. 스토리는 거의 존재하지 않을 만큼 빈약했고 연기는 어색하고 인간이 재활용한 유조선으로 만들어진 낡은 부유 시설에서 수 세기 동안 대

■ 만년설이 녹아서 해수면이 7,600미터나 상승해서 물로 뒤덮인 세계에서 인간의 떠 있는 피신 처인 환초. 수상판 〈매드맥스Mad Max〉(1979) 같은 〈워터월드〉(1995)는 비평가나 관객에게 좋은 인상을 주지 못했다.

홍수가 난 지구상에서 살아남았다는 영화의 전제는 도저히 믿을 수가 없을 지경이라 전 세계적으로 흥행에 참패했다. 미국 지질학 연구소의 추정에 따르면 만년설과 빙하에 든 지구상의 모든 얼음 이 다 녹는 최악의 시나리오가 일어난다 해도 해수면은 80미터 정 도 상승할 것이다.11

유럽에 훨씬 더 현실적인 65미터 해수면 상승이 일어났을 경우를 보여주는 세계지도에서는 여러 북유럽 국가가 사라지고 영 국제도의 절반이 물에 잠기고 지중해와 흑해, 카스피해 연안이 상 당 부분 사라졌음을 확인할 수 있다. 다른 대륙에서도 해안가나 그 근처에 자리한 세계에서 가장 인구가 많고 경제적으로 발달한 지역 상당수가 물에 잠기는 비슷한 결과가 나타난다.12

바다는 이미 지구 표면의 71퍼센트를 덮고 있다. 우리의 육괴에서 10퍼센트쯤 더 바다에 잃는다고 뭔가 크게 달라질까? 별로 대단하지 않은 일처럼 들리지만 우리가 잃게 될 땅은 현재 지구상에서 가장 인구가 많고 경제적으로 생산적인 곳이다. 저지대 해안가 평야는 세계에서 가장 인구가 붐비는 중심지인 뉴욕, 로스앤젤레스, 런던, 암스테르담, 로마, 다카, 리우 데 자네이루, 시드니, 케이프타운, 알렉산드리아, 뭄바이, 상하이 등이 자리한 곳이고, 위험에 처한 도시는 이들을 포함해 수두룩하다. 유럽과 오스트레일리아, 일본, 미국에서 최근에 일어난 대홍수들은 다음 세기에 무엇이 세상을 지배할지를 미리 보여주는 것일 수도 있다. 하지만 이것이 전 지구적 재앙이라기보다는 인류에게 놀라운 기회는 아닐까?

1984년에 밀러와 코블릭은 "인간이 강철 옷, 잠수정, 복잡한 호흡 장비에서 벗어나서 수생동물로 변화할 수 있을까?"라는 질문을 던지고서 인간이 지금 공기 중에서 하는 것처럼 물에서 곧장 산소를 추출할 수 있게 만들어주는 인공 아가미와 다른 기술들에 대해서 조사를 했다. 동물실험에서 쥐 같은 육지 포유류는 물속에서 숨을 쉴 수 있지만 천연 담수나 염수보다 산소의 농도가 훨씬 높은 물에서만 가능했다.[13] 이것은 굉장히 흥미로운 가능성이지만 하늘을 나는 차나 가정용 로봇처럼 먼 미래의 일인 것 같다. 우리가 기후 재앙으로 대규모로 바닷속으로 이주해야 하는 경우에 물속에서 숨을 쉬는 것만이 문제가 아니다. 아틀란티스에서 온 사나이나 아쿠아맨처럼 바다를 정복하러 나서기 전에 심해의 수압과 냉기를 견딜 수 있도록 우리의 생리적인 부분을 바꿔야 한다. 이것이 아직은 과학소설의 영역에 남아 있지만, 인간 유전체 조작과 바다 포유류와의 유전자 결합은 인간이 바다를 거주지로 삼는 데 대한 해결책을 제시해줄 수 있다. 우리가 수생 유인원으로 진화하지 않아도 욕망이나 필요에 의해 언젠가는 수생 인간으로 진화할 수 있지 않을까?

이 책을 마치며

내가 이 책을 쓰기 시작했을 때, 두 살에 켄싱턴 공원의 라운드 연못에 머리부터 뛰어들어 처음 물을 만난 이후 평생 동안 수영인으로 살아오면서 나는 사람들 대부분이 날 때부터 그리고 자라면서 수영과 깊은 관계를 맺는다고 당연하게 생각해왔다. 그러지 않으면 급증하는 도시의 수영장과 매년 여름 전 세계의 해변으로 몰려가는 사람들 무리를 어떻게 설명하겠는가? 하지만 조사를 하고 앞의 10장을 쓰면서 나는 점차 자기 의심에 시달리게 되었다. 내가 착각했던 거라면, 실은 내가 물을 좋아하는 괴벽을 가진 소수일 뿐이었다면 어떻게 해야 하지? 인터넷을 통한 조사에서는 서구 세계에서 수영하는 사람들의 수가 줄고 있다는 기사와 수영을 못하는 사람들의 숫자에 대한 걱정스러운 기사가 여럿 나왔다. 미국 적십자 조사에 따르면 미국인의 44퍼센트가 기본적인 수상 안전 기술을 모르고, 아프리카계와 히스패닉계 미국인에서는 그 비율이 더 높다.1 영국에서 아마추어 수영협회가 한 조사에서는 14세 이상의 사람들 9백만 명이 수영하는 적을 배운 적이 없다고 한다. 더 충격적인 것은 같은 조사에서 2005년에서 2015년 사이에 50만 명의 여성들이 수영을 그만두었다는 사실이 밝혀졌다는 것이다. 이들은 수영복을 입고 사람들 앞에 서는 것이 부끄러워서라고 말했다.[2]

　　나는 내 친구들 중 습관적인 체육 수영이나 경기 수영을 하지 않는 사람들에게 물어보았다. 대표 표본은 아니지만 대부분이 수영에 긍정적인 태도를 갖고 있었고, 대다수는 매년 여름휴가 때 수영을 하고 여러 명이 연중 종종 동네 수영장에 갔다. 소수만이 아마추어 수영협회의 조사 결과를 입증했다. 더 이상 수영을 하지 않는 사람에게 이유를 물어보면 수영장에 사람이 너무 많다든지 남들 앞에서 수영복을 입는 게 창피하다든지 등의 답을 했다. 해변보다는 수영장에서 더 그런 모양이었다. 하지만 아마추어 수영협회 조사에서 수영이 영국에서 가장 많은 사람이 하는 스포츠라는 사실이 밝혀져 한시름 놓았다. 260만 명의 성인이 일주일에 최소한 한 번 이상 30분씩 수영을 한다고 한다.

　　이런 통계적인 안도에 더불어 내 개인 경험을 덧붙이려 한다. 수영 선생이 되기 위한 첫 과정을 거치며 나는 실기시험으로 동네 수영장에서 초등학생 아이들 반을 맡았다. 아이들의 정확한 나이는 기억이 안 나지만 어른용 수영장에 들어가기엔 너무 어려서 나는 얕은 교육용 수영장에서 연습을 감독했다. 내 무경험은 둘째 치고도 30분 수업에서 스무 명가량의 아이들을 가르치며 이룰 수 있는 것은 별로 없지만, 내가 분명하게 기억하는 것은 아이들의 끝없는 열의와 물에 들어가서 느끼던 그 순수한 즐거움이다. 나는 아이들에게 좁은 교육용 라인에서 간단한 수영 연습을 시키려고 했지만 비참하게 실패했고, 그러는 내내 아이들은 발이 쉽게 바닥에 닿는데도 부낭을 잡고 물에 뜬 채 즐거워서 비명을 지르고 요란하게 웃어댔다. 아이 중에는 수영에 겁을 먹은 아이도 몇 명 있었겠지만, 친구들이 물속에서 즐겁게 물장구치는 모습을 보자 불안감을 전부 잊고 합류했다. 내 실기시험을 감독하던 선생은 수업 내내 관대하게 웃으며 내가 좀 더 수영에 집중하는 10대들과 성인들을 가르칠 수 있도록 합격시켜주었다.

　나는 내가 틀리지 않았다고, 내가 처음 이 책을 쓰기 시작할 때 생각했던 것보다 훨씬 더 복잡하긴 하지만 인간은 수영에 강력한 감정적인 유대관계를 갖고 있다고 확신할 수 있었다. 수영의 연속선 한쪽 끝에는 기꺼이 아가미를 달고 육지를 완전히 저버릴 열광적인 감각주의자가 있는 반면 그 반대편에는 겁에 질린 물 혐오자가 있다. 하지만 우리 대부분은 그 중간 어디쯤 있어서 가끔은 물에 홀딱 사로잡히고 가끔은 좌절한다. 수영과 우리의 감정적 유대가 복잡하다면, 수영과 우리의 사회적·예술적·경제적 유대는 훨씬 더 다양하고 미묘하다. 내가 어떤 결론을 낼 수 있다면 그것은 대부분의 사람들이 수영에 긍정적인 태도를 갖고 있지만 우리가 그런 긍정적인 태도를 당연하게 받아들여서는 안 된다는 것이다. 과거에 우리는 수영하는 사람이 다수였다가 수영을 못하는 사람이 다수였던 시기를 거쳐 다시금 되돌아왔다. 경제적 압박으로 인한 수영 시설의 폐쇄, 오염도 증가와 물에서 병원균이 옮을 위험으로 인한 바다 수영의 인기 저하, 테러리스트의 위협으로 인해 세계 몇몇 지역에서 리조트 휴가를 즐기는 인구의 감소 등 여러 가지 요인으로 수영을 하는 사람들이 급감할 수 있다는 것을 이제는 안다. 하지만 취미 및 체력단련 수영을 즐기는 사람이자 코치, 경기 수영선수로서 나는 우리가 다시 물에서 등을 돌리기에는 너무 멀리까지 왔고, 너무 많은 것을 배웠으며 너무 오랫동안 즐겨왔다고 생각하는 낙관적 태도를 갖고 있다.

주석

* 동그라미(°) 표시는 옮긴이 주이고, 미주(번호)는 원주이다.

들어가는 글

1. 국제수영연맹(FINA)이 규정한 네 가지 수영 기반 스포츠는 수영, 싱크로나이즈드 스위밍, 실외수영, 수구이다. 다섯 번째 스포츠는 수영이 물에서 나오기 위한 부차적 활동으로 사용되는 다이빙이다.
2. 아서 C. 클라크의 단편 〈영원의 파수병〉을 바탕으로 한 스탠리 큐브릭 감독의 영화.

1. 수생인

1. From Alister Hardy, 'Was Man More Aquatic in the Past?', *New Scientist* (17 March 1960), pp. 642-5.
2. 예를 들어 성인은 58퍼센트가 물로 이루어져 있다.
3. 지난 수십 년 동안 분류학적 용어가 바뀌었다. 호미니드(hominid)에는 사람과 대형 유인원이 들어간다. 호미나인(hominine)은 비슷하지만 오랑우탄이 빠진다. 호미닌(hominin)에는 현생인류와 그 멸종한 친척들이 포함된다. 그리고 인간에는 호모속의 멸종한 일족과 현존하는 유일한 일족인 호모 사피엔스까지 모두 포함된다.
4. 현존하는 대형 유인원 3종 중에서 5백만 년 전에서 7백만 년 전 기간 동안 오랑우탄(폰고속)이 제일 먼저 분리되고, 그다음에 고릴라(고릴라속)가 분리되고, 그다음에 마지막으로 침팬지(판속)가 분리된다.
5. 호미닌 조상으로 추정되는 사헬란트로푸스 차덴시스(Sahelanthropus tchadensis, 7백만 년 전), 오로린 투게넨시스(Orrorin tugenensis, 6백만 년

전), 아르디피테쿠스 라미두스(Ardipithecus ramidus, 440만 년 전)는 1990
년대 중반에 밝혀졌지만 어느 쪽도 인간의 조상으로 받아들여지지 않았다. 흥
미롭게도 세 종 모두 이족보행을 했을 것으로 보이는 특징을 가졌다.

6. Hardy, 'Was Man More Aquatic?'.

7. 애튼버러는 2부작 2화 라디오 다큐멘터리를 만들었다. 〈진화의 상처(Scars of
Evolution)〉는 2005년 4월 12일과 19일에, 〈물가의 유인원(The Waterside
Ape)〉은 2016년 9월 14일과 15일에 BBC에서 방송되었다. 이 프로그램들은
이 책을 쓰는 시점에서 BBC의 'iPlayer' 서비스에서 아직까지 볼 수 있다.

8. Elaine Morgan, *The Aquatic Ape Hypothesis* (London, 2001), p. 18.

9. Ibid., pp. 26–7.

10. Colin Groves, *Bones, Stones and Molecules* (London, 2004), p. 68.

11. 'Elaine Morgan Obituary', *The Guardian* (29 July 2013).

12. Elaine Morgan, 'Why a New Theory Is Needed', in Machteld Roede, Jan
Wind, John M. Patrick and Vernon Reynolds, eds, *The Aquatic Ape Theory:
Fact or Fiction? The First Scientific Evaluation of a Controversial Theory of
Human Evolution* (London, 1991), p. 9.

13. 대형 유인원들은 두 다리로 서고 이족보행을 할 수 있다. 예를 들어 싸울 때
자신의 몸을 더 크게 보이도록 만들기 위해서라든지 나뭇가지 위를 걸을 때
이족보행을 한다. 하지만 그들이 선호하는 이동 방식이자 그들의 몸이 적응한
방식은 네발을 사용하는 너클보행이다.

14. Morgan, *The Aquatic Ape Hypothesis*, pp. 64–6; Darren Naish, 'The
Amazing Swimming Proboscis Monkey', *Scientific American Blog*, (29
November 2012).

15. David Attenborough, *Scars of Evolution*, programme two, originally
broadcast on 19 April 2005.

16. Carsten Niemitz, 'The Evolution of the Upright Posture and Gait: A
Review and a New Synthesis', u.s. National Library of Medicine, National
Institutes for Health, see www.ncbi.nlm.nih.gov (accessed 12 March
2015).

17. 유전학은 또한 '미토콘드리아 이브'와 'Y-염색체 아담'도 알아냈다. 이들은 20만 년 전부터 14만 년 전 사이에 아프리카에 살았던 우리의 가장 오래된 공통 호모 사피엔스 조상 남녀이다. 둘이 꼭 동시대인은 아닐 수도 있다.

18. Michael Marshall, 'Neanderthals Were Ancient Mariners', *New Scientist* (29 February 2012).

19. Heather Pringle, 'Primitive Seafarers', *National Geographic Magazine* (17 February 2010); Marshall, 'Neanderthals Were Ancient Mariners'.

20. Spencer Wells and Mark Read, *The Journey of Man: A Genetic Odyssey* (Princeton, NJ, 2002).

21. Douglas Oliver, *Polynesia in Early Historic Times* (Honolulu, HI, 2002), pp. 6-7.

22. Rick Torben, John Erlandson, René Vellanoweth and Todd Braje, 'From Pleistocene Mariners to Complex Hunter-gatherers: The Archae ology of the California Channel Islands', *Journal of World Prehistory*, 19 (2005), pp. 169-228.

23. Matthieu Paley, 'We Are What We Eat: Diving for Dinner with the Sea Gypsies', www.nationalgeographic.com (accessed 26 February 2015).

2. 성스러운 수영선수들

1. Theodore Gachot, *Mermaids: Nymphs of the Sea* (San Francisco, CA, 1996), pp. 15-16.

2. *The Little Mermaid* (1989), dir. Ron Clements and John Musker.

3. Claude Lévi-Strauss, 'The Structural Study of Myth', *Journal of American Folklore*, LXVIII/270 (1955), pp. 428-44.

4. Tim Dietz, *The Call of the Siren: Manatees and Dugongs* (Golden, CO, 1992), p. 17.

5. Eric Chaline, *History's Greatest Deceptions, and the People Who Planned Them* (London, 2009), pp. 78-81.

6. 일반적으로 '비옥한 초승달 지대'(이집트와 근동)에서 시작해서 중국, 인도, 뉴기니, 중남미, 사하라 이남 아프리카, 그리고 마지막으로 북미 지역으로 이어진 것으로 본다.

7. Gwendolyn Leick, *Mesopotamia: The Invention of the City* (London, 2001), p. 3.

8. Ibid., p. 2.

9. 엔키 신전은 같은 자리에 18번 재건축되었다. 매번 신전은 새로 교체되고 확장되었고, 오래된 건물은 부수고 안을 채워 새로운 건물의 토대 일부로 사용했다. 덕택에 고고학자들은 신전 개축의 여러 단계를 복원할 수 있었고, 초기에 그곳에서 열린 연회의 잔해와 의식용 물건들도 그 안에 보존되었다.

10. Leick, *Mesopotamia*, p. 25.

11. 성경에서 신은 사악해진 인간을 벌하기 위해서 홍수를 보냈고 의로운 노아와 그 가족만을 구했다. 메소포타미아 버전에서는 신들이 자신들이 인간에게 의존하고 있다는 사실을 잊고 인간이 만드는 소음에 분개해서 그들을 없애기로 한다. 엔키는 우트나피쉬팀과 그의 아내를 구해서 그 계획을 무산시켰고, 신들은 자신들을 섬길 인간이 없어지자 그제야 실수를 깨닫고 생존자들에게 영생을 주고 지상낙원인 딜문으로 보낸다.

12. Gwendolyn Leick, *A Dictionary of Near Eastern Mythology* (London, 1991), pp. 71-6.

13. 그리스에도 계속해서 전쟁을 벌이는 인간을 제우스가 벌하기로 결심하는 그 나름의 대홍수 신화가 있다. 다른 홍수 신화에서처럼 여기서도 한 명의 인간이 미리 경고를 받는다. 여기서는 데우칼리온이 티탄족인 아버지 프로메테우스에게 경고를 듣고 아내와 함께 나무상자 안에 숨어 홍수에서 살아남는다. 홍수가 지나간 후 부부는 어깨 뒤로 돌을 던져 다시 사람들을 만들어낸다. 데우칼리온이 던진 돌은 남자가 되고 그의 아내가 던진 돌은 여자가 되었다.

14. 현재 우크라이나, 남부 러시아, 서부 카자흐스탄이 자리한 지역으로 기원전 4000년대에 처음 말을 가축화한 곳으로 여겨진다. Eric Chaline, *Fifty Animals that Changed the Course of History* (London, 2011), pp. 76-81.

15. Robin Hard, *The Routledge Handbook of Greek Mythology* (London, 2004), pp. 98-107.

16. Eric Chaline, *Traveller's Guide to the Ancient World: Greece in the Year 415 BCE* (London, 2008), pp. 86–7.

17. Hard, *The Routledge Handbook of Greek Mythology*, pp. 106–7.

18. Ibid., pp. 221–2.

19. 세이렌은 호메로스의 〈오디세이아〉에 나온 것이 가장 유명하다. 세이렌의 노래를 듣고 싶었던 오디세우스는 배의 돛대에 몸을 묶고 선원들에게 세이렌의 노래도, 풀어달라는 그의 명령도 듣지 못하게 밀랍으로 귀를 막으라고 명령했다.

20. Eric Chaline, *The Temple of Perfection: A History of the Gym* (London, 2015), pp. 15–50.

21. Ibid., pp. 24–30.

22. Aliette Geistdoerfer, Jacques Ivanoff and Isabelle Leblic, *Imagi-mer: créations fantastiques, créations mythiques* (Paris, 2002), p. 11.

23. 'The Little Mermaid', www.andersen.sdu.dk (accessed 1 March 2015).

24. 여러 가지 버전을 보고 싶으면 '멜루시나(Melusina)'를 볼 것. www.pitt.edu (accessed 21 March 2015).

25. 'Mermaid of Zennor', www.en.wikipedia.org (accessed 14 February 2015).

26. Geistdoerfer et al., *Imagi-mer*, pp. 115–19.

27. Frédéric Laugrand and Jarich Oosten, *The Sea Woman: Sedna in Inuit Shamanism and Art in the Eastern Arctic* (Fairbanks, AK, 2008), pp. 17–19.

28. Gachot, *Mermaids*, pp. 15–16.

29. Geistdoerfer et al., *Imagi-mer*, p. 171.

3. 바다의 보물 수확하기

1. Gwendolyn Leick, *Mesopotamia: The Invention of the City* (London, 2001), pp. 46–50.

2. 수메르 단어 'en, ensi, lugal'은 '왕'이나 '여왕'으로 번역되지만 그들의 기능이 무엇이었는지, 어떻게 선임되었는지는 명확하지 않다.

3. 양치식물과 나무의 수액이 화석화되어 만들어지는 호박은 원래 발트해 해변에서 발견되었고 나중에는 같은 지역에서 채굴되었다. See 'Anbar', in Eric Chaline, *Fifty Materials that Changed the Course of History* (London, 2012), pp. 34-7.

4. John Wilford, 'Artifacts in Africa Suggest an Earlier Modern Human', *New York Times*, www.nytimes.com (2 December 2001).

5. 국화조개의 광범위한 사용에 관한 여러 가지 기사를 보고 싶다면 'Spondylus Studies', spondylus.wordpress.com을 볼 것.

6. Eric Chaline, 'Bolinus brandaris', in *Fifty Animals that Changed the Course of History* (London, 2011), pp. 26-7.

7. Eric Chaline, 'Nakara', in *Fifty Minerals that Changed the Course of History* (London, 2012), pp. 110-13, and 'Pinctada radiata', ibid., pp. 168-73.

8. Robin Donkin, *Beyond Price: Pearls and Pearl-fishing, Origins to the Age of Discoveries* (Philadelphia, PA, 998), pp. 42-79.

9. Ibid., pp. 45-6.

10. Ibid., p. 48.

11. 대체로 단수로 언급되긴 하지만, 실크로드는 동양과 서양 사이의 다양한 육로와 해로를 포함한다.

12. Donkin, *Beyond Price*, pp. 66-8.

13. 같은 책, pp. 57-65.

14. 에리트리아 바다는 '홍해'라고 번역할 수 있지만, 〈페리플루스〉에서는 홍해와 페르시아만, 인도양, 그리고 동쪽으로는 뱅갈만까지를 아우른다.

15. See 'Periplus', www.depts.washington.edu (accessed 1 May 2015).

16. Donkin, *Beyond Price*, p. 80.

17. Ibid., p. 251.

18. Ibid., p. 121.

19. Ibid., p. 127.

20. Ibid., pp. 157-9.

21. Ibid., p. 198.

22. Chaline, 'Nakara', p. 112.

23. Quoted in Donkin, *Beyond Price*, p. 314.

24. Ibid., pp. 313-14.

25. See 'De la costa de las Perlas y de Paria y la Isla de la Trinidad, www. eumed.net (accessed 7 May 2015).

26. Donkin, *Beyond Price*, p. 277.

4. 수영의 기술

1. Flavius Vegetius Renatus, 'To Learn to Swim', *The Military Institutions of the Romans*, digitalattic.org (accessed 19 May 2015).

2. Eric Chaline, 'Homo Sapiens', in *Fifty Animals that Changed the Course of History* (London, 2011), pp. 214-15; www.catalhoyuk.com (accessed 11 May 2015).

3. 레이어드와 다른 19세기 고고학자들에게는 님루드로 알려져 있다.

4. Lesley Adkins, *Empires of the Plain: Henry Rawlinson and the Lost Languages of Babylon* (London, 2004), pp. 193-211.

5. Arnd Kruger, 'Swimming and the Emergence of the Modern Spirit', in John McClelland and Brian Merrilees, eds, *Sport and Culture in Early Modern Europe* (Toronto, 2009), p. 409.

6. Herodotus, *The Persian War*, Book VIII 'Urania', www.mcadams.posc. mu.edu (accessed 18 May 2015).

7. Pausanias, *Description of Greece*, Book X, www.perseus.tufts.edu (accessed 18 May 2015).

8. Thucydides, *The Peloponnesian War*, Book VII, www.perseus.tufts.edu (accessed 18 May 2015).

9. Howard Larson, *A History of Self-contained Diving and Underwater Swimming* (Washington, DC, 1959), pp. 5-6.

10. Flavius Vegetius Renatus, *The Military Institutions of the Romans*,

digitalattic.org (accessed 19 May 2015).

11. Plutarch, 'Julius Caesar', in *Parallel Lives*, penelope.uchicago.edu (accessed 20 May 2015).

12. Kruger, 'Swimming and the Emergence of the Modern Spirit', p. 409.

13. Nicholas Orme, *Early British Swimming, 55 BC–AD 1719. With the First Swimming Treatise in English, 1595* (Exeter, 1983), pp. 11–15.

14. Eric Chaline, *The Temple of Perfection: A History of the Gym* (London, 2015), pp. 55–6; Kruger, 'Swimming and the Emergence of the Modern Spirit', pp. 410–11.

15. Orme, *Early British Swimming, 55 BC–AD 1719*, p. 33.

16. Orme, *Early British Swimming, 55 BC–AD 1719*, pp. 22–38; *Les Très Riches Heures du Duc de Berry*, www.christusrex.org (accessed 21 May 2015).

17. Chaline, *The Temple of Perfectio*n, pp. 58–63.

18. *The Boke Named the Governour*, Book Ⅲ, section ⅩⅤⅡ, www.luminarium. org (accessed 21 May 2015).

19. Richard Mulcaster, *Positions*, Chapter 23, www.archive.org (accessed 22 May 2015), and *The Four Bookes of Flauius Vegetius Renatus*, www.quod.lib. umich.edu; Orme, *Early British Swimming*, pp. 52–4.

20. 'The Way Things Were', www.queens.cam.ac.uk (accessed 23 May 2015).

21. Orme, *Early British Swimming*, pp. 69–70; Kruger, 'Swimming and the Emergence of the Modern Spirit', pp. 414–16.

22. Ibid., pp. 71–80.

23. Kruger, 'Swimming and the Emergence of the Modern Spirit', p. 419.

24. Ibid., p. 422.

25. 배영 자세로 평영 발차기를 하는 것은 국제수영연맹 규칙에서 아직도 합법적이지만, 발장구 치는 것보다 훨씬 느리다.

26. Orme, *Early British Swimming*, pp. 81–8.

27. 같은 책, pp. 111–208. 옴은 목판화까지 포함된 미들턴의《수영의 기술》번역

판의 완전한 버전을 제공한다.

28. Ibid., p. 104.

29. Ibid., pp. 104-7.

30. Phokion Heinrich Clias, *Elementary Course of Gymnastic Exercises Intended to Develope and Improve the Physical Power of Man, and A New Complete Treatise on the Art of Swimming* (London, 1825), pp. 145-73.

31. Chaline, *The Temple of Perfection*, pp. 82-6.

32. Johann Guts Muths, *Gymnastics for Youth, or, A Practical Guide to Healthful and Amusing Exercises* (London, 1800), p. 343.

33. Ibid., p. 347.

34. Ibid., pp. 353-4.

35. See 'First Visit to London', *Autobiography of Benjamin Franklin*, www.gutenberg.org (accessed 8 October 2016).

36. Chaline, *The Temple of Perfection*, pp. 87-91.

37. Thomas A. P. van Leeuwen, *The Springboard in the Pond: An Intimate History of the Swimming Pool* (Cambridge, MA, 1998), pp. 21-40.

38. Christopher Love, *A Social History of Swimming in England, 1800–1918* (Abingdon, 2008), pp. 78-9. 'The Autobiography of Benjamin Franklin', www.gutenberg.org (accessed 8 October 2016).

39. Love, *A Social History of Swimming in England*, pp. 88-9.

40. *Au xixe siècle l'enseignement de la natation se faisait à terre*, www.liberation.fr (accessed 8 June 2015).

41. Love, *A Social History of Swimming in England*, pp. 100-104; and see www.rlss.org.uk (accessed 9 July 2015).

42. Robert Baden-Powell, *Scouting for Boys: A Handbook for Instruction in Good Citizenship* (London, 1908), p. 138; Love, A Social History of Swimming in England, pp. 115-23.

5. 순수하고 깨끗하고 건강한

1. Pliny the Elder, *Natural History*, Book XXXI, www.loebclassics.com (accessed 10 June 2015).

2. 'Great Bath', www.harappa.com (accessed 8 June 2015).

3. Wendy Doniger, *The Hindus: An Alternative History* (Oxford, 2010), p. 79.

4. Mary Douglas, *Purity and Danger: An Analysis of Concepts of Pollution and Taboo* (London, 1966).

5. 원래 사업 및 법적 문제를 처리하는 데 사용되었던 커다란 세속 건물이었다. 많은 로마 바실리카들은 나중에 기독교 교회로 개조되었다.

6. Pliny the Elder, *Natural History*, Book XXXI.

7. Ralph Jackson, 'Waters and Spas in the Classical World', in *The Medical History of Waters and Spas*, ed. Roy Porter (London, 1990), pp. 1–13.

8. See www.szechenyifurdo.hu and www.gellertbath.com (accessed 12 June 2015).

9. Flavius Vegetius Renatus, *The Military Institutions of the Romans*, digitalattic. org (accessed 19 May 2015).

10. Ian Gordon and Simon Inglis, *Great Lengths: The Historic Swimming Pools of Britain* (Swindon, 2009), pp. 20–21.

11. 쥘 미슐레는 르네상스라는 단어를 쓴 최초의 역사가였다. 그는 목욕에 관한 이 말을 *La sorcière* (Paris, 1862)에서 했다.

12. 당시 의사들은 콜레라와 장티푸스 열병 같은 수인성 질병이 어떻게 퍼지는지 알지 못했지만, 스파와 목욕탕의 경우에 오염된 물과 관련지은 것이 옳았다. 하지만 그들은 또한 공중목욕이 흑사병과 나병 같은 비수인성 질병을 일으킨 다고도 믿었다.

13. 'A Brief History of Spa Therapy', http://ard.bmj.com (accessed 22 June 2015).

14. Thomas A. P. van Leeuwen, *The Springboard in the Pond: An Intimate History of the Swimming Pool* (Cambridge, MA, 1998), p. 20; and see 'Bains flottants', www.nicolaslefloch.fr (accessed 7 October 2016).

15. 'Centuries', www.scarboroughspa.co.uk (accessed 21 June 2015), and 'Dr Robert Wittie', www.thescarboroughnews.co.uk (accessed 21 June 2015).

16. Roy Porter, *The Greatest Benefit to Mankind: A Medical History of Humanity from Antiquity to the Present* (London, 1997), pp. 267–8.

17. Julia Allen, *Swimming with Dr Johnson and Mrs Thrale: Sport, Health and Exercise in Eighteenth-century England* (Cambridge, 2012), pp. 254–5.

18. 'Royal Leamington Spa: Royal Pump Rooms and Baths', www.victorianturkishbath.org (accessed 23 June 2015).

19. www.suleymaniyehamami.com.tr (accessed 28 June 2015).

20. 'The Russian Bania', www.cyberbohemia.com (accessed 28 June 2015).

21. 'Temazcal', www.tlahui.com (accessed 28 June 2015).

22. 'Onsen', www.japanguide.com (accessed 28 June 2015).

23. Allen, *Swimming with Dr Johnson and Mrs Thrale*, p. 1.

24. Ibid., p. 5.

25. Ibid., p. 224.

26. Ibid., pp. 244–54; Fred Gray, *Designing the Seaside: Architecture, Society and Nature* (London, 2006), pp. 20–23.

27. Quoted in John Goulstone, 'A Chronology of British Swimming, 1766–1837, with Accounts of the Manchester Swimmers Isaac Bedale and Matthew Vipond', unpublished chronology (1999).

28. Nicolas Meynen, 'La Rochelle, One of the First French Nineteenth-century Seaside Resorts: A Dream that Failed to Come True', in *Spas in Britain and France in the Eighteenth and Nineteenth Centuries*, ed. Annick Cossic and Patrick Galliou (Newcastle, 2006), pp. 455–68.

29. Christopher Love, *A Social History of Swimming in England, 1800–1918* (Abingdon, 2008), p. 128.

30. Jeff Wiltse, *Contested Waters: A Social History of Swimming Pools in America* (Chapel Hill, NC, 2007).

31. Ibid., p. 4.

32. George A. Cape, *Baths and Wash Houses: The History of Their Rise and Progress: Showing Their Utility and Their Effect on the Moral and Physical Condition of the People* (London, 1854), p. 58.

33. Love, *A Social History of Swimming in England*, pp. 135‑6.

34. Ibid., pp. 54‑70.

35. 다섯 번째 전 세계 콜레라 창궐로 1866년에서 1873년 사이에 북아메리카에서 5만 명이 사망했다.

36. Wiltse, *Contested Waters*, pp. 16‑22.

37. 계층과 성별에 더해 인종은 미국에서 사회-문화적 충돌의 주요 원인이었다. 하지만 윌체의 연구가 보여주듯이 북부 미국의 초기 수영장 발달사에서 인종은 문제가 되지 않았다. 수영장이 오락 시설로 바뀐 후반 단계에 도달한 후에 문제가 되었을 뿐이다. Wiltse, *Contested Waters*, pp. 25‑6.

38. Ibid., p. 22.

6. 수영하는 미녀들

1. Alain Corbin, *The Lure of the Sea: The Discovery of the Seaside in the Western World, 1750–1840* (Cambridge, 1994), p. 62.

2. Jeremy Bentham, *Selected Writings on Utilitarianism* (Ware, Herts, 2001), p. 120.

3. Corbin, *The Lure of the Sea*, pp. 1‑26.

4. Ibid., pp. 38‑42.

5. Ibid., p. 39.

6. Jan Hein Furnée, 'A Dutch Idyll? Scheveningen as a Seaside resort, Fishing Village and Port, c. 1700‑1900', in *Resorts and Ports: European Seaside Towns since 1700*, ed. Peter Borsay and John K. Walton (Bristol, 2011), pp. 33‑49.

7. Corbin, *The Lure of the Sea*, pp. 40‑42; John Urry, *The Tourist Gaze* (London,

2002), p. 4.

8. Urry, *The Tourist Gaze*.

9. *The Modesty Machine: The Seaside Bathing Machine from 1735*, exh. cat., Towner Art Gallery and Local History Museum, Eastbourne (1992).

10. Michael Colmer, 'Bathing Beauties: The Amazing History of Female Swimwear', *After Lunch*, I\I (Summer 1976), pp. 5–144.

11. Ibid., pp. 7–10 (Fiennes and Smollett).

12. Ibid., pp. 11–12.

13. Ibid., p. 12; 에스터 윌리엄스가 아네트 켈러먼으로 분한 할리우드의 개작판 은 〈Million Dollar Mermaid〉 (dir. Morgan LeRoy, 1952).

14. Jeff Wiltse, *Contested Waters: A Social History of Swimming Pools in America* (Chapel Hill, NC, 2007), p. 5.

15. Chaline, *The Temple of Perfection*, pp. 138–9.

16. Kate Rew, *Wild Swim: River, Lake, Lido and Sea: The Best Places to Swim in Britain* (London, 2008), and Roger Deakin, *Waterlog: A Swimmer's Journey through Britain* (London, 1999).

17. Deakin, *Waterlog* (London, 1999), p. 3.

18. Ibid., p. 4.

19. Douglas Oliver, *Polynesia in Early Historic Times* (Honolulu, HI, 2002), p. 132.

20. Ibid., p. 54.

21. Cecil Colwin, *Breakthrough Swimming* (Champaign, IL, 2014).

22. David Thomas, *Advanced Swimming: Steps to Success* (Champaign, IL, 1990), p. 116.

23. Rew, *Wild Swim*, p. 19.

24. Ibid., p. 29.

7. 넵투누스의 신전

1. 윌리엄 혼의 런던 피어리스 풀 묘사, 1826년. 'The Peerless Pool' 참조, www.janeaustensworld.wordpress.com (accessed 21 June 2015).

2. Cassius Dio, *Roman History*, vol. Ⅵ, www.penelope.uchicago.edu (accessed 25 May 2015).

3. 'Pool', www.emma.cam.ac.uk (accessed 31 July 2015).

4. Ian Gordon and Simon Inglis, *Great Lengths: The Historic Swimming Pools of Britain* (Swindon, 2009), p. 21.

5. Thomas A. P. van Leeuwen, *The Springboard in the Pond: An Intimate History of the Swimming Pool* (Cambridge, MA, 1998), p. 48.

6. See www.londonaquaticscentre.org (accessed 4 August 2015).

7. Leeuwen, *The Springboard in the Pond*, pp. 21–2.

8. 'The Peerless Pool'.

9. Gordon and Inglis, *Great Lengths*, pp. 22–3.

10. Leeuwen, *The Springboard in the Pond*, pp. 21–3.

11. Ibid., pp. 40–44.

12. Gordon and Inglis, *Great Lengths*, pp. 24–8.

13. Ibid., p. 31; See 'Lidos, Oasis', www.homepage.ntlworld.com (accessed 4 August 2015).

14. Leeuwen, *The Springboard in the Pond*, p. 44; 'Dianabad', austriaforum. org and www.dianabad.at (in German, accessed 5 August 2015).

15. Ibid., p. 48; 'Undosa', www.de.wikipedia.org (in German; accessed 5 August 2015).

16. 'Piscines', www.paris.fr (in French; accessed 5 August 2015).

17. 미국의 오락 수영의 역사를 조사하면서 나는 다시금 제프 윌체의 북부 미국의 시립 수영장에 관한 뛰어난 연구집 *Contested Waters: A Social History of Swimming Pools in America* (Chapel Hill, NC, 2007)의 덕을 크게 보았다.

18. Wiltse, *Contested Waters*, p. 9.

19. Ibid., pp. 11–29.

20. Ibid., pp. 46-8.

21. Ibid., pp. 87-90.

22. Ibid., p. 78.

23. Ibid., pp. 152-3.

24. Ibid., pp. 29-30; see www.nyac.org and www.chicagoathletichotel. com (accessed 11 August 2015).

25. Ibid., pp. 180-84.

8. 침묵의 세계

1. Jacques Cousteau, *The Silent World* (London, 1954), p. 3.

2. Eric Chaline, *History's Lost Treasures: And the Secrets Behind Them* (London, 2013), pp. 181-2.

3. Howard Larson, *A History of Self-contained Diving and Underwater Swimming* (Washington, DC, 1959), pp. 4-5.

4. Ibid., pp. 7-8.

5. Sir Francis Bacon, *Novum Organum* (London, 1620), pp. 271-2.

6. Carl Edmonds et al., *Diving and Subaquatic Medicine*, excerpt in archive, p. 4, rubicon-foundation.org (accessed 20 January 2016).

7. Cousteau, *The Silent World*, p. 16.

8. Larson, *A History of Self-contained Diving and Underwater Swimming*, pp. 12-14.

9. Ibid., p. 23.

10. Ibid., pp. 24-6.

11. Ibid., pp. 29-30.

12. 'Belloni, il genio dei sommergibili', www.storiain.net (Italian; accessed 8 February 2016).

13. Larson, *A History of Self-contained Diving and Underwater Swimming*, pp. 37-9.

14. 같은 책, pp. 40-42. 프리다이버는 장비를 아예 쓰지 않거나 최소한만 사용한다. 스킨다이버는 마스크나 스노클, 오리발, 웨이트벨트, 잠수복 같은 장비를 사용하고, 스쿠버다이버는 자신의 산소통을 갖고 프리다이버나 스킨다이버는 불가능할 정도로 오래 깊게 잠수를 할 수 있게 도와주는 옷과 장비를 전부 사용한다.

15. United States Naval Academy, *Naval Forces Under the Sea: A Look Back, A Look Ahead* (Flagstaff, AZ, 2002).

16. Larson, *A History of Self-contained Diving and Underwater Swimming*, pp. 33-4.

17. Axel Masden, *Cousteau: An Unauthorized Biography* (London, 1986).

18. Cousteau, *The Silent World*, pp. 28-30.

19. Ibid., pp. 30-31.

20. Ibid., p. 16.

21. Masden, *Cousteau*, pp. 251-3.

22. 'Épaves'는 여러 사이트에서 볼 수 있다. 나는 'Vimeo.com'에서 보았다. (2016. 3. 28.).

23. Masden, *Cousteau*, pp. 97-8.

24. *The Brighton Swimming Club, 1860–1960: One Hundred Years of Swimming. A Short History of the Brighton Swimming Club* (Brighton, 1960), p. 18.

25. See www.cmas.org, www.naui.org and www.padi.com.

9. 스포츠 라이프

1. John Goulstone, *A Chronology of British Swimming, 1766–1837, with Accounts of the Manchester Swimmers Isaac Bedale and Matthew Vipond*, unpublished chronology (1999).

2. 단거리 경기는 표준 25미터 수영장에서 하는 것이고, 장거리는 표준 올림픽 수영장, 또는 50미터 수영장에서 하는 것이다. 분리된 협회에서 담당하긴 하지만 철인 삼종경기의 실외 수영 부분도 포함시켰다. 다섯 번째 수상 종목인 다이빙은 수영하는 법을 알아야 하긴 하지만 수영 능력이 경기의 일부로 사용되지는 않는다.

3. 현대의 격투기와 비슷하게 레슬링과 싸움을 섞어놓은 것이지만 규칙이 좀 더 적었다.

4. 예를 들어 아테네의 범아테네 경기에서는 야간 횃불 경주와 완전무장 도보 경주가 있었다.

5. Eric Chaline, *The Temple of Perfection: A History of the Gym* (London, 2015), pp. 15-49.

6. Ibid., pp. 16-17.

7. 이 기간에 했던 스포츠에 대해 더 자세히 알고 싶으면 Sally Wilkins, *Sports and Games in Medieval Culture* (Westport, CT, 2002)를 참조.

8. John M. Carter, *Medieval Games: Sports and Recreation in Feudal Society* (Westport, CT, 1992), pp. 34-5.

9. Ibid., pp. 72-3.

10. Ibid., p. 111.

11. 권투가 상금이 걸린 경기로 변하는 과정을 자세히 알고 싶으면 Kasia Boddy, *Boxing: A Cultural History* (London, 2008) 참조.

12. Christopher Love, *A Social History of Swimming in England, 1800–1918* (Abingdon, 2008), pp. 38-41.

13. Goulstone, *A Chronology of British Swimming*.

14. Ian Keil and Don Wix, *In the Swim: The Amateur Swimming Association from 1869 to 1994* (Loughborough, 1996), pp. 8-9.

15. Love, *A Social History of Swimming in England*, pp. 37-8.

16. 브라이턴 수영 클럽에서 출간한 100주년 기념 클럽의 간단한 역사집 〈1860-1960: One Hundred Years of Swimming, A Short History of the Brighton Swimming Club〉 (Brighton, 1960)과 www.brightonsc.co.uk (2016. 4. 20. 접속 가능)의 '역사' 부분에서 많은 도움을 얻었다.

17. Ibid., p. 10.

18. Love, *A Social History of Swimming in England*, p. 44.

19. Keil and Wix, *In the Swim*, pp. 15-17.

20. Lisa Bier, *Fighting the Current: The Rise of American Women's Swimming*,

1870–1926 (Jefferson, nc, 2011), p. 41.

21. Keil and Wix, *In the Swim*, pp. 21–32.

22. Bier, *Fighting the Current*, p. 94.

23. 드 쿠베르탱의 노력은 19세기 말 산업국가에서 대중의 육체적·도덕적 건강이 쇠퇴하고 있다는 우려라는 더 큰 맥락에서 봐야 한다. 이 주제에 관해 더 자세히 알고 싶으면 Chaline, 'The Health of Nations', *The Temple of Perfection*, pp. 77–107을 참조.

24. 모든 선수를 대표해서 벨기에의 자유형 수영선수, 수구 선수이자 펜싱 선수인 빅토르 부앙(Victor Boin, 1886-1974)이 선서함.

25. Eric Chaline, 'Piraeus', in *Traveller's Guide to the Ancient World: Greece in the Year 415 BCE* (London, 2008), pp. 78–81.

26. 오스트리아와 헝가리는 그 무렵 오스트리아-헝가리제국을 이루고 있었고, 때문에 참가한 총 나라 숫자를 따지기 어렵게 만들었다.

27. See 'The 1896 Olympic Games Results for All Competitors in All Events', with Commentary by Bill Mallon and Ture Widlund, library.la84.org (accessed 27 April 2016).

28. Bier, *Fighting the Current*, p. 40.

29. Love, *A Social History of Swimming in England*, p. 36.

30. Ibid., pp. 45–50.

31. 'History' and 'Overview', www.fina.org (accessed 27 April 2016).

32. See gaygames.org (accessed 27 April 2016).

33. Love, *A Social History of Swimming in England*, pp. 44–5.

34. Keil and Wix, *In the Swim*, pp. 110–11.

10. 가상의 수영선수들

1. Leigh Hunt, *Hero and Leander* (London, 1819).

2. *Hero and Leander*: 'The Argument of the Second Sestyad' (published posthumously in 1598), www.perseus.tufts.edu (accessed 5 May 2016).

3. 'Written after Swimming from Sestos to Abydos', www.readyto-goebooks.com (accessed 5 May 2016).

4. 'Hellespont and Dardanelles Swim', www.swimtrek.com (accessed 5 May 2016).

5. Nicholas Orme, *Early British Swimming, 55 BC–AD 1719. With the First Swimming Treatise in English*, 1595 (Exeter, 1983), pp. 54–62.

6. 《로빈슨 크루소》와 《걸리버 여행기》 전문은 www.gutenberg.org에 여러 가지 서식으로 있다 (2016. 5. 13. 접속 가능).

7. 〈The Water-babies〉 전문은 www.gutenberg.org에 여러 가지 서식으로 있다 (2016. 5. 14. 접속 가능).

8. 더피는 〈댈러스〉(1978-81)의 바비 어윙 역할로 훨씬 더 큰 명성을 얻었다.

9. 'The Submarine Strikes', *More Fun Comics* no. 73, www.comics.org (accessed 18 May 2016).

10. Eric Chaline, *The Temple of Perfection: A History of the Gym* (London, 2015), pp. 140–41.

11. 'In Defense of Aquaman', www.diamondbackonline.com (accessed 19 May 2016).

12. 모모아는 히트작 〈왕좌의 게임〉과 〈스타게이트 아틀란티스〉의 역할로 유명하다.

13. Quoted from Carl Jung, *Collected Works*, 9i, para 40, www.carljungdepthpsychology.wordpress.com (accessed 21 May 2016).

14. Sigmund Freud, *The Interpretation of Dreams*, Chapter Five, www.bartleby.com (accessed 21 May 2016).

15. Chaline, *The Temple of Perfection*, pp. 24–30 and pp. 52–6.

16. Ibid., pp. 117–28; p. 141.

17. Ibid., pp. 179–82.

18. Dawn Pawson Bean, *Synchronized Swimming: An American History* (Jefferson, NC, 2005), pp. 4–5, and Lisa Bier, *Fighting the Current: The Rise of American Women's Swimming, 1870–1926* (Jefferson, NC, 2011), pp. 47–51.

19. Bier, *Fighting the Current*, p. 3.

20. 벌거벗은 수영 장면은 www.youtube.com에서 볼 수 있다 (2016. 5. 31. 접속 가능).

21. Bean, *Synchronized Swimming*, pp. 9-12. The sequence is available on www.youtube.com (accessed 2 June 2016).

11. 수생 인간

1. Terry Shannon and Charles Payzant, *Project Sealab: The Story of the Navy's Man-in-the-Sea Program* (San Carlos, CA, 1966), p. 11.

2. Jacques-Yves Cousteau, *The Silent World* (London, 1954), p. 18.

3. See www.scubarecords; and 'Commercial Diving; and How Deep is Deep?', www.skin-diver.com (accessed 6 June 2016).

4. 핵잠수함은 이 깊이 이하까지 내려갈 수 있지만, '파괴' 심도인 730미터 이하는 갈 수 없다.

5. 해저 연구소에 적절한 소재는 여러 가지가 있다. Books: Frank Ross Jr, *Undersea Vehicles and Habitats: The Peaceful Use of the Oceans* (New York, 1970), James W. Miller and Ian G. Koblick, *Living and Working under the Sea* (New York, 1984), and Shannon and Payzant, *Project Sealab*. Online video: 〈World without Sun〉 (1964), about Conshelf Ⅱ (www.youtube.com, accessed 12 March 2016) and 〈Story of Sealab I〉 (1965) and 〈Story of Sealab Ⅱ〉 (1966), archive.com (accessed 12 March 2016).

6. James W. Miller and Ian G. Koblick, *Living and Working under the Sea* (New York, 1984), pp. 65-71.

7. Ibid., pp. 72-4.

8. Ibid., pp. 399-417.

9. Ibid., p. 417.

10. Eric Chaline, *History's Worst Inventions, and the People Who Made Them* (New York, 2009), pp. 141-5.

11. 'Sea Level and Climate', pubs.usgs.gov (accessed 13 June 2016).
12. 'Rising Seas', ngm.nationalgeographic.com (accessed 10 June 2016).
13. Miller and Koblick, *Living and Working under the Sea*, p. 415.

이 책을 마치며

1. 'Red Cross Swimming Campaign', www.time.com (accessed 10 June 2016).
2. 'One in Five Adults Cannot Swim, Survey Warns', www.telegraph. co.uk (accessed 10 June 2016).

참고 문헌

Allen, Julia, *Swimming with Dr Johnson and Mrs Thrale: Sports, Health and Exercise in Eighteenth-century England* (Cambridge, 2012).

Banse, Karl, 'Mermaids: Their Biology, Culture, and Demise', *Limnology and Oceanography*, XXXIV/1 (1990), pp. 148–53.

Bean, Dawn Pawson, *Synchronized Swimming: An American History* (Jefferson, NC, 2005).

Beck, Horace, *Folklore of the Sea* (Middletown, CT, 1973).

Bier, Lisa, *Fighting Current: The Rise of American Women's Swimming, 1870–1926* (Jefferson, NC, 2011).

Borghese, Junio, *The Sea Devils*, trans. James Cleugh (Milan, 1950).

Brighton Swimming Club, *One Hundred Years of Swimming, 1860–1960: A Short History of the Brighton Swimming Club* (Brighton, 1960).

Chaline, Eric, *The Temple of Perfection: A History of the Gym* (London, 2015).

Colmer, Michael, 'Bathing Beauties: The Amazing History of Female Swimwear', *After Lunch*, I/1 (Summer 1976), pp. 5–144.

Corbin, Alain, *The Lure of the Sea: The Discovery of the Seaside in the Western World, 1750–1840* (Cambridge, 1994).

Cossic, Annick, and Patrick Galliou, eds, *Spas in Britain and France in the Eighteenth and Nineteenth Centuries* (Newcastle, 2006).

Cousteau, Jacques-Yves, *The Silent World* (New York, 1953).

—————————, *The Ocean World of Jacques Cousteau: Man Re-enters the Sea* (New York, 1974).

_____, *Jacques Cousteau's Calypso* (New York, 1983).

Culver, Lawrence, *The Frontier of Leisure: Southern California and the Shaping of Modern America* (Oxford, 2010).

Dalley, Stephanie, *Myths from Mesopotamia* (Oxford, 2008).

Davies, Caitlin, *Downstream: A History and Celebration of Swimming the Thames* (London, 2015).

Deakin, Roger, *Waterlog: A Swimmer's Journey through Britain* (London, 2000).

Dietz, Tim, *The Call of the Siren: Manatees and Dugongs* (Golden, CO, 1992).

Donkin, Robin, *Beyond Price: Pearls and Pearl-fishing, Origins to the Age of Discoveries* (Philadelphia, PA, 1998).

Finamore, Daniel, and Stephen Houston, *Fiery Pool: The Maya and the Mythic Sea* (New Haven, CT, 2010).

Gachot, Theodore, *Mermaids: Nymphs of the Sea* (San Francisco, CA, 1996).

Geistdoerfer, Aliette, Jacques Ivanoff and Isabelle Leblic, eds,, *Imagi-mer: creations fantastiques, mythiques* (Paris, 2002).

Gordon, Ian, *Great Lengths: The Historic Indoor Swimming Pools of Britain* (Swindon, 2009).

Goulstone, John, *A Chronology of British Swimming, 1766–1837, with Accounts of the Manchester Swimmers Isaac Bedale and Matthew Vipond* (1999).

Gray, Fred, *Designing the Seaside: Architecture, Society and Nature* (London, 2006).

Hard, Robin, ed., *The Routledge Handbook of Greek Mythology* (London, 2004).

Keil, Ian, and Don Wix, *In the Swim: The Amateur Swimming Association from 1869 to 1994* (Loughborough, 1996).

Kuliukas, Algis, and Elaine Morgan, 'Aquatic Scenarios in the Thinking on Human Evolution: What Are They and How Do They Compare?', in *Was Man More Aquatic in the Past? Fifty Years after Alister Hardy*, ed. M. Vaneechoutte, A. Kuliukas and M. Verhaegen (Sharjah, 2011), pp. 106–19.

Larson, Howard, *A History of Self-contained Diving and Underwater Swimming*

(Washington, DC, 1959).

Laugrand, Frederic, and Jarich Oosten, *The Sea Woman: Sedna in Inuit Shamanism and Art in the Eastern Arctic* (Fairbanks, AK, 2008).

Leeuwen, Thomas van, *The Springboard in the Pond: An Intimate History of the Swimming Pool*, ed. H. Searing (Cambridge, MA, 1998).

Leick, Gwendolyn, *Mesopotamia: The Invention of the City* (London, 2001).

Love, Christopher, *A Social History of Swimming in England, 1800–1918: Splashing in the Serpentine* (London, 2008).

Massett, Derek, *The Western Counties Amateur Swimming Association: The First Hundred Years, 1901–2001* (Wellington, 2001).

Miller, James W., and Ian G. Koblick, *Living and Working under the Sea* (New York, 1984).

Morgan, Elaine, *The Descent of Woman* (London, 1972).

_____, *The Aquatic Ape Hypothesis* (London, 1997).

Orme, Nicholas, *Early British Swimming, 55 BC–AD 1719: With the First Swimming Treatise in English, 1595* (Exeter, 1983).

Parr, Susie, *The Story of Swimming* (Stockport, 2011).

Phillips, Murray G., *Swimming Australia: One Hundred Years* (Sydney, 2008).

Porter, Roy, ed., *The Medical History of Waters and Spas* (London, 1990).

Rew, Kate, *Wild Swim: River, Lake, Lido and Sea: The Best Places to Swim in Britain* (London, 2008).

Roede, Machteld, Jan Wind, John M. Patrick and Vernon Reynolds, eds, *The Aquatic Ape Theory: Fact or Fiction? The First Scientific Evaluation of a Controversial Theory of Human Evolution* (London, 1991).

Ross, Frank, Jr, *Undersea Vehicles and Habitats: The Peaceful Use of the Oceans* (New York, 1970).

Shannon, Terry, and Charles Payzant, *Project Sealab: The Story of the Navy's Man-in-the-Sea Program* (San Carlos, CA, 1966).

Sprawson, Charles, *Haunts of the Black Masseur: The Swimmer as Hero* (New

York, 1993).

Thomas, Ralph, *Swimming: Theory, Practice and History* (1904).

Urry, John, *The Tourist Gaze* (London, 2002).

Waltz, George H., Jr, *Jules Verne* (New York, 1943).

Warren, C. E. T., and James Benson, *The Midget Raiders* (New York, 1954).

Wiltse, Jeff, *Contested Waters: A Social History of Swimming Pools in America* (Chapel Hill, NC, 2007).

찾아보기

처음 읽는 수영 세계사

초판 1쇄 | 2018년 7월 10일

지은이 | 에릭 샬린 옮긴이 | 김지원
펴낸이 | 정미화 기획편집 | 정미화 이수경 디자인 | 김현철
경영지원 | 유길상 콘텐츠지원 | EK티쳐 (주)굿지앤
펴낸곳 | (주)이케이북 출판등록 | 제2013-000020호
주소 | 서울시 관악구 신원로 35, 913호
전화 | 02-2038-3419 팩스 | 0505-320-1010
홈페이지 | ekbook.co.kr 전자우편 | ekbooks@naver.com

ISBN 979-11-86222-20-1 03900

* 이 도서의 국립중앙도서관 출판예정도서목록(CIP)은 서지정보유통지원시스템 홈페이지
  (http://seoji.nl.go.kr)와 국가자료공동목록시스템(http://www.nl.go.kr/kolisnet)에서
  이용하실 수 있습니다.(CIP제어번호: CIP2018018624)
* 이 책의 일부 또는 전부를 이용하려면 저작권자와 (주)이케이북의 동의를 받아야 합니다.
* 이 책은 저작권법에 따라 보호받는 저작물이므로 무단 전재와 복제를 금합니다.
* 잘못된 책은 구입하신 곳에서 바꾸어드립니다.